印顺法师

佛学著作选集

明达心无碍

恬澹身自安

谦和容别大

精进道可成

印顺书

净土学论集

中华书局

图书在版编目(CIP)数据

净土学论集/释印顺著. —北京:中华书局,2010.6
(2022.12 重印)
(印顺法师佛学著作选集)
ISBN 978-7-101-07044-6

Ⅰ.净… Ⅱ.释… Ⅲ.净土宗-文集 Ⅳ.B946.8-53

中国版本图书馆 CIP 数据核字(2009)第 184159 号

经台湾财团法人印顺文教基金会授权出版

书　　名　净土学论集
著　　者　释印顺
丛 书 名　印顺法师佛学著作选集
责任编辑　陈　平
责任印制　陈丽娜
出版发行　中华书局
　　　　　(北京市丰台区太平桥西里38号　100073)
　　　　　http://www.zhbc.com.cn
　　　　　E-mail:zhbc@zhbc.com.cn
印　　刷　三河市宏盛印务有限公司
版　　次　2010 年 6 月第 1 版
　　　　　2022 年 12 月第 2 次印刷
规　　格　开本/880×1230 毫米　1/32
　　　　　印张9⅛　插页2　字数 190 千字
印　　数　4001-6000 册
国际书号　ISBN 978-7-101-07044-6
定　　价　32.00 元

目　　录

一　念佛浅说

一　佛　七

佛七,是简称,具足说应该叫做结七念佛。念佛是大乘的通泛法门,小乘中也有。但现在,专指大乘的念阿弥陀佛。念佛,本来有多种念法,而现在是专指称名念佛。七,是七日,在印度早就有小七、大七的二种:小七就是七天,大七是七七四十九天。结七,如结界一样,在一定的时限中——小七或大七,专心修学。结七不一定念佛,如参禅有禅七。但现在是佛七,即在七日中,专心称念南无阿弥陀佛。

普通的念佛有二种:一是定时念佛,如我们早晚功课的念佛,有一定的时间。二是平时念佛,这是在行住坐卧的日常生活中念佛。定时念佛,因为时间太短,不容易达到一心不乱的目的;平时念佛,又都是散心念佛,不容易专精,更不易一心不乱。因此除了这二种念佛之外,再来结七念佛。结七念佛是一种加行,在这七天之内,摆脱一切的世俗杂务与其他法门的修持,专心一意地念佛,这样才容易实现一心不乱。平时念佛,犹如小火烧水,因为火力太小,不容易煮滚一锅水。定时念佛,犹如断断续续地烧开水,火力虽强,但为时短暂,时断时续,也不能煮滚。现在的结七念佛,犹如一方面加强火力,一方面继续不断,在这样的情形下,很容易把水煮滚了。念佛所要达到的一心不乱,在这加行的结七念佛中,是最易成就的。

　　佛七法会,与其他法会不同。其他的法会,大都是纪念性质,逢佛菩萨诞生或其他的因缘,集会庆祝、纪念,加强我们对佛法的信行与唤起我们应负的责任。佛七的目标,是愿求往生极乐世界。要往生,就要以念佛为方法,达到一心不乱为关键。这是佛七的根本意义,大家来参加法会,称念佛名,这是应该首先了解的。

二　阿弥陀佛与极乐世界

一　阿弥陀佛

　　结七念佛,是称念阿弥陀佛,愿求往生极乐世界。所以阿弥陀佛与极乐世界,应先作一简要的解说。

　　佛是觉者,凡圆满自觉、觉他功德、断尽一切烦恼习气的,皆名为佛。阿弥陀佛是诸佛之一,但因他表征非常的胜德,所以在诸佛净土中,特别在中国,阿弥陀佛有着广大的崇高的尊敬。古德说:"诸经所赞,尽在弥陀。"我们打开藏经来看,的确大乘经中多数是赞扬阿弥陀佛及其净土的。要明白这里面的所以然,可从"阿弥陀"的名义去理解。

阿弥陀，平常都说是无量光或无量寿。其实，无量光是阿弥陀婆耶，无量寿是阿弥陀庾斯，这都是阿弥陀而又另加字义的。阿弥陀的根本义，译为中国话，是无量，故阿弥陀佛即是无量佛。无量是究竟、圆满、不可限量。如有限量就不能包含一切，无量才含摄得一切的功德。不但佛的光、寿无量，佛的智慧、愿力、神通，什么都是无量的。不过众生特重光明与寿命，所以又顺应众生，特说光、寿无量而已。

一切佛的功德莫不究竟、圆满、无有限量，而阿弥陀佛却以无量得名。以德立名，着重在一即一切、一切即一的圆满果德。《般舟三昧经》说：观阿弥陀佛成就时，即见一切佛。《观无量寿佛经》也说：观阿弥陀佛成就，即见一切佛。观佛，是以一佛身相功德为对象，心心观察，等到观行成就了，阿弥陀佛现前。观阿弥陀佛，应该只见一佛现前；而经说以观阿弥陀佛方便，即见一切佛。因为阿弥陀是无量，无量即是一切，故见无量佛，即见一切佛现在前。佛法说佛佛道同，千佛万佛皆同一佛，毫无差别，平等平等。声闻乘中说：一切佛的法身、意乐、功德，一切平等。声闻法尚且如此，何况大乘？一佛即是一切佛，一切佛即是一佛，故见一佛等于见一切佛。阿弥陀译义为无量，此名表显了一切佛的究竟果德，这是阿弥陀佛的本义。十方三世一切佛，无量无边，似乎漫无统绪，所以由阿弥陀代表一切佛，显示一切佛的共同佛德。一切经的赞叹阿弥陀佛，也等于赞叹一切佛。从泛称的无量佛，成为一佛的特名，来表彰佛佛道同，在名字上，阿弥陀佛得到了优越的胜利，所以学佛者的信念，自然地集中到阿弥陀佛。

　　有人说：阿弥陀佛是一切佛的根本佛，这是不尽然的。佛佛具足三身，佛与佛间有什么本末？又有人说：阿弥陀佛的愿力大——四十八愿，与娑婆世界特别有缘，所以大家信仰阿弥陀佛。这也是方便说，佛的誓愿无量无边，岂止四十八愿？佛的愿力，平等平等，有何差别？佛是要度尽一切众生的，除了娑婆世界以外的，难道不是阿弥陀佛所要化度的众生？如依这种方便说，便不能显出阿弥陀佛的特胜。

　　上就名称方面讲，再从阿弥陀佛所表的特殊功德说。在一切佛中，阿弥陀佛表显的特殊功德，就是慈悲救济。当然佛佛皆有慈悲救济，慈悲救济不只是阿弥陀佛的。但这里是就佛法的表德说。如观音的大悲，普贤的大行，文殊的大智，都是约所表的特德说。阿弥陀佛法会，有观音、大势至二菩萨，观音菩萨也是以大悲救济为特德的，然观音与阿弥陀佛的慈悲救济有着重心的不同。观音菩萨的救济，着重在一般性的世间现实的，如人世间水火风灾的救济，贫穷、疾病、无儿无女的救济等。阿弥陀佛着重在解脱生死，导入佛智。一般世间的众生，生死流转，无有着落处。在苦难的浊土中，又不容易成办解脱生死、成佛度生的大业，所以以悲愿庄严净土，摄受众生，作为修行了生死，自度度他的阶梯。因为一生净土，便得不退转，直线向上。阿弥陀佛的特德，是这样的慈悲救济；一切佛的慈悲功德，由阿弥陀佛的功德表彰出来。例如在一个政府的组织中，有掌外交，有掌内政，有掌军事，各司其职。掌外交的，不一定不懂内政；掌军事的，不一定不懂外交。不过在共同的组织下，代表一部门而已。佛菩萨的特德也如是，阿弥陀佛表彰了佛果的慈悲救济的特德。

普贤、文殊、观音等表彰了菩萨的大行、大智、大悲的特德。以慈悲救济的佛教说：佛中以阿弥陀佛为代表，菩萨中以观音菩萨为代表。俗语说"家家弥陀，户户观音"，这并不是无因的。弥陀、观音的慈悲救世，接近众生，深入人心，所以才会家喻户晓。

二　极乐世界

极乐世界是净土。说到净土的有无，若对教内人说，以圣教量为证，当然不成问题。若以此而向不信佛教的外界说，便起不了作用。因为你以佛说为教量，他可以神说的吠陀、《新旧约》与《可兰经》为教量。各信所信，并不能解决问题，使他起信。要说明净土的有无，也不用天眼远见，也不用神通往来，因为天眼与神通，在不信者，会把你看作错觉幻觉的。所以，应该以合理的论证来说明。佛教说世界无量数，这在过去是难以使人信受的，而现在却不成问题。天文学家承认除了这个地球之外，像地球那样的还有无数的世界。既承认世界不是一个，而是极多极多，那么进一步说，在无数的世界中，一定有比我们更好的世界，也有比我们更坏的世界，世界决非完全一模一样。我们这个世界，并不是最理想的；更好的，更理想的世界，就是净土。佛法说，净土不只一个，极乐世界就是无数净土中的一个。至于说西方，方向本是没有绝对性的，东看是西，西看是东。向东向西都可以。如我们要到欧洲，一直向西，一直向东都可以。不过在无限量的宇宙中，依据我们所住的世界，日出日落的方向观念，指说为西方（日落处，含有深意，见《净土新论》）。这样的指方立向，多一层事实的肯定，容易使人们起决定信。极乐世界，虽你我都没有见到,都没有去过,然据理而论,这是完全可能的。是可能的,是佛说的,为什么不信?

说到净土的状态,应该知道,这是适应众生根机,在众生可能想像的范围中加以叙述的。如佛出印度,现有印度所推重的三十二相;日本的佛像,每蓄有日式短须;缅甸的佛像,人中特短,这皆是通过主观心理而反映出来的。佛的净土也如此,也是经过主观而表达出来的。佛出印度,佛说的净土,也是适应当时印度人的可能信解而叙述的。真正的净土,依我看,比经上说的实在还应该要美满庄严得多!净土的情况,可分三点来说:

一、**自然界的丰美**:根据《阿弥陀经》及《观无量寿佛经》的说明,极乐净土自然界是非常的庄严。土地平坦,没有崎岖山陵;没有昼夜,长在光明中;宝树成行;金沙布地。物质生活的享受极为丰富,生活所需的,取之不尽,用之不竭。可以自由取给,不像我们娑婆世界的贫苦穷乏,不平等。

二、**人事界的胜乐**:我们这个秽恶的世界,人与人之间充满了斗争、嫉妒、嗔恨,造成无边的苦痛。极乐世界与此处适得其反,人与人间平等和乐。走兽根本没有,飞禽都是变化所生。凡是生到极乐世界的都是功德殊胜的诸上善人,一生补处的菩萨就不少。菩萨与声闻圣者无量无数,再次的,也是一心一意修学清净佛道的善人。在良师益友的策励下,都能不断地向上。所以不但和乐,而且非常殊胜。

三、**身心的清净**:生极乐世界的,都是莲花化生。由于自己的愿力,佛菩萨的悲愿,不须父母为缘,化生于莲花中。佛经所说的佛菩萨,每处莲花座。莲花为出于淤泥而清净的,离了一切烦恼,得到身心清净,成为圣者,所以以莲花的出尘不染为喻。修念佛行而生净土,所以也是化生于莲花中的。极乐净土中,身无老、病、死苦。一般的胎生、卵生、湿生,皆有老、病之苦,化生是没有这些痛苦的。其他的化生,也有死苦。而极乐世界的众生,在未得无生法忍前,决不会死亡的;得了无生忍,也不会再感死苦。净土中不但没有身体的老、病、死苦,连心中的烦恼——贪、嗔、痴苦也没有。初生净土的众生,烦恼习气当然未曾断除,但由于环境的特胜,虽有烦恼,而缘缺不生。净土的黄金如粪土,物质所需可以自由取给,还生什么贪心? 诸上善人,共聚一处,和乐融洽,哪里会起嗔心? 正信正行,当然不会起邪见等痴心。起烦恼的因缘不具足,当然不会有烦恼,所以身心都非常清净。

由于自然界的丰美,众生界的胜乐,身心界的清净,所以名为极乐世界。这世界为阿弥陀佛无边功德所庄严,为摄化众生的方便而成立,发愿求生净土,就以此为目标。

三　念佛法门三特征

念佛(称念阿弥陀佛)法门,有三种特征:一、他增上,二、易行道,三、异方便。此三者,在一切佛法中,无论是大乘或小乘,本来都是普遍具有的,不过糅合这三点而专门阐扬显示的,唯是念佛净土法门。

一、他增上:他增上的反面,是自增上。修学佛法,有依自力和依他力二种,自力即自增上,他力是他增上。我常说佛法重于自力,但并不是说到自力,便完全否定他力,因为他力也是确实存在的。例如一个人生存于世间,不能专靠自力或他力,而是依着自他力的辗转增上。如小孩必由父母养育,师长训导,一直到长大成人,在社会上也还得依靠朋友。同时他所需要的衣服饮食等资生物,也都不是全由自力供给。所以就世间法说,一个人的生存,决无专赖自力而可以孤独存在的。佛法中,如声闻乘特重自力,但也不能不依靠他力。如皈依三宝,即是依三宝的加持力;在修学的时候,也须要师长同学的引导与勉励。特别是受戒,要经三师、七证,三白羯磨,戒体才得成就。若犯僧伽婆尸沙重戒,则须依于二十清净大德,至心忏悔,罪垢才能蠲除。这仅就小乘说,实则一切佛法莫不如此。我平常总是说,佛法是专重自力的,所谓"各人生死各人了",这话本是绝对的正确。如佛的儿子,佛的兄弟,若不自己努力修学,佛也不能代他们了生死。但这并非没有他力,不过任何事情的成办,一切他力,都要透过与自力的合理关系。诸佛、菩萨、罗汉,以及师长道友,固能给予我们助力,但这种助力,必经我们自力的接受和运用,才能显出它的功能。所以外来的力量并非无用,而是要看我们自己有没有能力去接受它,运用它。假如自己毫不努力,一切都依赖他力,那是绝不可能的。比方患贫血症,可以输血补救,但若身体坏到极点,别人的血也是救不了的。换句话说,必须自身还有生存能力,然后才能吸受他人之血,以增强自己的身命。

　　接受他力,最要紧的是自觉到有一种力量在支持我们。如小孩正在害怕时,有人对他说:你妈妈就在身边呢! 立刻就会发生一种强大的力量,使他不再害怕。这因为,小孩自己知道母亲是他的保护者,所以一听说妈妈,便无所畏惧了。一般人,特别是怯弱的人,当他沉沦在苦恼绝望之中,一旦自觉到有某种力量支持他,便能做出很多平时所不能做的事情。一个国家亦如此,当发生危急困难时,若有其他国家发表支援的声明,人心便会转趋安定,而发挥出莫大力量,克服困难。如自己不求改进,那么外力的援助,不能拯救这一国家的危亡。他力,要依自力而成为力量。有时,明明是自力,却可以化自力为他力,因而增进自力的。如夜晚走路,有人怕鬼便唱起山歌来。听到了自己的歌声,好像有了同伴,有了支持他的力量,使他不感孤独,不再怕鬼。又如小孩害怕的时候,即使母亲在他的旁边,而他自己不晓得,还是一样的害怕。反之,母亲并不在,听人说母亲就来了,也会使他坚强起来。所以,外来的他力,或者只是自力化而为他力,只要自己知道,知道外来有某种力量,确能援助自己,即能发生效用。称念阿弥陀佛,依佛力而往生净土,即是他力。但从上解说,我们可以知道,确有阿弥陀佛,但如不知不信不行,也仍然无用,不得往生西方。一分学佛者,为了赞扬阿弥陀佛,不免讲得离经。一只鹦鹉,学会念"阿弥陀佛",一只鹅跟着绕佛,都说它们往生西方。大家想想,鹦鹉与鹅,真能明了阿弥陀佛与极乐世界吗?也有信有愿吗?

自力与他力,必须互相辗转增上。如果专靠他力而忽略自力,即与神教无异;依佛法说,便不合因果律。不管世间法也好,佛法也好,若能着重自力,自己努力向上,自然会有他力来助成。如古语说:"自助者人助之。"不然,单有他力也帮不了忙,所以佛教是特重自力的宗教。大凡一个人的能力越强,自力的精神也就越强。如小孩的生存能力薄弱，即依赖他力，渐渐长大，生存能力渐强，自力的表现也就渐渐明显。故佛法的他力法门，如阿弥陀佛的净土法门，龙树与马鸣等都说是为志性怯劣的初心人说。教法被机而设，这是特为能力差的怯弱众生说的。念佛法门，是属于他力的，依阿弥陀佛慈悲愿力的摄受，才有往生净土的可能；若没有阿弥陀佛的慈悲愿力，则不能往生。

二、易行道：易行道这名称出《十住毗婆沙论》。龙树说：菩萨得不退转，要修四摄、六度种种难行苦行，极不容易。于是有人就问：有没有比较容易行的？龙树即批评说：这是下劣根性，无大丈夫气。菩萨学佛，应难行能行，勇往直前，不该自卑。但为了适应根性，他毕竟还是依经而说出易行道。易行道并非专指念佛，而是概括普贤的十大愿，即礼佛、赞佛、供养佛等。这些所以被称为易行道，是因为容易学，容易做，并不是说学了这些法门就容易成佛。如《普贤行愿品》所说的念佛、礼佛、赞佛、供养佛等等，都是嘴里念，心里想。就是供佛，也是在观想中供养。所以易行道的易行，即在乎自心观想，不须依具体事物去实行。不能胜解观修，口头念也可以。从口头诵持，再引起内心的思惟。若真正赞佛，就得造偈如实称叹。真正供佛，就得不惜牺牲一切而作供养，这就难行了。易行道，即依缘佛果位的种种功德，而去观想或称念。这原出自《弥勒菩萨功德经》，说释迦佛因中修难行道，精勤苦行，发愿于五浊恶世成等正觉，而弥勒则是修的易行道，故将来在净土成佛。约此说，一般的念佛、赞佛、随喜、忏悔、劝请、回向，可以增长善根，消除业障，都是属于易行道。念阿弥陀佛，就是易行道的一种。《十住论》说易行道念佛,也并不是专念阿弥陀佛的。易行道的礼佛、赞佛、供养佛等,处处以佛为中心。菩萨修布施、持戒、六度等行,是难行道。龙树说:菩萨发心有依大悲心修种种难行苦行;有依信精进心,乐集佛功德,往生净土的。这二种,也即是初学的二门路:前者从悲心出发,修难行道;后者从信愿出发,修易行道。然易行道也就是难行的前方便,两者并非格格不入。《十住毗婆沙论》说:易行道不但是念佛,包含念菩萨、供养、忏悔、随喜等等,菩萨依此行门去修,到信心增长的时候,即能担当悲智的难行苦行。对于初心怯劣的根性,一下子叫他发心修大悲大智,是受不了的,或即退心不学。故修学佛法,不妨先依易行道,渐次转进增上,至信愿具足,而后才修难行道。这么说来,易行与难行二道,仅为相对的差别,并非绝对的隔离。

念阿弥陀佛,是易行道,易行是不太劳苦的意思。《十住论》说:或步行而去,或乘舟而去。乘舟而去,身心不感劳苦,如易行道,但比步行而去,不一定先达目的地。有些学者,为了赞扬净土法门的易行,说什么“横出三界”,“径路修行”。从激发念佛来说,不失为方便巧说;如依佛法实义,误解易行道为容易了生死,容易成佛,那显然是出于经论之外,全属人情的曲说!

三、**异方便**:异方便名称出《法华经》:“更以异方便,助显第一义。”这异方便,也就是《大乘起信论》的胜方便,其意义可解说为特殊或差别。《摄大乘论》大乘的十种殊胜,古译为十种差别。玄奘译阿赖耶(种子)“亲生自果功能差别”,古人即译作“胜功能”。所以异方便、胜方便、差别方便,都是一样,为同一梵语的不同译法。

　　方便有两种：一正方便，二异方便。《法华经》说："正直舍方便，但说无上道。"这不是不要方便，而是说，在一乘大法中，要舍弃那不合时机的方便，而更用另一种方便来显示第一义。

　　正方便，即三乘共修的方便。佛为声闻说戒、定、慧三无漏学，及无常、苦、无我、不净等观门，使众生厌生死苦而出离世间。但这是容易沉溺于独善厌世的深坑，所以到了大乘，除了对无常、苦、无我、不净等给以新解说而外，更有异方便来教导。但异方便不是声闻法中所完全没有的，只不过大乘中特别重视而已。这就是修塔供养，兴建庙宇，画佛图像；乃至一低头，一举手，或一称南无佛，皆可成佛道等。这种种方便，特重佛功德的赞仰，着重于庄严。如《法华经》的长者璎珞庄严，与穷子的除粪，怎样的气派不同！又如华严海会，何等的乔皇严丽？与小乘大大不同。不着重苦与不净，而反说乐、净。依乐得乐，如《维摩诘经》说的："先以欲钩牵，后令入佛智。"这种方便，在小乘是不大容许的（除了定乐）。大乘强调佛果的无边庄严，总摄一切福德，故特发扬此一教说。异方便很多，《法华经》所列举的如何如何"皆可成佛道"都是。念阿弥陀佛而生净土，《起信论》即明说为胜方便，所以念佛是异方便之一。

　　他增上及易行道，一切佛法中普遍存在，不过大乘较为着重。异方便，小乘只有一些痕迹，而大乘则大为弘扬。尤其是念阿弥陀佛的净土法门，糅合这三方面，着重这三方面，这才在佛法中露出一个崭新的面目。比之于小乘，显然有着很大的差异。

　　我们若不念佛则已，如欲提倡念佛，便非从这些意义去把握不可。这才能认清念佛法门的特胜处。中国素重圆融，有人从禅净融通去解说，说什么"唯心净土，自性弥陀"。这对于有取有舍有念的净土法门，实际是不能表现法门特色的。法门各有差别，真正的念佛，还是依专门修持净土法门的去认识。

四　念佛三要

一、信：念佛法门，以信、愿、行为三要，缺一不可。念佛为佛法的一门，所以修净土法门的，对佛法应有正确的信解。净土经中所说，素来不知佛法的，到临命终时，得到善知识的引导，能专诚恳切地念阿弥陀佛，便可以往生净土。这是不得已的方便，因为人到临死，时间无多，不能再为开导其他的佛法，只好以简易的阿弥陀佛教他持诵。若说平时学佛，只凭一句阿弥陀佛，别的什么都不要，就可以往生，这与神教的因信得救有什么差别？所以佛教中基本的道理，如因果、善恶、轮回解脱等，都应有一明确的信解，这就是信三宝、信四谛等。假使对这些基本的道理缺乏坚信，疑惑不定，说他念佛便可往生，实在是笑话！所以修净土的人，先要坚定佛法中的基本信念，然后再加净土法门的特殊信念。特殊信心有二：

（一）信阿弥陀佛的依正功德：修净土的人，不但确信净土的实有，而且还要信得净土的清净庄严，是极理想的乐土；信阿弥陀佛成佛以来，说法十劫，有无量功德。但更根本的，是要信阿弥陀佛的慈悲愿力极深、极广、极有大力。依佛自证说：因圆果满，自己受用法乐，当然有良好环境的净土。然从如来发心为他说：阿弥陀佛在因地时，作法藏比丘，曾在世自在王佛前，观种种清净世界,而后立愿,要总合一切清净世界的严净,庄严自己的净土,成一极乐世界,以作摄化众生的道场。众生生到净土后,以各种善缘具足,容易修学,成办道业。从这悲愿教化的观点去看,净土是佛为众生而预备的,是摄化众生的大方便。只要众生能发愿往生,决定可以得到接引,这是阿弥陀佛的大愿——四十八愿的根本特胜。能信得,十念、一日乃至七日,皆可往生极乐世界。如缺乏或不能坚定这一特殊信念,那么虽信有阿弥陀佛与净土,也还是不够的。

没有真智,没有断障,就能往生净土,站在自力的因果立场,是有问题的。满身烦恼恶业的众生,没有修集戒、定、慧的圣道,怎会有进入净土的资格? 没有净因,怎能获得净果? 所以唯识家说:称念阿弥陀佛,往生净土,是别时意趣。这是说,现生念佛,使众生信解有佛,积集善种;将来再生人间,修布施、持戒,辗转增上,定慧成就,可以往生净土,并不是说现生念佛,便可往生。这譬如说“一本万利”,约辗转说,并非一下子就有万倍利息。这是纯依自力的说法,身心清净,才可与净土相应,生净土中。若以唯识家所说十八圆满受用土说,非地上菩萨不可。即以胜应身的方便有余土说,在小乘是罗汉,在大乘也要伏断我执。然而,依龙树所说中观大乘,有易行道法门,称念弥陀,命终可得往生的。这关键就在:众生自力是不够的,依于阿弥陀佛的慈悲愿力的摄受,才有可能。所以信修净土法门,如对弥陀本愿力缺乏深刻信念,即是信心不具足,不能达成往生的目的。

(二)信念佛法门的殊胜德用:一般地说:称名念佛,只要心口相应,称念六字洪名,念到身心清净,一心不乱,便可往生净土。如此推重念佛法门，还没有充分显出念佛法门的特胜。如念阿弥陀佛心得清净，念其他的佛、菩萨、经典、咒语，一切都可以得心清净，得心不乱，何必特别弘扬净土法门？所以除了信阿弥陀佛的慈悲愿力而外，更要信往生净土的特殊德用，这就是：往生极乐净土，在信阿弥陀佛的悲愿摄引外，更要信"一心不乱"为获得弥陀愿力摄引的条件，一心不乱，才能往生。如能往生，决定不退，在修学菩萨道的过程中，最为稳当。能确立了这二个信念，然后发愿修行，才能精进而达往生的希望。

二、愿：信与愿不同，勿以为有了信，必然有愿；要知凡愿必定有信，有信未必有愿。总论佛法，有信心，当然要有愿行。然佛法中法门无量，不问它了义的、不了义的，方便的、真实的，都各有其特质，有其作用。这些无边法门虽有信仰，虽有广泛的宏愿——无量法门誓愿学，但在现生的修学中，不一定要样样法门都发愿去修持。故深信净土，不一定发愿而求往生。现在人每每缺乏合理的分别，如见你不挂念珠，不虔诚念（阿弥陀）佛，就以为你对净土法门没有信心。以为你如能信仰净土法门，为什么不专精修学！这实在是极不合逻辑的。如我们对社会的各种正当事业，觉得都有好处，对人类，对国家都极为需要，但决不能样样去做，只能拣择志趣相投的作为个人的终生事业。修学佛法也如是，法门无量，应该信，应该愿学，但切实修学的，只能选择与自己意趣好乐相适合的，便由信而进一步的发愿去实行。所以愿必有信——愿由信来，而深信却不一定有愿行。

净土法门的愿，除愿成佛道，愿度众生普通愿而外，主要是愿生彼国。愿生彼国，约目的说。然在实行中，应该有深一层的愿求，就是愿得弥陀佛本愿的摄受，回向文中，即有此意。约佛本身说，佛是无时不在悲愿摄受众生。可是众生自己不自动地发愿要求摄受，接受佛陀的悲愿，便不能为佛所摄受，佛与众生间便脱了节。如海中救生艇，投下救生圈或绳索，若落海者心愿登舟脱险，却不想接受救生圈或绳索，试问如何可以得救？所以往生净土，要仗阿弥陀佛的慈光摄受，尤须众生的发愿，愿意接受佛陀的本愿。众生愿与佛愿相合应，往生净土才有可能。要知道佛要遍救一切众生，众生本身不起信愿，缺乏被救资格，佛也无能为力。这也即是上面所说的他力要通过自力。如太阳光明普照一切，但不照覆盆之下；佛愿遍度一切众生，但度不了无出离心、不愿接受救济的众生。佛是大能，而不是全能万能。在救济一切众生时，众生有着自己的因果关系，佛并不能想到做到。否则，这世界早就没有众生了！所以愿生净土，是所愿的目的；愿受阿弥陀佛悲愿的摄受，才是发愿的实质。

　　三、行：概括地说，行有二：一是往生净土的助行；一是往生净土的主行。以净土三经说，《阿弥陀经》说："不可以少善根福德因缘得生彼国。"可见要培植深厚的善根，增长种种福德，以作生净土的资粮。《观无量寿经》说有三品，如孝敬父母、布施、持戒、读诵大乘等。大本《阿弥陀经》也说到布施、持戒等。这些善根福德，修净土的人应该随分随力去做，使善根增长，福德增胜。往生净土，念佛是正因，培植善根福德是助缘。有些念佛人，好走偏锋，以为生死事大，念佛都来不及，哪里还有功夫去修杂行，专持一句南无阿弥陀佛就得了。如告以"不可以少善根福德因缘得生彼国"的经文，他却巧辩地说：能听到阿弥陀佛的，就是宿植善根，广修福德因缘了。这是多大的误解！经说"不可以少善根福德因缘得生彼国"，并非说"不可以少善根福德因缘得闻佛名"。求生极乐净土，助行还是需要的。但念一句弥陀的，只有适用于"平时不烧香，临（命终）时抱佛脚"的恶人（见《观经》）；一般人平时修学，应该随分修集福德因缘，以此功德回向净土。永明大师的万善同归，是比较稳当而正确的说法。

往生净土的主行，就是称念"南无阿弥陀佛"。南无是皈投依向义，内含希求阿弥陀佛悲愿加持的意义。现在的念佛法门，非常流行，往往失去了本义。称念是净土行，照净土法门说，应该依信、愿而起行。可是有些念佛人，不解念佛之所以，既无信，又无愿，这与净土法门当然不合。有些念佛的，以念佛为冥资。有些为了家庭的烦恼而念，为了生意或政治的失意而念。一心念佛，以精神集中，身体心理都得到某种清净，某种喜乐，或泛起某种特殊心境。于是便自以为得了受用，沾沾自喜，逢人便说念佛好！念佛当然很好，但这还不是真正的净土行者，还不是净土法门的真利益。充其量，这不过是类似的定境（正定也极为难得），只是由于精神集中，减少了内心的散乱、浮动，减少一些烦恼而已。如以此为目的，何必一定要念"南无阿弥陀佛"！念佛生净土，当然会有这种心境，而且更好。若仅此而无信无愿，是不能往生的。所以净土法门的修行（念佛），要在深信诚愿的基础上，要在渴仰弥陀本愿的摄受中去念。空空洞洞的行，不会与阿弥陀佛的慈悲愿力相呼应，不相应便不能生净土。

信愿行的总合，是净土法门的要诀！三者具足，即得往生。

依他力而往生,这不妨举喻来说:如美国或某国,为东方人办了几个学校,欢迎我们去留学,可以供给膳宿,甚至可以供给交通工具,他愿意我们去,只要我们肯去。如我们对他没有信心,或自己不发生兴趣,这当然不能去了。假使你有信有愿,愿意去一趟,但还缺少一件,还要彼此同意的证明文件——护照。护照签了字,你就可坐他的飞机到那边去。这如净土行人,在阿弥陀佛的慈悲愿力中,有信、有愿,又加上称念阿弥陀佛的签字手续,自然可以达到净土的目的地。净土法门的三要,如鼎三足,缺一不可。不具足三要而称念弥陀,等于一纸伪造文件,起不到实际作用。

五　念　佛

一、念:净土法门,一般都以称名念佛为主,以为称名就是念佛。其实,称名并不等于念佛,念佛可以不称名,而称名也不一定是念佛的。

要知道,念是心念。念为心所法之一,为五别境中的念心所。它的意义是系念,心在某一境界上转,明记不忘,好像我们的心系在某一境界上那样。通常说的忆念,都指系念过去的境界。而此处所指称的念,通于三世,是系念境界而使分明现前。念,是佛法的一种修行方法,如数息观又名安般念,还有六念门,以及三十七道品中的四念处,都以念为修法。要得定,就必修此念,由念而后得定。经里说,我们的心,烦动散乱,或此或彼,刹那不住,必须给予一物,使令攀缘依止,然后能渐渐安住。如小狗东跑西撞,若把它拴在木桩上,它转绕一会,自然会停歇下来,就地而卧。心亦如此,若能系念一处,即可由之得定。不但定由此而来,就是修观修慧,也莫不以念为必备条件。故念于佛法中,极为重要。

念有种种,以所念的对象为差别,如念佛、法、僧、四谛等。现说念佛,以佛为所念境界,心在佛境上转,如依此得定,即名为念佛三昧。然念重专切,如不专不切,念便不易现前明了,定即不易成就。要使心不散乱,不向其他路上去,而专集中于一境,修念才有成功的可能。经中喻说:有人得罪国王,将被杀戮。国王以满满的一碗油,要他拿着从大街上走,如能一滴不使溢出外面,即赦免他的死罪。这人因受了生命的威胁,一心一意顾视着手里的碗。路上有人唱歌跳舞,他不闻不看;有人打架争吵,他也不管;乃至车马奔驰等种种境物,他都无暇一顾,而唯一意护视油碗。他终于将油送到国王指定的目的地,没有泼出一滴,因此得免处死。这如众生陷溺于无常世间,受着生死苦难的逼迫,欲想出离生死,摆脱三界的系缚,即须修念,专心一意地念。不为可贪可爱的五欲境界所转;于可嗔境不起嗔恨;有散乱境现前,心也不为所动。这样专一系念,贪嗔烦动不起,心即归一,寂然而住。于是乎得定发慧,无边功德皆由此而出。反之,若不修念,定心不成,虽读经学教,布施持戒,都不能得到佛法的殊胜功德,不过多获一点知识,多修一些福业而已。

二、念佛:念佛,一般人但知口念,而不晓得除此以外,还有更具深义的念佛。如仅是口称佛名,心不系念,实是不能称为念佛的。真正的念,要心心系念佛境,分明不忘。然佛所显现的境界,在凡夫心境,不出名、相、分别的三类。

依名起念:这即是一般的称名念佛,是依名句文身起念,如称"南无阿弥陀佛"六字,即是名。而名内有义,依此名句系念于佛——以"南无阿弥陀佛"作念境。这是依名起念,故称名也是念佛。

不过,称念佛名,必须了解佛名所含的意义,如什么都不知道,或以佛名为冥资等,虽也可成念境,或由此得定,但终不能往生极乐。这算不得念佛的净土法门,因为他不曾了解极乐世界的情形和阿弥陀佛的慈悲愿力。无信无愿,泛泛称名,这与鹦鹉学语、留声机的念佛,实在相差不多。有一故事:有师徒两个,徒弟极笨,师父教他念佛,他始终念不来,老是问师父怎样念。师父气不过,骂他道:"你这笨货!"并且把他赶跑。可是他却记住了,到深山里去,一天到晚念着"你这笨货,你这笨货"。后来师父又去找他,见他将饭锅子反着洗,觉得徒弟已得功夫。便问他这一向修的什么功,他说就是师父教我的:"你这笨货。"师父笑道:"这是我骂你,你怎把它当佛在念?"一经点破,徒弟了解这是骂人的话,所得的小小功力便失去了。心系一境而不加分别,可以生起这种类似的定境,引发某种超常能力。但一加说破,心即起疑,定力也就退失。当然,称名念佛,决不但是如此的,否则何须念佛,随便念桌子板凳,不也是一样吗? 须知道,阿弥陀佛是名,而名内包含得佛的依正庄严,佛的慈悲愿力,佛的无边功德。必须深切了解,才能起深切的信愿,从信愿中去称名念佛,求生净土。

依相起念:这是观想念佛,念阿弥陀佛或其他的佛都可以。

或先观佛像,把佛的相好庄严谨记在心,历历分明,然后静坐系念佛相。这种念佛观,也可令心得定。我遇见的念佛的人,就有静坐摄心,一下子佛相立即现前的。但我所遇到的,大都还是模糊的粗相,容易修得。如欲观到佛相庄严,微细明显,如意自在,那就非专修不可了。而且,佛相非但色相,还有大慈大悲,十力,四无所畏,十八不共,五分法身,无量无边的胜功德相,在这佛功德上系念观想,大乘为观相所摄,小乘则名为观法身。

依分别起念:依分别起念,而能了知此佛唯心所现,名唯心念佛。前二种依于名相起念,等到佛相现前,当下了解一切佛相,唯心变现,我不到佛那里去,佛也不到我这里来,自心念佛,自心即是佛。如《大集贤护经》(二)说:“今此三界,唯是心有。何以故?随彼心念,还自见心。今我从心见佛,我心作佛,我心是佛。”《华严经》(四六)也说:“一切诸佛,随意即见。彼诸如来不来至此,我不往彼。知一切佛无所从来,我无所至,知一切佛及与我心,皆悉如梦。”佛的相好庄严,功德法身,分分明明,历历可见,是唯(观)心所现的。了解此唯心所现,如梦如幻,即是依(虚妄)分别而起念。佛法以念佛法门,引人由浅入深,依名而观想佛相,佛相现前,进而能了达皆是虚妄分别心之所现。

若更进一层,即到达念佛法身,悟入法性境界。唯识家说法有五种,名、相、分别而外,有正智、如如。无漏的智如,平等不二,是为佛的法身。依唯心观进而体见一切平等不二法性,即是见佛。《维摩诘经》亦说:“观身实相,观佛亦然”,以明得见阿閦。《阿閦佛国经》也如此说。《般舟三昧经》于见佛后,也有此说。佛是平等空性,观佛即契如性;智如相应,名为念佛。《金刚经》说:"离一切相,即见如来",平常称此为实相念佛。念佛而达此阶段,实已断除烦恼,证悟无生法忍了。

由称名而依相,乃至了达一切法空性,一步一步由浅而深,由妄而真,统摄得定慧而并无矛盾。这样的念佛,就近乎自力,与修定慧差不多,故念佛法门也是定慧交修的。但依《般舟三昧经》说:如见佛现前,了得唯心所现,发愿即得往生极乐世界。可见念佛方便,要求往生净土,要有佛的悲愿力。在四类念佛中,以称名念佛最为简易。一般弘通的净土法门,即着重于此——称念南无阿弥陀佛,和信求阿弥陀佛的慈悲愿力的摄受。

称名念佛,并非仅限于口头的称念。如《阿弥陀经》的"执持名号",玄奘别译即作"思惟"。由此可见,称名不但是口念,必须内心思惟系念。因称念阿弥陀佛的名号,由名号体会到佛的功德、实相,系念思惟,才是念佛。所以称名是重要的,而应不止于口头的唱诵。

上面说的是通泛的说一切念佛,现在别依称名念佛,再加说明。称名念佛的方法,有人总集为"念佛四十法",即专说念佛的方便。然念佛中最重要的,是三到。净宗大德印光大师也时常说到。三到是:口念、耳听、心想,三者同时相应。念得清晰明了,毫不含糊,毫不恍惚。称名时,不但泛泛口唱,而且要用自己的耳朵听,听得清清楚楚;心里也要跟着音声起念,明明白白地念。总之,口、耳、心三者必须相应系念,了了分明,如此即易得一心不乱。许多人念佛,不管上殿、做事,甚至与人谈话,嘴巴里似乎还在念佛。心无二用,不免心里恍惚,耳不自听,不能专一。或讲究时间念得长,佛号念得多,但这不一定有多大用处。例如写字,要想写得好,写得有功夫,一定要郑重其事地写,一笔又一笔,笔笔不苟,笔笔功到。虽然写字不多,如能日日常写,总可以写出好字。有人见笔就写,东拓西涂,久而久之,看来非常圆熟,其实毫无功力。也有年青时即写得好字,而到老来却写坏,因为他不再精到,随便挥毫,慢慢变成油滑,再也改不过来。念佛也这样,时间不妨短,佛号不妨少,却必须口耳心三到,专一系念不乱。如果口里尽念,心里散乱,东想西想,连自己也不知在念什么,那即使一天念上几万声也没有用。所以若要不离念佛,不离日常生活,一定要在成就以后。初学人,叫他走路也好念佛,做事正好念佛,那是接引方便。念佛而要得往生,非专一修习不可。如一面妄想纷飞,一面念佛,一成习惯,通泛不切,悠悠忽忽,再也不易达到一心不乱。要念佛,还是老实些好!

说到称名念佛的音声,可有三种:(一)大声,(二)细声,(三)默念。在念佛的过程中,三种都可用到。如专轻声念,时间长了容易昏沉,于是把声音提高,念响一点,昏沉即除。如专于大声念,又容易动气发火,令心散乱。再换低声念,即能平息下去。音声的轻重,要依实际情况的需要,而作交换调剂,念低念高都没有问题。但专以口念,无论高念或低念,都不能得定。依佛法说,定中唯有意识,眼等前五识皆不起作用,口念闻声,当然说不到定境。念佛的目的,是要达一心不乱,所以又要默念。默念,也称金刚持,即将佛的名号放在心里念,口不出声,虽不作声,自己也听起来却似很响,而且字字清晰,句句了然。这样念,逐渐地心趋一境,外缘顿息,才能得定。

再谈谈念佛的快慢。我们念佛,起初都很慢,到转板的时候便快起来。这很有意思，因为慢念，声音必定要拉长，如：南—无—阿—弥—陀—佛，每字的距离长，妄想杂念容易插足其间，所以要转快板，急念起来，杂念即不得进。禅堂的跑香也这样，催得很快很急，迫得心只在一点上转，来不及打妄想。不过专是急念也不好，会伤气，气若不顺，分别妄想也就跟着来。如转而为慢念，心力一宽，妄想分别也淡淡地散去。这完全是一种技巧，或缓或急，不时交换调剂，令心渐渐离却两边，归一中道。如骑马，偏左拉右，偏右拉左，不左不右时，则让它顺着路一直走。念佛不是口头念念就算，不在乎声音好听，也不在乎多念久念，总要使心趋向平静，趋向专一，获得一心不乱。

六　一心不乱

念佛求生极乐世界，能不能生的重要关键，在一心不乱，这在大小《阿弥陀经》中皆说到。莲池大师有事一心与理一心的分别。事一心实可析为净念相续、定心现前二类。众生的内心，最复杂，特别是无始来的烦恼习气，潜伏而不时现起，极难得到内心的一致——不乱。佛法的无边功德，要由定力开发出来。这不净的散乱的心念，就是虚妄分别心，分别即是妄想。这可以包括一切的有漏心，念佛念法，众生位上的一切，都不外乎虚妄分别心。约证悟说，这都是妄想。然约一心不乱说，妄想也大有妙用。在虚妄分别心心所法中，有善心所现前，如对佛法僧的善念；有恶心所的生起，如贪嗔等的烦恼。初学佛的人，要想一下子不分别，不妄想，谈何容易！所以要先用善念对治恶念，以净念而去除染念。念佛就是这种方法之一，一念阿弥陀佛，可以除去各式各样的不净妄念。但在善念净念中，还可以是乱心的。如一刻是佛，一刻又是法，这虽然内心善净，却还是散乱。所以必须要净念，而且要相续，念念等流下去。此时不但恶念不起，即除了阿弥陀佛以外，其他的善念也不生起，念念是佛，等流下去，这叫净念相续，也就是一心不乱的初相。这在修行上，并不太难，这并非得定，而是止成就的前相。然而一般念佛的，散乱小息时，每转现昏昧。其实念念中不离杂念（当然不是大冲动），而自己不知，以为得了一心，最易误事。心在一念上转，不向外境奔驰，一有驰散，马上就以佛念摄回。一念一念，唯此佛念，离掉举，离昏沉，没有杂念渗入，没有间断，明明现前，即是一心不乱。念佛决不在时间的长短、数量的多寡上计较，主要在达到一心不乱。依经说：念佛有时一日或者七日，一念乃至十念。所以，不论时间长短，如真能万缘放下，唯一弥陀净念，即使是短时相续，也就是一心不乱。这样的净念相续，即取得了往生净土的保证。在这样的净念相续时，每有清净法乐，或闻有香气，或乍现光明等。

　　定心现前，是更深一层的。定有一定的条件，不是盘腿趺坐就算定。先要系念于止，止成就后，才有定心现前。最低微的未到定，也有浑忘自己的身心境界，只是一片清净光明。念佛得定，名念佛三昧，此时眼等五识不起，唯定中意识现前。称名、观相，也可现见阿弥陀佛。甚至未得净念相续的，在睡梦中也可见阿弥陀佛，这是梦境，不一定可以往生。正定现见阿弥陀佛，可成为往生净土的保证。没有信愿的念佛，也可以得到观佛成就，但不一定往生。（由佛转教,发愿即可生）虽然说佛是大悲普被,无时不在救度,问题却在众生的能不能接受佛恩。众生能使心渐渐归一,心地清净,惑业等重大障碍物去除了,众生的愿,即与佛的愿可以相感相通,现见弥陀,往生净土,这才显出了慈悲愿力的作用。有一类众生平时不知佛法,为非作歹,到了临命终时,遇到善知识的启发,深悔过去的罪恶,能在短时中,一心一意至诚恳切地念几句阿弥陀佛,就可往生净土。这因为一方面受到死的威胁,一方面受到堕落的怖畏,所以信愿的热忱特别深切,能在短时间内,一心不乱,而得往生。

为调和禅净的争执,莲池大师倡理一心说以会通他。中国唐代的净土法门,专重他力,而禅宗是主心外无物,顿息一切分别,所以批评净土法门的有取（净土）有舍（娑婆）,有分别念（佛）。其实禅净各有重心,由于执一概全,才有诤执。若着眼于全体佛教,即用不着冲突。莲池大师所以特提理一心说,作禅净的调和。理一心,即体悟法性平等,无二无别,离一切相,即见如来。这样,禅净便有贯通处。但这是随顺深义而说,若据净土法门的易行道、他增上的特性来说,念佛往生所被的机缘,本是摄护初心。禅净各有特色,不一定在“一心”上圆融会通。净土法门蒙佛摄受,齐事一心的念佛即得。到理一心,这必先要定心成就,然后进一步于定中起观:佛既不来,我也不去,我身佛身,同是如幻如梦,无非是虚妄分别心所显现。于是超脱名相,远离一切遍计执,而现证法性。如到此地步,有愿的往生极乐,论品位应在上品上生之上。如于极乐世界无往生的特别愿欲,那是不一定生极乐的。要生,那是“十方净土,随愿往生”。

七 往生与了生死

往生是约此界的临终,往生极乐世界说。本来死后受生,或由此到彼,往生的力量不一,最一般的是业力。有天的业生天界,有人的业生人间……六道众生,皆以业力而受生。在这以上的,还有愿力、通力,如没有人间业的天,可以到人间,他来是凭借神通的力量。下生以后,现有人间的身体,借取欲界的鼻舌识而起用;不过天人的身体光明,物质组合得极为微妙。同样的,我们修得了神通力,也可生到上界。现在的生净土,不是通力,而是愿力。以一心不乱为主因,使心净定,再由众生的愿与阿弥陀佛的愿相摄相引,便得往生净土。论依因感果,净土还不是众生的,然同样的可以享受。如王宫是王家所有,但宫廷里的侍役、下女,一样的可以享受那奇花异草的花圃,画栋雕梁的庄严房屋,山珍海味的饮食,丝弦笙笛的音乐,与王室差不多,但这并不是自力。往生净土也是这样,凭着阿弥陀佛的愿力,一样的享受净土的法乐。

今日有些弘扬净土者,说到了生死,以为就是念佛,以念佛为了生死的代名词,这是堵塞了佛法无边法门。其实了生死,岂止念佛一门?而且,了生死与往生,应该是二回事,这中间还有一段的距离。把往生看作了生死,在思想上有点混乱。生死,是生而死死而生的生死相续;了生死,不是明了生死,而是说彻底解决了生死,不再在生死中往来轮回。生死是苦果,从烦恼、业而来,有烦恼即作业,作业即感苦果,惑、业、苦三,流转如环。烦

恼的根本是我见,或说无明,不达我法性空,执我执法的烦恼是
生死的根本,有烦恼可以引起种种善恶业,有业必有果。生死是
这么一回事,要了生死,必破除生死的根本,通达无我性,彻见真
实理;我法执不起,烦恼根本便断。烦恼一断,剩有业力,没有烦
恼的润泽,慢慢地即失去时效而不起作用,不感生死。了生死,
无论在大小乘都是一样,只有浅深的差别,大原则是不会例外
的。依此来说,往生净土还没有见真理、断烦恼。烦恼既未断,
何得了生死呢? 所以往生并不就是了生死,如说他了生死,那是
说将来一定可以了,不是现在已经了了。生到净土,与诸上善人
俱会一处,善缘具足,精进修学,辗转增上,得不退转,决定可达
了生死的目的,只是时间的迟早而已。所以说往生净土能了生
死,那是因中说果。如人从十三层高楼跳下,在未落地前,说他
跌死,那是说他落地后必定死。在空中时,事实上还没有死,虽
还未死,不妨作如此说,因为他死定了。《法华经》的"一称南无
佛,皆共成佛道",与《宝云经》所说"一念释迦牟尼佛,皆得不退
转于阿耨多罗三藐三菩提",这都是因中说果。有此念佛因缘,
久久修学,必能了脱。不但这是依一般的往生说,还没有了生
死;就是上品上生,也要往生以后,花开见佛,悟无生忍,这才破
无明,断除生死根本。故往生与了生死,是截然二事,不能看作
同一。这样把往生与了生死的内容分析清楚,即与一切教理相
应。若是过分高推——往生即了生死,则与无量教理而相违碍。
以往生为了生死,对于教理无认识的,尚无所谓;若对佛法有素
养的人,听之反起疑惑,反于净土而生障碍。

八　结说要义

总前面所讲的,关于净土法门有几点要义,需要特别注意。第一,是本愿力:众生的能生净土,主要是依仗他力的慈悲本愿。若但依自力,是不够的。念佛的净土宗人,都推庐山慧远大师为初祖,其实远公的念佛,并不重在口念。由北魏的昙鸾、道绰,到唐朝的善导大师,才发展为特重称名的念佛法门。善导大师有《观经四帖疏》,重慈悲愿力,重散心,以为持戒、犯戒,皆可往生。"普度众机,不择善恶",这话并不错,经上也有十恶、五逆可以成佛之说。这一派传到日本,发展为真宗,既然善人恶人皆可往生,念佛不分在家出家,所以索性娶妻食肉,主张弃戒定慧等圣道,而专取本愿。由于专重他力的阿弥陀佛愿力,所以进一步以为,只要信,当下即为阿弥陀佛所摄受。索性平时不要念佛,不需念到一心不乱,以为一信即得往生。这在中国的净土行者,觉得希奇,其实还是遵循中国传去的老路子,只是越走越远,越远越小,钻入牛角的顶尖而已。依佛法本意说,生极乐世界,特重他力。若说连戒等功德都不要了,那净土又何以有三辈九品之分呢?九品的划分,就依圣道为标准。五逆、十恶者,生净土也只是下品下生。平素孝敬师长、勤行施戒、修学定慧、悟解空义的,才能生中品以及上品上生。我在《净土新论》中说:如荒年粮食奇缺,吃糠可以活命,但到了丰年,应该以米麦活命,若是硬要说吃糠为最好,其余的都不要,这岂不成了狂人!但念一句阿弥陀佛而往生,是为十恶、五逆而临近命终人说的,犹如遇到荒年教人吃糠,是不得已的办法。你既不是十恶、五逆的地狱种子,又不是死相现前,平时来学佛念佛,怎么不随分随力地修集功德? 怎么不在弥陀誓愿的摄受中,勤行圣道? 至于说只要信,不念佛而可往生,更是莫名其妙。如掉在海中,只想别人救他,而不伸手拉住救生圈和绳索,试问如何可以登岸? 不念佛何以得一心不乱? 何以能与佛愿相通? 撤除众生自心障碍,与佛愿相应,佛说就是念佛到一心不乱。信弥陀愿力,而不信接受弥陀愿力的方法,真是可笑。放弃自力,不是别的,这只是发展于神教气氛中的神化!

第二,我讲的净土法门,多是依据印度的经论,并不以中国祖师的遗训为圣教量。照着经论的意趣说,不敢抹煞,也不敢强调。所以与一分净土行者,小有差别。如易行道,不是横出三界,容易成佛,而是容易学容易行,办法比较稳当。其实易行道反而难成佛,如弥勒佛;难行道反而易成佛,如释迦佛。所以《无量寿经》说:能于秽土修行一天,胜过净土久久。又如净土的特色在依他力而得往生;然往生并不就是了生死,这在专以念佛为了生死的人看来,不免心生不忍。其实,这并没有贬低净土法门的价值。

第三,虽有三根普被之说,而净土念佛法门,主要在为了初心学人。有类众生,觉得佛法太深广,太难行,以一生的时间修学,教理上还是漫无头绪,悟证既难,而菩萨的难行,更加不能做到。忽忽一生,死到头来,也不知来生究竟如何! 对这类心性怯劣的众生,所以有易行道、胜方便的净土法门。如《大乘起信论》说:"众生初学是法……其心怯弱……娑婆世界……信心难

可成就……如来有胜方便,摄护信心。"这些心志怯劣的众生,
不敢担荷如来家业,虽学佛多年,还在愁眉苦脸中过活。有以为
佛教没有神教好,因信得救,何等简捷了当! 听到三世轮回,便
自前途茫茫,觉得一切不能把握,信心发生动摇,容易退堕外道。
为摄护这类初心的众生,所以说胜方便的净土法门。这是念佛
法门的所被的主要根机;一到净土,即使下品下生也可慢慢向上
修学,得到成佛的结果。这是净土法门的妙用,妙在往生必能
"不退转于阿耨多罗三藐三菩提"。可说是佛法中的保险法门,
保险不会走错路子。也可说是留学法门,娑婆世界难行苦行,成
佛度生,有点不敢自信,生怕途中退失,前功尽弃,生净土就好
了。这如本国教育水准低落,设备、仪器、图书都不充足,不及外
国学校的好,所以有留学之必要。到外国学,各样条件具足,学
业容易成就;学成以后,回来贡献祖国。这如净土的修学一样,
修学到悟无生忍以后,然后倒驾慈航,回入娑婆世界,救度众生。
小乘专重己利,所以有很多的阿罗汉出现。禅宗专提向上一着,
所以也有很多的祖师出现。可是大乘法门,太深太广,不容易为
一般所完满信行。印度的大乘既兴,净土法门的简易,就由此而
大大地弘扬起来。净土法门的好处,就在简易平常。如说得太
高了,怕不是立教的本意吧!

(录自《净土与禅》,77—122 页,本版 51—81 页。)

二 净土新论

一 净土在佛法中的意义

净土的信仰,在佛法中,为一极重要的法门。它在佛法中的意义与价值,学佛人是应该知道的。一般人听说净土,就想到西方的极乐净土,阿弥陀佛,念佛往生。然佛教的净土与念佛,不单是西方净土,也不单是称念佛名。特重弥陀净土,持名念佛,是中国佛教,是承西域传来而发展完成的。现在,从全体佛法的观点,通泛地加以条理的说明。

我时常说:"戒律与净土,不应独立成宗。"这如太虚大师说:"律为三乘共基,净为三乘共庇。"戒律是三乘共同的基础,不论在家出家的学者,都离不开戒律。净土为大小乘人所共仰共趋的理想界,如天台、贤首、唯识、三论以及禅宗,都可以修净土行,弘扬净土。这是佛教的共同倾向,决非一派人的事情。站在全体佛教的立场说,与专弘一端的看法,当然会多少不同。

先说净土的意义。土,梵语 kṣetra,或略译为刹。刹土,即世界或地方。净土,即清净的地方。净,是无染污、无垢秽的,有消极与积极二义。佛法说净,每是对治杂染的,如无垢、无漏、空,都重于否定。然没有染污,即应有清净的:如没有烦恼而有智慧;没有嗔恚而有慈悲;没有杂染过失而有清净功德。这样,净的内容,是含有积极性的。所以净是一尘不染的无染污,也就是功德庄严。

西洋学者说"真"、"美"、"善",或约宗教的意义而加一"圣"。真,佛法是非常重视的,如说实相、真如、胜义。善,是道德的行为,即佛法所修的种种功德行。美,在佛法中似乎不重要,如美妙的颜色、音声,每被指责为五欲境界而予以呵斥的。其实,佛法的清净,实含摄得美妙与圣洁的意义。西洋学者以为圣是真美善的统一,而有超越性的。佛法中,离错误的认识即真;离罪恶的行为即善;离染污的清净即美。而此"净",也即能表达真美善的统一,又是超越世俗一般的。宗教的弘扬在世间,要求(认识的)真,要求(意志的)善,更要有含摄得合理化的艺术性的(情感性的)美满生活。在过去,佛教的音乐、图画、譬喻文学、佛像雕刻、塔庙建筑等,在佛教的发展中,都是非常重要的。佛教的流行人间,必须理智与情意并重,适合众生的要求,才能得合理的发展。偏于理智,冷冰冰的生活,每不免枯寂;偏于情感,热烘烘的生活,又易于放逸,失却人生的正轨。唯有智情融合而统一,生活才有意义,才能净化人性而成贤成圣。佛法的庄严或严净,实有非常的意义。佛学的研究者,特别是阿毗达磨论师,每忽略了这一意义。如从譬喻者、大乘学者,佛法流行世间来说,即能肯定严净的伟大意义。

净土,即清净的地方,或庄严净妙的世界。佛法实可总结它的精义为"净"，净是佛法的核心。净有二方面：一、众生的清净；二、世界的清净。《阿含》中说："心清净故，众生清净"；大乘更说："心净则土净。"所以我曾说："心净众生净，心净国土净，佛门无量义，一以净为本。"声闻乘所重的，是众生的身心清净，重在离烦恼，而显发自心的无漏清净。大乘，不但求众生清净，还要刹土清净。有众生就有环境，如鸟有鸟的世界，蜂有蜂的世界；有情都有他的活动场所。众生为正报，世界为依报，依即依止而活动的地方。如学佛而专重自身的清净，即与声闻乘同。从自身清净，而更求刹土的清净（这就含摄了利益众生的成熟众生），才显出大乘佛法的特色。所以，学大乘法，要从两方面学，即修福德与智慧。约偏胜说，福德能感成世界清净，智慧能做到身心清净。离福而修慧，离慧而修福，是不像大乘根器的。有不修福的阿罗汉，不会有不修福德的佛菩萨。大乘学者从这二方面去修学，如得了无生法忍，菩萨所要做的利他工作，也就是：一、成就众生，二、庄严净土。使有五乘善根的众生，都能成就善法，或得清净解脱；并使所依的世间，也转化为清净：这是菩萨为他的二大任务。修福修慧，也是依此净化众生与世界为目的的。这样，到了成佛，就得二圆满：一、法身圆满，二、净土圆满。众生有依报，佛也有依报，一切达到理想的圆满，才是真正成佛。了解此，就知净土思想与大乘佛教实有不可分离的关系。净土的信仰，不可诽拨；离净土就无大乘，净土是契合乎大乘思想的。但如何修净土？如何实现净土？还得审慎地研究！

二　净土的类别

"净土为三乘共趋"，是各式各样的，大乘只是特别发扬而已。净土在佛法中是贯彻一般的，所以可分三类，即五乘共的、三乘共的、大乘不共的。

一、五乘共土：这不仅是佛法的，一般世间人都可有此净土思想。在印度，如四洲中的北俱卢洲，梵语郁怛罗俱卢，是无上福乐的意义，即顶有福报顶快乐的地方。印度人都承认有此世界。在中国，儒道所传的思想中，也有同一意境的说明。

二、三乘共土：这是佛法大小乘所共说的，最显著的，即兜率净土。佛在人间成佛以前，最后身菩萨在兜率天，从此而降诞人间的。释迦佛是如此，将来弥勒佛也是如此。兜率内院为最后身菩萨所依止的地方，经常为天众及圣者们说法。天宫——天国，本来就是极庄严的；有最后身菩萨说法，比一般的天国就更好了，这是一切声闻学者所共说的。从声闻佛教编集的教典看，弥勒当来下生，实现人间净土，为佛徒仰望的目标。弥勒在兜率天的情形，将来如何下生，这在《弥勒上生经》、《弥勒下生经》等都有详细的说明。除一般共传的弥勒净土外，与有部、犊子部有关的《正法念处经》，说夜摩天有善时鹅王菩萨，经常为天众说法。天宫清净，有菩萨说法，与弥勒兜率说法的思想是一样的。《入大乘论》引述大众部的传说：青眼如来在光音——色界二禅天，为了教化菩萨，与无量声闻大众，无量百千大劫，在天宫说法。还有分别说系中的法藏部说：在此世界的东北方，有难胜如来经常说法。又汉译的《增一阿含经》说到世界之东,有奇光如来说法,目犍连以神通到奇光如来处;此说也见于大乘经。这可见,各派声闻学者,都含有此界天宫或他方佛土的思想。这比对于此界人间的秽恶不净,有清净世界,有佛菩萨经常说法,都是具体而微的,表达出大乘净土的肖影。

三、大乘不共土:大乘不共的净土,多得不可数量。古典而最有名的,是东方阿閦佛净土,西方阿弥陀佛净土,然其后,为中国佛弟子所重视的,与西方阿弥陀佛土相对,有东方药师如来净土,这都是他方的。后来,密宗传说,此世界将出现香跋拉净土。这都是大乘佛教所不共的,不见于声闻佛教的传说。

上来所说,或为世人所共知的,或为三乘所共知的,或为大乘者所共信的。在大乘不共的佛土中,如约修行的境界浅深来说,还可分为四类:(一)凡圣共土:有凡夫也有圣人。(二)大小共土:没有凡夫。这是声闻、辟支佛、大力菩萨同得意生身,所依托的世界;天台宗称此为方便有余土。《法华经》说:声闻入涅槃,到另一国土,将来授记做佛。这另一国土,就是意生身的净土。依《楞伽经》说,这应是与有心地菩萨——有相有功用行菩萨,同得三昧乐正受意生身所得的净土。(三)菩萨不共土,或可称为佛与菩萨共土。这一类净土,与声闻不共;天台宗名此为实报庄严土,《密严经》名为密严净土。秘密(不可思议)庄严,为菩萨不共二乘的净土。(四)佛果所得的不共土,如《仁王经》说:"三贤十圣居果报,唯佛一人登净土。"这或名法性土,天台宗称此为常寂光净土。名称、地位,各家或有不同,大体上都是有此四级分别的。然大乘经中所说的佛净土,并不这样明显地判别。如西方极乐净土,有看为凡圣共的;有看为大小共的;有以为凡夫是示现的,声闻是约宿因而说,现在都是菩萨。究属何土,实不必限定,因为经文也有互相出入的地方。然约修证浅深来说所依的净土,确乎可分四级。凡圣同的,可通摄五乘共;大小同的,可通摄三乘共;佛菩萨共的,或唯佛净土,为大乘不共。

这样的类别,即说明净土一门,为佛法——甚至可说为人类的共同的企求,不过大乘中特别隆盛。修学大乘佛法,不应当轻视世界的清净要求。应该记着:只重身心清净,所以小乘不能达到究竟;由于大乘能清净身心,庄严世界,才能达到究竟圆满的地步。

三　净土的一般情况

一　自然界的净化

净土是理想的世界,依众生的根性、社会文化的不同,传出各式各样的净土。净土,是全人类对于理想世界的企求,原是极自然的,也是最一般的。然佛教的净土思想,从印度佛教文化中发展出来的,所说的净土境界,当然是结合着——适应着印度的文化环境和他们的思想特征,这是应该注意的一点!

论到佛教所说的净土情况,不单是依报的大地,所以可分二方面来说:一、自然界的净化,二、众生界的净化。

自然界的净化,可有四点特征。一、平坦:佛教的一切净土中,不曾说有山陵丘阜及大海江河,甚至没有荆棘沙砾。佛教在印度的发展环境——恒河流域,是大平原,在古圣的意境中,山河是隔碍而多生灾难的,因此有大平原的净土意境。如惯常于山国或海岛的边地,对山、海发生兴趣,也许描写净土为蓬莱仙岛、姑射仙山了。二、整齐:印度文化的特性,是求均衡发展的。所以表现于东西南北四维上下,是一样的,显着特别整齐。如净土中的树木,总是枝枝相对,叶叶相当的。一行一行的宝树,高低距离非常整齐,与富有均衡美的图案画一样,这是佛经净土美的特征。中国人对自然美的观念就不同了,表现于山水画等,都是参差变化的,少有均衡的整齐的描写。三、洁净:净土中是没有尘秽的,一尘不染。连池沼的水底,也是金沙而不是尘滓。四、富丽:如金沙布地,七宝所成,极其富丽堂皇。一般人说,印度文化或佛教文化是偏于唯心的。然从大乘佛经看来,决不如此。净土所表现的,对于自然的物质界是怎样的丰富充实!声闻佛教,重于少欲知足;而大乘,即从少欲知足的心境中,积极地发展富丽堂皇、恢宏博大的庄严,毫无穷苦贫乏的意象。如说到树木、殿堂、楼阁等时,都是说金、银、琉璃、玻璃、砗磲、赤珠、玛瑙等众宝合成。我们要了解,这是学佛者意境的忠实描写。

从差别的事相说:一、净土是富有园林美的:如宝树成行,宝花怒放,果实累累,池沼陂塘等等。净土里,没有兽类,但有飞鸟,鸟类是美丽而善于歌唱的,如白鹤、孔雀、鹦鹉、舍利等。净土的境界,活像一伟大的公园。二、净土又富有建筑美:如净土的道路平坦、光滑、宽广、正直,如在近代的大都市住过,也许多少可以理解。路旁有树,与现代化的马路,也极为相像。净土中有楼阁,四面栏楯,庄严富丽。又有浴池,这在热带民族看来,是极重要的。用来庄严楼阁的,如宝铃,及幢、幡、宝盖、罗网等。由这些物质的布置点缀看来,净土是极尽了五欲之乐的。如花木园林,到处是芳香。净土中有光明而没有黑暗,一切是美丽的色彩。鸟声、铃声、风声、水声,都是美妙的音乐,一切是微妙的、节奏的乐曲。还有,净土中的道路、住处,如兜罗绵,柔软舒适,现代的弹簧床、沙发椅之类,也许有点类似。这些,是属于自然界的净化。这个世界,如单纯的物质美,由于科学的进步,是可能实现一部分的。

二　众生界的净化

净土,不但是自然界的净美,还有众生界的净化,也即是社会的净化。这又可从三方面说。

一、经济生活的净化:如经济生活不解决,就是身在最繁华的都市,也是无穷苦痛。因此,净土中,特别说到有关物质生活的衣、食、住、娱乐等事。在净土中,"各取所需,各得所适"。资生的物质,不是属于某人或某些人的,一切属于一切大家所共有共享的(世间也有理想的"各尽所能,各取所需"的社会主义的社会)。净土中,物质的享受都是随心所乐而受用的,没有巧取、豪夺、占有、私蓄的现象。关于物质的经济生活,应有二方面:(一)生产,(二)消费。在这二个问题中,消费比生产似更为困难,所以古人曾说:"不患寡而患不均。"一般社会中,有些人享用的、积蓄的超过了需要,有些人却得不到合理的需要,这就是社会动乱的根源。即使遍地是物资,如分配得不合理,争闹还是不可免的,也许闹得更凶。所以佛教的净土中,特别重视消费的均衡、满足。科学进步,如社会能得合理的革新,人人工作二三小时,或者不需要这么久,而人人的生活都可以丰满了。真能达到世间的大同境地,也可以说是佛教净土的部分实现。所以太虚大师说:政治上的无政府的社会主义,与佛教的思想,极为相近。

二、人群生活的净化:第一、离男女的家:佛教的净土,有二类:一是共五乘的人间净土,如将来的弥勒净土、北俱卢洲,这都是有男女的。一是不共的大乘净土,是没有男女差别的。有男有女的净土,以北俱卢洲为例,也没有男女互相占有的俗习。依佛法说,一切衣食住等资生物,都不应据为私有的。"家",是以夫妇的互相占有为基础,而促成私有经济的结合。有了家,世间就引生无边的斗争苦痛。当然,根源还由于内心的烦恼。《佛法概论》引《起世因本经》等,在说到社会发展的时候,曾经谈到:有了家,扩大为种族、国家,政治的相争不已,都是源于经济私有与男女的互相占有。净土的起码条件,就是除掉这男女互相占有的家;或有家的形式,而没有私欲占有的内容。第二、净土是没有种族界限的:我们这个世间,有种族歧视,如白种人瞧不起有色人种,如澳洲的苛刻限止有色人种入境。因种族的优越感,常演成种族的斗争,也是世间罪恶的一大根源。净土是没有这些差别的,生到净土中的人,一律是金色的。印度的种族(varṇa)一词,原为色字,即从肤色及形色的差别而分成种族。佛教的净土,没有肤色的差别,即没有种族界限的。狭隘的国家主义、种族主义,是罪恶世界而不是净土。第三、净土是没有强弱分别的:所以没有侵略、压迫、欺侮等。学德高超的,也是以友好的态度,无代价地协助他人。所以净土中,决没有"强凌弱、众暴寡"的事情。第四、没有怨敌:经里常说:诸上善人聚会一处。是和颜相向,彼此间如兄如弟、如姊如妹的。总之,净土着重于群众的和合共处,是超越了私有的家庭制度和狭隘的国家主义的。有友爱而没有怨敌,这真是达到了天下一家、世界大同的地步。不然,就是把整个世界强力地变为一家,还不是"强凌弱、众暴寡"而已,也就不像净土了。

论到王,净土也有二类:一类是有王的,如说弥勒当来下生的时候,有轮王治世。金轮圣王,不是凭借武力而统治天下的,全由于思想的道德的感化,使人类在理想的生活中,人人能和乐共处。这一类净土,还是有政治组织的。第二类是无王的,这是大乘不共的净土。佛称为法王,这不是说佛陀统治净土的群众,而仅是在思想上、行为上受佛的指导,以期达到更究竟更圆满的境地。这一种净土,没有政治组织形态,近于一般所说的无政府主义。

三、身心的净化:生在净土中的,在诸上善人的教导下,人人是向前进步的。大家一致以佛法——上成佛道、下度众生为理想,照着佛所指引的道路去修学。离贪嗔痴,所以没有老病死的苦痛。都能不退失菩提心,一心一意地修学,为利乐众生而发心趣入大乘。

净土有关于众生界的净化,平等与自由的特质,是必备的。但净土的平等与自由,是着重于思想的教化。众生身心的净化,做到无我、无我所;这决不是由于发展自我,而从严密的统制中得来。从佛法的立场看,世间一般的思想,都是从我、我所出发的,所以都难于达到理想的境地。佛教的净土思想,是应人类的共同要求而出现的;而达到净土的理想与方法,和世间一般的思想不同,即佛法是在无我、无我所的磐石上,去实现自由平等的净土。净土的学者,应正确理解净土的境界!

四 弥勒净土

弥勒菩萨,当来下生成佛,这是佛法中所共认的。弥勒(Maitreya),华言慈。修因时,以慈心利他为出发点,所以以慈为姓。一般学佛人,都知道弥勒菩萨住兜率天,有兜率净土;而不知弥勒的净土,实在人间。弥勒在未成佛前,居兜率天内院,这是天国的净化。《佛说观弥勒菩萨上生兜率陀天经》就是说明这个的。求生兜率净土,目的在亲近弥勒,将来好随同弥勒一同来净化的人间,以达到善根的成熟与解脱;不是因为兜率天如何快活。弥勒的净土思想,起初是着重于实现人间净土,而不是天上的,这如《弥勒下生经》所说。《弥勒下生经》,中国曾有五次翻译。说到弥勒下生的时候,有轮王治世。弥勒在龙华树下成佛,三会说法,教化众生。人间净土的实现,身心净化的实现;这真俗、依正的双重净化,同时完成。佛弟子都祝愿弥勒菩萨早来人间,就因为这是人间净土实现的时代。

弥勒人间净土的思想,本于《阿含经》,起初是含得二方面的,但后来的佛弟子,似乎特别重视上生兜率天净土,而忽略了实现弥勒下生的人间净土。佛教原始的净土特质被忽略了,这才偏重于发展为天国的净土、他方的净土。所以《佛法概论》

说：净土在他方、天国，还不如说在此人间的好。总之，弥勒净土的第一义，为祈求弥勒早生人间，即要求人间净土的早日实现。至于发愿上生兜率，也还是为了与弥勒同来人间，重心仍在人间的净土。

弥勒净土的真意义逐渐地被忽略，然人间净土，依然是人类的共同要求，照样地活跃于佛弟子的心中。这一发展，应先说明弥勒与"明月"有关。明月，是黑暗中的光明，与太阳的光明不同。清凉与光明，为佛弟子的理想。《弥勒大成佛经》赞颂弥勒说："光明大三昧，无比功德人。"接着说："南无满月……一切智人。"这是以满月的辉光形容弥勒的确证。《弥勒菩萨所问经》也说："遍照明三昧，普光明三昧，普遍照明三昧，宝月三昧，月灯三昧。"由此等文句，可证明弥勒与月光的关系。这象征着此界是五浊恶世，苦痛充满，惟有弥勒菩萨的慈济，才是黑暗的光明。这难怪佛弟子祈求弥勒菩萨的人间净土的实现了！这样，可以说到月光童子或月光童子菩萨了。《月光童子经》最初的译本，是竺法护译的。月光童子，传说即是以火坑毒饭害佛的德护长者的儿子。月光童子或月光菩萨，与弥勒的思想相融合，所以有月光童子菩萨出世，天下太平的传说。可断为苻秦或姚秦时代所译的《申日经》(《月光童子经》异译)说："月光童子当出于秦国，作圣君，受我经法，兴隆道化。"刘宋失译的《佛说法灭尽经》也有："月光出世，得相遭值，共兴吾道五十二岁"的预记。月光童子的预言，于中国流行极广。如梁僧祐的《出三藏记集·疑伪录》即载有《观月光菩萨记》、《佛钵记》、《弥勒下教》等书。隋法经《众经目录》，更载有《首罗比丘见月光菩萨经》

等。这些,都说到中国经过极度混乱,大火灾,月光童子出现于世。这时候,天下奉行佛法,世界太平。虽说这是可疑的伪经,但原始的传说见于西来的译典。而且这正可以说明,弥勒人间净土的思想,是怎样在中国广大的佛教人间,起着热烈的盼望!到隋代,那连提梨耶舍译的《德护长者经》(《月光童子经》异译)即说:"此童子于阎浮提大隋国内作大国王。"这在佛弟子的心目中,隋文帝是有实现可能的,但在炀帝手中失败了。唐菩提流志译的《宝雨经》也说:"月光……第四五百年中,法欲灭时,汝于此赡部洲,东北方摩诃支那国……为自在王。"这是意味着武则天的,但也不曾能发展完成。这种思想,还是永远地存在于佛化中国的人民心中。到盛唐以后,与外道的摩尼教相结合,孕育为"明王出世,天下太平"的思想(当时密宗的本尊,也都有称为明王的)。到元末,发展为秘密组织,这就是历史上有名的白莲教。他们理想中的明王,与弥勒菩萨、月光童子出世的思想还是一脉相承的,所以白莲教也以天下大乱、弥勒出世为号召。至于名为白莲教,那是因为宋代,结白莲社念佛,上至宰相,下至平民,到处非常普遍。但莲社是求生西方,念阿弥陀佛的;白莲教虽采取白莲的名义,而希望弥勒下生,人间净土出现。不过佛教的思想更衰落,融合外道思想,经过秘密组织,越来越神秘了!抗战时期,贵州一位姓龚的,还自说是弥勒佛出世呢。弥勒人间净土,给予中国人的影响极大。可惜的是:中国是儒家思想的天下,佛教不能实现政治的净化;不能引净土的思想而实现于人间,得到正常的发展。明代的朱元璋,曾经出家,又加入白莲教。但朱元璋虽为了生活无着做过和尚,却缺少佛法的正当认识。

所以在政治胜利的发展中,他结合了儒家的思想,背叛广大人民的光明愿望,渐与弥勒净土的思想脱节。朱元璋建立的政权,说极权比什么都极权,说封建比任何一朝都封建。月光童子出世和弥勒下生的思想,千多年来的发展,鼓舞了中国人对于人间净土的要求与实行,而一直受着家本位的文化的障碍,不曾实现。所以说弥勒净土,必须理解这人间净土的特性。有的把这人间净土忘却了,剩下求生兜率净土的思想,以为求生兜率,比求生西方净土要来得容易,这是没有多大意义的教说。

五　弥陀中心的净土观

一　阿弥陀

古人说:"诸经所赞,尽在弥陀",这是的确的。大乘经广说十方净土,但特别着重西方阿弥陀佛的极乐净土。阿弥陀的净土,可说是大乘净土思想的归结。中国佛教特别弘扬西方净土,这不是没有理由的。依佛法说,佛法是平等的,一切佛所证悟的,福德、智慧、大悲、大愿,一切是平等的。所以,如说阿弥陀佛立四十八愿,或说弥陀特别与此土有缘,这都不过是方便说。那么,为什么在无边的净土中,无边的佛中,大乘经特别赞叹西方净土与阿弥陀佛? 这是值得研究的。

梵语 amita,译为无量。阿弥陀佛——无量佛的含义,应有通有别。通,指一切佛,即无量无数的佛。在佛法的弘传中,无量佛的意义特殊化了,成为指方立向的,专指西方极乐世界的阿弥陀佛。这通别二义,虽没有明文可证,但确是显然可见的。今举二部经来证明:一、《观无量寿佛经》,这是专明观西方极乐世界的依正庄严的。第九观,观阿弥陀佛的色身相好。于观想成就时,经上说:"见此事者,即见十方诸佛。""作是观者,名观一切佛身。"意思是说,见阿弥陀佛,即是见十方一切诸佛;观阿弥陀佛,即是观十方一切诸佛。二、《般舟三昧经》,这也是专明阿弥陀佛的念佛三昧。本经一名《十方现在佛悉在前立定经》。修观成时,经里说:"现在诸佛悉在前立。"专观阿弥陀佛,而见现在一切佛,这与《观经》的"见此事者,即见十方诸佛"完全一致。由此可见,观阿弥陀——无量佛,即是观一切佛。虽然以阿弥陀佛为一佛的专名,但对于这一切佛的通义,也还保存不失。阿弥陀,在一切佛中,首先得到名称的优势。这在大乘佛法的"一切即一,一即一切"的意义中,是容易理解的。阿弥陀佛的为人所特别赞叹弘传,这是重要的理由。

在梵语 amita 的后面,附加 ābha——amitābha,译义即成无量光。无量光,是阿弥陀佛的一名。仔细研究起来,阿弥陀佛与太阳是有关系的。印度的婆罗门教,有以太阳为崇拜对象的。佛法虽本无此说,然在大乘普应众机的过程中,太阳崇拜的思想,也就方便地含摄到阿弥陀中。这是从哪里知道的呢?一、《观无量寿佛经》第一观是落日观,再从此逐次观水、观地、观园林、房屋,观阿弥陀佛、观音、势至等。这即是以落日为根本曼荼罗;阿弥陀佛的依正庄严,即依太阳而生起显现。"夕阳无限好,只是近黄昏",这是中国人的看法。在印度,落日作为光明的归宿、依处看。太阳落山,不是没有了,而是一切的光明归藏于此。明天的太阳东升,即是依此为本而显现的。佛法说涅槃为空寂、为寂灭、为本不生;于空寂、寂静、无生中,起无边化用。佛法是以寂灭为本性的;落日也是这样,是光明藏,是一切光明的究极所依。二、《无量寿佛经》(即《大阿弥陀经》)说:礼敬阿弥陀佛,应当"向落日处"。所以,阿弥陀佛不但是西方,而特别重视西方的落日。说得明白些,这实在就是太阳崇拜的净化,摄取太阳崇拜的思想,于一切——无量佛中,引出无量光的佛名。

若在梵语 amita 后面,附加 āyus——amitāyus,译义即是无量寿,这也是阿弥陀佛的一名。大乘经里常说:佛是常住涅槃的,佛入涅槃,不是灰身泯智的没有了,这和日落西山的意义一样。所以佛的寿命,是无量无边的。佛的常住、无量寿,也是一切佛所共同的。

总合地说,阿弥陀——无量,这是根本的,《般舟三昧经》如此。说为无量光,如《鼓音声王陀罗尼经》的阿弥多婆耶。无量寿,如《无量寿佛经》。光是横遍十方的,这如佛的智慧圆满,无所不知。大乘经每于佛说法前,先放光,即是象征慧光的遍照(波斯、印度宗教都崇拜火光,也是看作生命延续的)。光明,在一般人看来,是象征快乐、幸福、自由的。佛法的智慧光,即含摄福德庄严的一切自在、安乐。依世间说,世间都希望前途是光明的,是无限光明的。无限光明——幸福、安乐、自由的希望中,充满了无限的安慰,这是人类的一致企求。无量寿,寿是生命的延续。众生对于生命,有着永久的愿望。因此,耶教教人皈依上帝得永生;道教教人求长生不老。人人有永恒生命的愿望,这是外道神我说的特色。人类意识中的永恒存在的欲求,无论是否确实如此,但确是众生的共欲。这在大乘佛法中,摄取而表现为佛不入涅槃的思想。不入涅槃,即是常住,也即是对于众生要求无限生命的适应。佛的光明是横遍十方的,佛的寿命是竖穷三际的。在无限的光明、无限的寿命中,既代表着一切诸佛的共同德性;又即能适应众生无限光明与寿命的要求。因此,阿弥陀,不但一切即一、一即一切的等于一切诸佛;而无限光明、无量寿命,确能成为一切人的最高崇拜。在后期的密宗的大日如来,也即是以太阳的光明遍照而形成的(太阳,在世俗中就是永恒的光明)。现代修持净土的,每着重在极乐世界的金沙布地、七宝所成等,这在弥陀净土的思想中,显见是过于庸俗了。

无量、无量光、无量寿,为阿弥陀佛的主要意义。但在阿弥陀佛思想的流传中,又与"阿弥唎都"相融合,如"拔一切业障得生净土陀罗尼"(简称"往生咒")所说的"阿弥唎都"。"阿弥唎都"(amṛta,或音译为阿蜜嘌多),为印度传说中的"不死药"(中国人称为仙丹),译为甘露。佛法中用来比喻常住的涅槃,所以有"甘露味"、"甘露门"、"甘露道"、"甘露界"、"甘露雨"等名词。阿弥唎都,音与阿弥陀相近;而意义又一向表示永恒的涅槃,与阿弥陀的意义相合,所以到密宗就或称为"阿弥唎都"了。

二 阿弥陀与阿閦

要理解阿弥陀佛的伟大,应从比较中去发明。今先从阿弥陀与阿閦的关系来说。在十方净土中,有二处是古典而又重要的:一、东方的妙喜世界(或称妙乐国土),有佛名阿閦——不动。二、西方的极乐世界,有佛名阿弥陀。阿閦佛土与《大般若经》、《维摩诘经》等有密切关系,着重在菩萨的广大修行而智证如如。汉末,就有《阿閦佛国经》的译本。经中说:此佛以广大行愿成就的世界,是非常清净庄严的;阿閦佛般涅槃后,有香象菩萨位居补处。《般若经》着重菩萨大智,说到他方佛土,即以东方阿閦佛土、香象菩萨等为例。阿难及一切大众,承如来力,见东方阿閦佛土。《维摩诘经》发扬菩萨大行,庄严佛国。这在《维摩诘经》的《见阿閦佛国品》,说到维摩诘是从阿閦佛土没而来生此间的。时会大众,以维摩诘力,见东方阿閦佛国。这是大乘初兴于东方的古典的佛净土。谈到往生阿閦佛国的经典还有许多,不过没有阿弥陀佛极乐世界的普遍。求生阿閦佛土,虽不专重念佛,但也有说到,着重在胜义智慧的体证空寂——法身。如《维摩诘经》说到观佛时说:"观身实相,观佛亦然。"《阿閦佛国经》也说:"如仁者上向见(虚)空,观阿閦佛及诸弟子等并其佛刹,当如是。"一切法如虚空,即一切是法性、法身;这是与般若的思想相应的。中国流行的大乘佛教,重视念佛及净土,但对于这一方面,是太忽略了。

阿弥陀佛,可说与《华严经·入法界品》有关。《入法界品》末,普贤菩萨十大愿王的导归极乐,虽译出极迟,但确是早有的思想。佛陀跋陀罗译的《文殊师利发愿经》,即《普贤行愿品》的颂文。此外,如东晋译的《文殊师利悔过经》、《三曼陀跋陀罗(普贤)菩萨经》,意义也与《行愿品》一样:往生极乐世界。如"忏悔文"称阿弥陀佛为"法界藏身阿弥陀佛",《无量寿佛经》的列众序德中,说具"普贤行",这都可见阿弥陀佛与《华严经·入法界品》——《普贤行愿品》的关系。《华严经》的《入法界品》,善财童子五十三参的第一位善知识,就是念佛法门。念佛的国土、名号、相好、降生、说法等,是从假相观着手的,这与《般若经》及《观阿閦佛国经》的着重在真空观,见一切法如即见如来,法门多少不同。《华严经》"兼存有相说",这与后起的密宗及极乐净土思想,都有深刻的关系。《维摩诘经》,一名《不可思议解脱经》,《入法界品》名《大不可思议解脱经》,这也是极有意义,而值得注意的。

再综合来说:有《月明童子经》,说月明菩萨先发心修行求生阿閦佛国;从阿閦佛国没,再生阿弥陀佛国。另有《决定总持经》,说到月施王供养辨积菩萨本生。这位辨积菩萨,即是东方世界阿閦佛;而月施王,即是西方阿弥陀佛。从这二部经看来,是先阿閦而后阿弥陀的。然《贤劫经》说:无忧悦音王,供养护持无限量宝音法师。法师即阿弥陀佛;王即阿閦佛;王的千子,即贤劫千佛。这于贤劫千佛以前,合明阿弥陀佛与阿閦佛;阿弥陀是先于阿閦的。东西二方所表现的净土虽有不同,然从全体佛法说:阿閦译为不动,表慈悲不嗔,常住于菩提心;依般若智,证真如理,这是重于发心及智证的。阿弥陀译为无量,以菩萨无量的大愿大行,如《华严经》所说的十大愿行,庄严佛果功德;一切是无量不可思议。无量——无量寿、无量光,着重佛的果德。所以阿弥陀佛净土为佛果的究竟圆满;阿閦佛净土,为从菩萨发心得无生法忍。这二佛二净土,一在东方,一在西方。如太阳是从东方归到西方的,而菩萨的修行,最初是悟证法性——发真菩提心,从此修行到成佛,也如太阳的从东到西。阿閦佛国,重在证真的如如见道。阿弥陀佛国,重在果德的光寿无量。这在密宗,东方阿閦为金刚部,金刚也是坚牢不动义;西方阿弥陀为莲花部,也有庄严佛果的意义。所以,这一东一西的净土,是说明了菩萨从初发心乃至成佛的完整的菩提道,也可解说为弥陀为本性智,而起阿閦的始觉(先弥陀而后阿閦)。但现在的念佛者,丢下阿閦佛的一边,着重到西方的一边,不知如来果德的无量,必要从菩萨智证的不动而来;惟有"以无所得",才能"得无所碍"。忽略了理性的彻悟,即不能实现果德的一切。所以特重西方净土,不能不专重依果德而起信。不解佛法真意的,不免与一般神教的唯重信仰一样了。在大乘佛教的健全发展中,大乘行者的完整学程中,理智的彻悟与事相的圆满,是二者不可缺一的。印度佛教,即渐有偏颇的倾向;中国的佛教,始终是走向偏锋,不是忽略此,就是忽略彼。如禅者的不事渐修,三藏教典都成了废物;净土行者的专事果德赞仰,少求福慧双修,不求自他兼利,只求离此浊世,往生净土。阿弥陀佛与净土,几乎妇孺咸知;而东方的阿閦佛国,几乎无人听见,听见了也不知道是什么。这是净土思想的大损失!

三　阿弥陀与弥勒

阿弥陀佛有净土,弥勒菩萨也有净土,现在从这二种净土的关系来说。前面曾谈到,弥勒菩萨与月亮有关,阿弥陀佛与太阳有关。月亮和太阳的光明是不同的:阿弥陀佛如太阳的光明,是永恒的究竟的光明藏。弥勒菩萨如月亮的光明,月亮是在黑暗中救济众生的。西方净土,代表着佛果的究竟的清净庄严,弥勒净土代表着在五浊恶世来实现理想的净土。也可以说:西方净

土是他方净土,容易被误会作逃避现实;而弥勒净土是即此世界
而为净土。阿弥陀佛是十方诸佛的特殊化;弥勒菩萨也是这样
的,虽不是十方诸佛的特殊化,然是此世界中一切佛的特殊化。
这个世界,此时称为贤劫,在贤劫中有千佛出世。《正法华经》
说:"临寿终时,面见千佛,不堕恶趣。于是寿终生兜率天。"命
终的时候,面见千佛,即是贤劫千佛;生兜率天,即是往生弥勒净
土。依《观无量寿佛经》等修阿弥陀佛观,可见十方现在佛,生
西方极乐世界。而此界的贤劫千佛,净土的实现,与兜率净土相
等。贤劫千佛,也是佛佛平等的。面见千佛,升兜率天,如与见
现在一切佛,生极乐国比观,即容易明白。约佛果功德的究竟圆
满说,弥勒净土是不如弥陀净土的;约切身处世的现实世界说,
贤劫中人是希望这个世界的苦痛得到救济,那么月光童子出世
与弥勒净土,是更切合实际的。我们学佛,应求成佛的究竟圆
满;然对当时当地的要求净化,也应该是正确而需要的。在这点
上,弥勒净土的信行,才有特别的意思!

四 阿弥陀与药师佛

再把阿弥陀与药师佛来合说:关于药师佛,与密部有关系,
先见于密部的《灌顶神咒经》。从药师的名义说,表示佛为大医
王,救济世间疾苦的。后来译出的《药师经》,如弥陀有四十八
愿,药师如来有十二大愿;有夜叉、罗刹为护法,这是早期的杂密
(也称事部)。在初期的大乘经中,是没有它的地位的。此经译
到中国来,对于药师佛的东方世界,中国人有一特殊意识,即东
方是象征着生长的地方,是代表生机的,故演变为现实人间的消

灾延寿。阿弥陀佛在西方,西方是代表秋天的,属于肃杀之气,是死亡的象征。《净土安乐集》解释阿弥陀净土何以在西方时,即这样说:"日出处名生,没处名死。藉于死地,神明趣入,其相助便,是故法藏菩萨愿成佛在西,悲接众生",故西方净土为人死后的所生处。这样,东方药师佛成了现生的消灾延寿;西方的阿弥陀净土,即成了死后的往生。这在中国人心中,有意无意间成了一种很明显的划分。所以西方净土盛行以后,佛法被人误会为学佛即是学死。到此,阿弥陀佛的净土思想,可说变了质。西方净土,本是代表了——无量光无量寿的永恒与福乐的圆满,这哪里是一般所想像的那样!中国人特重西方净土,也即是重佛德而忽略了菩萨的智证大行(阿閦佛国净土);又忽略了现实人间净土(弥勒净土)的信行;这已经是偏颇的发展了。等到与药师净土对论,弥陀净土也即被误会作"等死""逃生",这哪里是阿弥陀佛净土的真义!阿弥陀佛净土的信行者,应恢复继承阿弥陀佛的固有精神!

六　佛土与众生土

土,即世界或地方,有共同依托义。如说:个人业感的报身是不共,而山河大地等却是共的,即共同能见、共同依托、共同受用。所以,依此世界的众生,能互相增上,彼此损益。佛法是自力的,如《亲友书》说:"生天及解脱,自力不由他。"又如俗说:"各人吃饭各人饱,各人生死各人了",此可见佛法为彻底的自力论。但这专就有情业感的生死报体——根身说;若就众生的扶尘根,及一切有情业增上力所成的器世间说,就不能如此了。众生与众生,在刹土的依托受用中,互相增上,互相损益;佛与众生,在刹土中,也有增上摄益的作用。这样,佛有净土,摄化众生,众生仰承佛力而往生净土,即不是不合理的。世间多有此类事例:如孟子小时候,孟母曾三迁住处,即深知环境的良好或窳恶会影响身心。又如有些人,在某一环境里颇能活动,换一环境就不行了。一般所说的环境能决定意志,也是有它部分的真实性。所以佛与众生辗转增上的净土说,确实是合理的。

《仁王经》说:"三贤十圣居果报,唯佛一人登净土",这是约究竟圆满的常寂光土说;就是最后身菩萨,还有一分业感异熟存在,所以不能与佛净土相应。《智度论》(一〇)说:普贤菩萨"不可量,不可说,住处不可知",也约法性遍一切土说。如约此净土说,求生净土的思想是不会产生的。然而,佛不但究竟圆满地安住最清净法界中,于因中修菩萨行时,也确是以摄取净土、摄化众生为二大任务的。这是大乘行者,对于环境能影响意识也有深刻了解的明证。菩萨庄严净土,一方是由菩萨福德智慧所感得的应有胜德;一方也是为了摄化众生,使众生在良好的环境内,更能好好地修行,而庄严净土。所以一法界中,本无佛无净土可说;而适应众生机感,却确乎有佛有净土,这是大乘的共义。

常寂光土,不摄化众生,姑且不论。先说佛的受用净土。佛以福智庄严,依世俗说胜义,佛也感得究竟圆满的清净土——十八圆满土。分证真如的大地菩萨,生此佛净土中。约佛为自受用净土;约菩萨说,为佛的他受用净土。自他受用净土,经中本少分别。这样的净土中,唯是一乘法。约此净土说,也无求生净土的意义。因为这是菩萨分证真如必然而有的净土，虽没有佛那样圆满，而遍无差别，无此无彼。如要说为差别，那么经中说："十方净土随愿往生"，也非一般众生所能求得往生的。

经中所说，众生发愿求生的净土，不是受用土，而是佛的应化净土。应化土，适应众生的机感，示现不同：有唯一乘而无三乘的，如阿弥陀净土；有通化三乘，有菩萨、有声闻、缘觉的，如阿閦佛土；有通化五乘的，不但有二乘、菩萨，还有人天乘的，如弥勒净土——这都是净土。但应化土不一定示现净土，也可应化秽土；说三乘法的，如释迦的示现娑婆国土。应化土有各式各样的，都与众生特别有关。然此应化土，究是佛土，还是众生土呢？世界，不是个人的，是共的。经说佛土，佛应化世界中，摄导众生，所以说这是某某佛土。约世间说，这不但是佛的，也是众生的，即众生业感增上有此报土；而佛应化其中，即名佛的应化土。如释迦示现此间的五乘秽土，弥勒成佛时的五乘净土，众生业感的因素极为重要。但通化三乘，唯教一乘的净土，即稍有不同。依大乘经说，佛为摄受众生，现此清净土，固然是佛的净土，然菩萨在此净土中，除上随佛学外，也是为了摄引一分众生同生净土的。如极乐世界，不但有阿弥陀佛，还有大势至等诸大菩萨。诸大菩萨，都是由自己的福慧、善根与佛共同实现净土的。这样的净土，以佛为主导，以大菩萨为助伴，而共同现成净土；佛菩萨的悲愿福德力，最为重要。其他未证真实的众生，也来生净土。如约众生自身，是不够的，这必须：一、佛的愿力加持；二、众生的三昧力；三、众生的善根力成熟。能这样，众生也生净土去了，这是阿閦佛国经中说的。佛菩萨成熟了的净土，摄引一分众生于中修行,是约佛与众生辗转增上相摄说。所以,究竟的佛土,是佛而非众生的。如释迦刹土、弥勒净土,虽也以善根力、愿力而生,但主要是众生业感土;佛应化其中,不过摄导一分有缘众生而已。佛与众生辗转增上相摄的净土,是菩萨行因时,摄化一分同行同愿者共所创造的,依此摄受一分众生,使众生也参加到净土中来。这是净土施教的真正意义,也是净土的特色所在,如弥陀净土、阿閦净土等。

在佛土与众生土中,还有菩萨净土。证悟真如以上的菩萨,所有净土,唯识家说是佛的他受用土。约菩萨说,即菩萨的自受用土。天台宗说是实报庄严土,与佛的清净法界土,有一分共义,不过没有究竟罢了!所以由菩萨的福慧,与佛共同受用大乘法乐。可说佛受用土,也可说菩萨受用土。这样,究竟地彻底地说,佛净土,绝对不是唯佛一人,还有许多菩萨。经中说到受用净土,也还是无量大众所围绕。这些菩萨,都由自力来到净土的。应化土,如弥陀、阿閦佛土,有无量菩萨,也不一定是发愿往生的;净土中有佛,即有菩萨。是佛的应化土,也是一分大菩萨的应化土。总之,说到净土,即是诸佛、菩萨与众生辗转互相增上助成的。在佛土与众生土间,不能忽略菩萨与佛共同创造净土、相助摄化众生的意义。

七 庄严净土与往生净土

一 庄严净土

中国净土宗,发展得非常特别。但知发愿往生,求生净土,而净土从何而来,一向少加留意。一般都以为,有阿弥陀佛,有佛就有净土,而不知阿弥陀佛并不是发愿往生而得净土的。大乘经中,处处都说庄严净土,即菩萨在因地修行时,修无量功德,去庄严国土,到成佛时而圆满成就。现在只听说往生净土,而不听说庄严净土,岂非是偏向了! 一切菩萨在修行的过程中,必然的"摄受大愿无边净土",《大般若经》说:以种种世界,种种清净,综合为最极清净最极圆满的世界,菩萨发愿修行去实现它。一切大乘经如此说,如弥陀净土,就是这样的好例。《无量寿佛经》说:阿弥陀佛过去为法藏比丘时,有世自在王佛为他说二百一十亿的净土相。法藏听了这各式各样的不同净土,就发大愿,要实现一最清净最圆满的净土。一切菩萨无不如此,所以说"摄受大愿无边净土",这是菩萨行必备的内容。菩萨的所以摄取净土:一、一切诸佛成就清净庄严净土,菩萨发心学佛,当然也要实现佛那样的净土。二、为什么要实现此净土? 不是为自己受用着想,而是为了教化众生。有净土,就可依净土摄化众生;摄引了众生,即可共同地实现净土。摄取净土以摄化众生,这是净土的要义;净土是从为利益众生而庄严所成,不是从自己想安乐而得来的。

　　庄严净土,为大乘行的通义;今且据《维摩诘经》的《佛国品》以阐明菩萨庄严净土的意义。经上说:"众生之类,是菩萨净土。"菩萨修净土,是由于众生类。如造房屋,必以地为基础。菩萨净土,不离众生。惟有在众生中,为了利益众生,才能实现净土。所以净土说不是逃避现实,而是与大乘法相应的。论到"众生之类",是菩萨常从四事观察:即用什么世界能使众生生起功德？应以什么国土能调伏众生，使烦恼不起？以什么环境，能使众生生起大乘圣善根来？要以怎样的国土，方能使众生契悟佛知佛见？因众生的根性不同，生善，灭恶，起大乘善根，入如来智慧，也就要以各式各样的环境去适应众生，摄化众生；即于此适应众生的根性好乐中，创造优良的净土，使众生能得生善等利益。庄严净土，不是为了自己，而是为了大众，此约应机现土说。约菩萨的修行、摄导众生、成就净土果德说，那么经中又说："直心是菩萨净土，菩萨成佛时，不谄众生来生其国；深心是菩萨净土……"等。简略地说，发菩提心，慈悲喜舍，六度，四摄，菩萨一切功德行，都是成就净土因。如直心，是质直坦白而无险曲的心，菩萨以此为法门，以此化众生，即自然地与不谄曲的众生相摄增上，也能化谄曲的众生心为直心。不谄众生与菩萨结了法缘，到菩萨成佛时，不谄众生也就来生其国了。庄严净土的菩萨——摄导者，以六度万行度众生；修六度万行的众生，受了佛菩萨的感召，也就来生其国。实际上，这样的实现净土，是摄导者与受摄导者的共同成果。因此，不能想像为实现了的净土，唯佛一人，而必是互相增上辗转共成的。菩萨是启发的领导者，要大批的同行同愿者，彼此结成法侣，和合为一地共修福慧，才能共成净土。约佛说，这是自受用佛土；约菩萨说，这还是菩萨自力感得的应有净土。不知庄严净土，不知净土何来，而但知求生净土，是把净土看成神教的天国了。了知净土所来，实行发愿庄严净土，这才是大乘佛法的正道。往生净土，是从佛与众生辗转增上的意义中，别开方便。太虚大师示寂后，范古农的悼文中说：大师倡导的是正常道，他自己行的是方便道。正常道，即大乘菩萨法的净土正义；方便道，是从正常道而别生出来的。庄严净土，是集菩萨功德所共同实现的，为大乘法的真义，这是应特别注意的！

二　往生净土

一、一般的往生法：往生净土的法门，有通有别。通是修此法门，可以往生十方净土；别是特殊的方便，着重于往生极乐世界。

净土是清净而理想的环境。菩萨庄严净土，为了摄化众生；众生受了菩萨恩德的感召，即向往而来生其中。于净土修行，多便利，少障碍，所以必得不退转，不会落入二乘及三恶道中。往生净土的信行，大乘经是一致的。那么怎样才能往生净土呢？今略引二经来说明。（一）《维摩诘经》（下）说："菩萨成就八法，于此世界行无疮疣，生于净土。"八法是："饶益众生而不望报"，即纯从利益众生出发，不为自己打算。"代一切众生受诸苦恼，所作功德尽以施之"，苦痛归自己，福乐归他人，真是菩萨的心行。"等心众生"，即以平等心对待众生，使众生得到平等的地位。对于修大乘法的"菩萨，视之如佛"，起尊敬心。"所未闻（的甚深）经，闻之不疑"，不生诽谤心；也"不"以为自己所修是大乘法，如何深妙，"与声闻而相违背"。真能通了佛法，大小乘间，是可得合理会通的。"不嫉彼供"，即别人得供养，不要嫉妒他；"不高己利"，如自己得利养，不因此而生高傲放逸。"常省己过，不讼彼短"，即多多反省自己的错误，少说别人的过失。"一心求诸功德"。这八法，是菩萨为人为法，对自对他的正常道。但能依此修去,就是往生净土的稳当法门。

(二)《除盖障菩萨所问经》(一七)说:"菩萨若修十种法者,得生清净诸佛刹土。"十法是:"戒行成就","行平等心","成就广大善根","远离世间名闻利养","具于净信","精进","禅定","修习多闻","利根","广行慈心"。《胜天王般若经》、《宝云经》、《宝雨经》都有这样的十法门。如"成就广大善根",确是往生净土的要诀。《阿弥陀经》也说:"不可以少善根福德因缘得生彼国。"《维摩经》与《宝云经》所说的净土法门,是菩萨的常道,不求生净土而自然地生于净土,这是往生净土的必备资粮。

二、特殊的往生法:中国流行的求生净土的念佛法门,即是往生极乐世界的特殊方便行。然往生极乐净土的方法,也是有着不同方便的。现依往生极乐净土的经典,略为条理来说明。

(一)《般舟三昧经》:古典的《般舟三昧经》汉末就有了译本。这部经,说到念阿弥陀佛,见阿弥陀佛,即见现在十方一切佛。着重观西方无量佛为方便,而能见十方的无量佛(《无量寿经》、《观无量寿经》和《佛说阿弥陀经》,就着重于无量寿佛,所以特别着重于"临命终时")。《般舟三昧经》所说的念佛,是念佛三昧。念,为忆念或思惟。佛身的相好及极乐世界的庄严,都不是一般众生的现前境界,必须因名思义,专心系念,使观境明显地现前,所以念佛即是修念佛观。《阿含经》所说的四念处,三随念——念佛、念法、念僧法门等,也都是这样念的。念是系心一处,令心明记不忘。与念相应的慧心所,于所缘极乐依正的境界,分别观察。这样的念慧相应,安住所缘;如达到"心一境性"——定,就是念佛三昧成就了。如三昧成就时,就见无量佛,也即是见十方佛。得念佛三昧,未得天眼,也并未去佛国,也不是佛来此间,但在三昧中,可以明了见佛。不但见佛,还可以与佛相问答:如何能得生极乐世界? 佛即告以当忆念我。不要以为在三昧中见佛问答是奇特的事! 这在修持瑜伽行——禅观的,都是如此的。如密宗修到本尊成就;如无著菩萨修弥勒法,见弥勒菩萨,为说《瑜伽论》。忆念阿弥陀佛的方便次第是:先念佛"具有如是三十二相,八十随形好,色身光明如融金聚,具足成就众宝辇舆,放大光明,如师子座,沙门众中说如是法",即是念佛色身或观想念佛。次念佛所说:"一切法本来不坏,亦无坏者。如不坏色乃至不坏识;……乃至不念彼如来,亦不得彼如来。"这是观一切法性空,"得空三昧";即是念佛法身,或实相念佛。这样的念佛,成就了三昧,即可以决定往生西方极乐世界。这样的念佛三昧——三月专修,现在的念佛者是很少能这样的了。

　　《般舟三昧经》的念佛法门,是着重于自力的禅观;虽有阿弥陀佛的愿力,然要行者得念佛三昧、见佛,才能决定往生。这是不大容易的,为利根上机所修的。所以龙树《大智度论》说:"三昧功难,如夜燃灯,见色不易。"中国古德也说:众生心粗,观行深细,所以不易相应。大概因为不容易,所以一般净土行者即舍而不用,但这的确是求生极乐净土的根本法门!

　　(二)《普贤行愿品》:《华严经》的《普贤行愿品》也说往生极乐世界。如一般所说:"普贤十大愿王,导归极乐。"这在品末有明显的说明。普贤十大愿王,也名十大行愿。这不但是发愿,还要实际地去修作。以此大愿大行的功德,回向求生极乐世界。在一般所说的难行道与易行道中,此即属于易行道。但《普贤行愿品》不说念佛,而依次说为"礼敬诸佛,称赞如来,广修供养,忏悔业障,随喜功德,请转法轮,请佛住世,常随佛学,恒顺众生,普皆回向"。《普贤行愿品》不像《般舟三昧经》说念佛三昧;也不同《无量寿经》,说专心系念阿弥陀佛的依正庄严,但依普贤的广大行愿而修行,即可以发愿回向,往生极乐。往生极乐的方便,本不限于念佛的。

(三)《无量寿经》:这是中国古德所集的净土三经之一。这部经译来中土也极早,《大智度论》曾明白地说到《无量寿经》是大乘初期流行的经典。中国的译本很多,现存的:1.东汉支娄迦谶的初译。2.吴支谦的再译。这二种译本,文义极相近,可推论为从月支所传来的,今合称为"支本"。3.曹魏康僧铠的三译,简称为"康本"。4.唐菩提流支集译的《大宝积经》——十七、十八卷,名《无量寿佛会》,今简称为"唐本"。5.北宋法贤也有译本,简称"宋本"。在五种译本以外,还有宋代的王日休(自称龙舒居士,即《龙舒净土文》的作者),参照各种译本,重新编写本,这就是普通流行的《大阿弥陀经》,今简称为"王本"。《无量寿经》中,初说阿弥陀佛摄取净土,立四十八愿(古本应为二十四愿),其中即有凡念我而欲生我国的,即得往生的愿文。继之,说极乐世界的依正庄严等事。后论到三辈往生,即明示往生的条件与方法。关于往生的三辈(应名为三品),各种译本所说的虽有些出入,但根本的条件是:念阿弥陀佛,及发愿往生。不念佛,不发愿,即不会往生极乐世界的。所说的念佛,经文但说

"专念"、"忆念"、"思惟"、"常念"、"一心念"。作为《无量寿佛经》略本的,俗称《小阿弥陀经》,有这样的说:"执持名号",在玄奘别译的《称赞净土佛摄受经》即译为"思惟"。所以,执持也是心念执持不忘。阿弥陀佛是他方佛,行者在经里看到或听到佛的名号,于是继之去观想极乐国土的依正庄严,这名为"思惟"或"执持名号"。《无量寿佛经》的念佛法门与《般舟三昧经》相通,都不是口头称念的。一心念佛,发愿往生,这是求生极乐净土的二大根本因,上中下三品,都是一样的。此外,唐本、康本(宋本大同)说得好:上中下三品往生,都要发菩提心。同样的发菩提心,所以又有三品的不同,因为,上品人能专心系念,广修功德——比照别本,即是奉行六度,尤其是广修供养布施;中品人,虽不能专心系念,广修功德,但能随力随分,随己所做的善事,回向净土;下品人,发菩提心而外,但凭一念净心相向,于阿弥陀佛,于大乘经,能深信不疑。《大智度论》(九)也说:虽不广修功德,如烦恼轻薄,信心清净,一心念佛,也就可以发愿往生。支译本所说三品往生的共同行门,是"断爱欲",无论是在家的出家的,求生净土,都要修梵行。还要"慈心,精进,不当嗔怒,斋戒清净"。所不同的,上品是出家的——"作沙门","奉行六波罗蜜"。中品与下品往生的,不出家,不能广修众行,而且是虽知念佛,而不免将信将疑的。其中,中品能随缘为善,"作分檀布施",供养三宝;下品生的,但"一心念欲往生",力最弱。这可见支译本的特色,重在断爱欲;至于要发愿往生,一心念佛,慈悲精进等,还是与唐本康本的精神一样的。一心念佛,有没有不生净土的呢? 唐本与康本都说:"唯除五逆(十恶),诽谤正法",

不能往生，此外都是可以往生的。《无量寿经》与《般舟三昧经》的往生法门略不同：《般舟三昧经》专重三昧，往生唯限于定心见佛的；《无量寿经》通于散心，但也还要一心净念相续。可以说，《无量寿经》的化机更广，但除毁谤大乘及五逆十恶而已。

　　一心念佛，要经多少时间，才可往生？这本是多余的问题，问题在是否念到"一心不乱"。唐本和康本所说，上中二品，没有说到时间长短；下品是"乃至十念"，"乃至一念"（中国学者即由此演出"十念念佛"法门）。上品中品，都不是短期修行，发心修行到一旦功夫相应，即可以决定往生。下品人，虽善根微薄，但以阿弥陀佛的愿力加持，如能一念或十念的清净心向佛，也可往生。一念，即一刹那；十念，即净心的短期相续。这都是说明佛愿宏深，往生容易，即一念或十念，也可能达到往生目的。一念与十念，支本作"一昼一夜"，"十昼十夜"。究竟是一念与十念，还是一日夜与十日夜，没有梵本可对证，当然不能决定。但不论是一念或十念，一日夜或十日夜，都是约时间说的。《无量寿经》的往生净土，特别的着重在"临寿终时"，这给予中国净土宗的影响极大。《般舟三昧经》着重平时修行，以平时见佛作为往生的确证。《无量寿经》着重临命终时见佛往生。要求往生必先见佛，见佛而后能往生，这还是《般舟三昧经》和《无量寿经》一致的。见佛为往生净土的明证，有三辈人不同，见佛也就不同。上品人，阿弥陀佛与海会大众来迎。中品人，见佛菩萨的化身，或译为：行者心中现见佛菩萨相，这近于定境的见佛。下品人，临命终时，恍恍惚惚，与在梦中见佛一样。三品往生的见佛，支译本说，不但在临命终时，在平时，上品与中品早已梦中见过佛了。这近于《般舟三昧经》的念佛见佛，但以定中为梦中，即降低水准了。《无量寿经》的三辈往生，王本每有误改而不合于《无量寿经》本义的。如：1. 支本的一日一夜或十日十夜，康本、唐本的一念或十念，都约时间而说，而王本修改为"十声"。这因为，王龙舒时代所弘的净土法门，早已是称念佛名；但这对《无量寿经》的本义，是有了重大的变化。2. 唐本与康本，三辈人都须发菩提心，才能往生。支本虽没有说要发菩提心，但也没有说不要发心。王本说到下辈人"不发菩提之心"可以往生，这也是极大的变化。往生西方净土是大乘法门，大乘法建立于发菩提心，离了发菩提心，即不成其为大乘了。所以世亲菩萨的《净土论》说："二乘种不生。"西方极乐世界，是一乘净土；生到极乐世界的，都不退转于无上菩提。所以，一心念佛、求生净土、发菩提心，实是净土法门的根本条件。《无量寿经》也如此说，而王本却如此地改了。虽然不发菩提心可以生极乐世界，也有经典的文证；但《无量寿经》的本义，却决不如此！

（四）《观无量寿佛经》：《观无量寿佛经》也是净土三经的一经。这部经，给予中国净土思想的影响更大。此经的译出极迟，刘宋时，畺良耶舍译。本经开宗明义说："欲生彼国者，当修三福：一者、孝养父母，奉事师长，慈心不杀，修十善业。二者、受持三皈，具足众戒，不犯威仪。三者、发菩提心，深信因果，读诵大乘，劝进行者。如此三事，名为净业。此三种业，乃是过去未来现在三世诸佛净业正因。"这三者，初是共世间善行；次是共三乘善行；后是大乘善行。求生净土，这三者才是正常的净因。可惜，后代的净土行者舍"正因"而偏取"助因"——方便道行，净土法门的净化身心世界的真意义,这才不能充分地实现!

本经约禅观次第,观阿弥陀佛的依正庄严,发愿回向,共为十六观。初观落日,即以落日为曼荼罗,从此观成极乐世界的依正庄严。第八为无量寿佛"像想"(总观佛相);第九为"遍观一切色想",即从观色身相好,而进观佛心慈悲功德法身。十四、十五、十六,即明三品往生。三品各分三生,成九品,即一般所说九品往生的根据。以《观经》与《无量寿经》对比,即显得《观经》的态度更宽容,摄机更广大了。往生净土的上品人,都是发菩提心的——"一者至诚心(《维摩经》作直心),二者深心,三者回向发愿心"。如"慈心不杀具诸戒行","读诵大乘方等经典","修行六念回向发愿",是上品上生。如"不能读诵大乘方等经典",而能"善解第一义谛","深信因果不谤大乘",是上品中生。如"但发无上道心","信因果不谤大乘",即是上品下生。上品所修的,即前三净业中的第三类。中品往生的,都是三业善净的人,即人中的善人。如"修行诸戒,不造五逆,无众过患",是中品上生。若"一日一夜"持戒清净的,是中品中生。若不曾受持律仪,如世间君子正人,平时能"孝养父母,行世仁慈",临命终时,听到阿弥陀佛依正庄严,发心往生,即是中品下生。中品所修的,即前三净业中的前二类。所以生了净土,都先得四果。下品往生的,都是一些恶人。如有"作众恶业",但还"不诽谤方等经典",可得下品上生。如"毁犯戒"、"偷僧物"、"不净说法"(为了名利而弘法)的,可成下品中生。如"作不善业,五逆十恶"的,也还能得下品下生。下品人,如此罪恶深重,平时不修净业,怎么"命欲终时",以善知识的教令"合掌叉手称南无阿弥陀佛"，就能往生净土呢？"佛经意趣，难知难解"！如不能善解经义，是会自误误他的！

《观无量寿佛经》所说的，与《无量寿经》有三点显著的不同。1.《无量寿经》说：往生净土的人，都要发菩提心；但《观经》中品以下的往生者，都是不曾发菩提心的（王日休即据此而修改《大阿弥陀经》）。2.《无量寿经》明说："唯除诽谤深法，五逆十恶"；而《观经》即恶人得往生为下品。3.关于恶人，《无量寿佛经》的支本，于阿弥陀佛的愿文中，曾说（相当于三辈的下辈人）："前世作恶"，今生"悔过为道作善"，而不是说今生的恶人——五逆十恶等；而《观经》以下品三生为现生作恶者。这可见，《观经》的摄机更为广大，平时不发大菩提心，不修佛法，为非作歹，只要临命终时，知道悔改，也就可以往生了。

有一特殊的意义，即宗教的施设教化，在于给人类以不绝望的安慰。若肯定地说，这种人决无办法了，这在大悲普利的意义上，是不圆满的。任何人，无论到了什么地步，只要能真实地回心，忏悔向善，这还是有光明前途的。大乘（一分小乘也公认）法说：定业也是可以转变的。所以，可以作如此的解说：五逆十恶而不能往生的，约不曾回心向善愿生净土说。《观经》说广作众恶——五逆十恶人也能下品往生，是约临命终时，能回心说的。净土三根普被，大乘善行，共三乘善行，共五乘善行，乃至应堕地狱的恶行人，都能摄受回向。这在佛教大悲普利的立场，善恶由心的意义，凡是肯回心而归向无限光明永恒存在的，当然可以新生而同登净土的。但这里有一大问题，不可误会！平生不曾听闻过佛法，或一向生在邪见家，陷在恶行的环境里；或烦恼过强，环境太坏，虽作恶而善根不断，等临命终时，得到善知识的教诲，能心生惭愧，痛悔前非，即是下品往生的根机。若一般人，早已做沙门，做居士，听过佛法，甚至也会谈谈，也知道怎样是善的，怎样是不善的，而依旧为非作恶，自以为只要临命终时，能十念乃至一念即可往生，这可大错特错了。或者以为，一切都不关紧要，临终十念即往生，何况我时常念佛，以为一句"南无阿弥陀佛"，一切都有了，所以虽在佛法中，不曾修功德，持斋戒，对人对法，还是常人一样的颠倒，胡作妄为。这样的误解，不但不能勉人为善，反而误人为恶了。所以《观无量寿佛经》的恶人往生，经文非常明白，是临命终时，再没有别的方法；确能回心向善的，这才临终十念，即得往生。如平时或劝人平时修行念佛的，决不宜引此为满足，自误误人！这譬如荒年缺粮，吃秕糠也是难得希有的了。在平时，如专教人吃秕糠，以大米白面为多事，这岂不是颠倒误人！

《观经》，本为观佛依正庄严的念佛，但上品中品，着重于善根功德的发愿回向。除中品下生（一向不学佛法的善人而外），应该都能或多或少、或久或暂的修观。中品下生及下品三人，除发愿回向外，着重于称名念佛——"合掌叉手，称南无阿弥陀佛"。因为临命终时，已无法教他观想了。依《观经》，称名念佛，也是专为一切恶人临命终时施设的方便法门。后代的净土行者，不论什么人，只是教人专心口念"南无阿弥陀佛"，这哪里是《观经》的本意？当然，称名念佛法门，不限临命终时，也是古已有之，而不是中国人所创开的方便。

（五）《鼓音声王陀罗尼经》：往生净土的法门，还有持咒，这与密宗更接近了。宋畺良耶舍所传的往生咒,以为"能灭四重、五逆、十恶、谤方等罪"。还有梁失译的《鼓音声王陀罗尼经》,此经于开示十日十夜的念佛法门而外,又加以十日十夜的持诵"鼓音声王大陀罗尼"。现在一般净土行者,于念佛后都加念往生咒。西藏所传,还有弥陀与长寿法合修等。

八　称名与念佛

　　称名与念佛,中国的净土学者是把它合而为一的。但在经中,念佛是念佛,称名是称名,本来是各别的。论到佛法,本是一味的,依释尊的教化为根本。因适应众生的机宜,小心小行的是小乘,大心大行的是大乘。虽法门有大小差别,而佛法要义还是根源于一味的佛法而来。念佛与称名,也是如此。

　　念佛是禅观,是念佛三昧,这是大小乘所共的。《智度论》(七)说:"念佛三昧,有二种:一者声闻法中,于一佛身,心眼见满十方。二者菩萨道,于无量佛土中,念三世十方佛。"大乘小乘的根本差别,还是有十方佛与无十方佛的不同。密宗的修天色身,也是念佛三昧。不过他们所修的本尊,已从佛而转为菩萨,从菩萨而转为夜叉、罗刹的忿怒身,所以不说观佛而称为修天了。于三昧中见佛,佛为他灌顶、说法,这在大乘与小乘、显教与密教,也都是一样的。罗什所译的《禅秘要法经》(中)第十八观、《坐禅三昧经》(上)治等分法,这都是声闻念佛三昧,(下)专念十方佛生身法身,为大乘念佛三昧。又如《思惟略要法》中,所说"得观像定","生身观法","法身观法",是共声闻的。

次说"十方诸佛观法","观无量寿佛法",即是大乘的念佛三昧。还有宋昙摩密多译的《五门禅经要用法》,也说有大小乘的念佛三昧。如要知念佛三昧的修行次第,可检读这几部禅经。《般舟三昧经》也有次第可依。十六《观经》的依落日为曼荼罗,生起极乐世界的依正庄严,都是修行念佛三昧的过程。这都要专修定慧,才能成就。

　　一般的持名念佛,经论作"称名"。称名,本不是佛教修行的方法,是佛弟子日常生活中的宗教仪式。如佛弟子皈依三宝,皈依礼敬时,就称说"南无佛"、"南无法"、"南无僧"。一分声闻及大乘教,有十方佛,那就应简别而称"南无某某佛"了。佛弟子时时称名,特别是礼佛时。所以称佛名号,与礼敬诸佛、称扬赞叹佛有关,都是诚敬皈依于佛的心情表现于身口的行为。

　　念佛,《阿含经》中本来就有了。如念佛、念法、念僧的三随念;或加念施、念天、念戒,名六念法门(《观无量寿佛经》还提到六念),这是系心思惟的念。据经律中说:佛弟子在病苦时,或于旷野孤独无伴时,或亲爱离别时,或遭受恐怖威胁时(如《佛法概论》所引),在这种情形下,佛即开念佛(念法念僧)法门。佛有无量功德,相好庄严,大慈大悲,于念佛时,即会觉得有伟大的力量来覆护他;病苦、恐怖、忧虑等痛苦即能因而消除。观光明圆满自在庄严的佛,在人忧悲苦恼时,确是能得到安慰的。这虽为共一般宗教的,但佛法是合乎人情的,也应有此法门。

　　人在这样的情形下念佛,极自然的会同时称呼佛名。世间上也有这种现象,如人遇到患难恐怖而无法可想时,就会想到父母,同时会呼爷唤娘。世间,唯有爷娘是最关心与爱护自己的,想到父母,唤起爷娘,精神似就有了寄托,苦痛也多少减少了。又如俗说"人急呼天",也是这种意义。所以在人们恐怖危险关头,即会奉行佛说的念佛法门,同时也会口称"南无佛"。这样,称名与念佛的方法,在佛教的发展中极自然地融合为一了。人在危难中称名念佛而得救的传说,在印度是极普遍的。现略说一二:一、《撰集百缘经》(九)有"海生商主缘"。海生在大海中,遇到狂风大浪,飘堕罗刹鬼国,因称念南无佛而得解免。二、《贤愚因缘经》有"尸利苾提缘"(四)、"富那奇缘"(六),都说到入海遇摩竭大鱼的灾难,一时无所皈依,因称念南无佛而得解免。三、马鸣《大庄严经论》(一○)有"称南无佛得罗汉缘"。有人来出家,舍利弗等以为他没有善根,不肯度他。佛度了他,不久即得阿罗汉。佛因此说:他在过去生中,遭遇老虎的危险时,口称南无佛,种下了解脱善根。《法华经》说:"一称南无佛,皆共成佛道",也是这同一的思想。称念佛名,不但免苦难,而且种善根。这在大乘教中,称名念佛,即得除多劫恶业,而为生净土的因缘了。这些故事,不但大乘有,小乘也有。所以称念佛名,是佛教内极普遍的宗教行为。

口称南无佛,是表示皈依礼敬的诚意,而求佛加持的,姑举净土二经为证:一、《阿閦佛国经》的唐译——《不动佛国会》(《大宝积经》十八)说:听法的大众,听了阿閦佛国的清净庄严,即面"向彼如来,合掌顶礼而三唱言:南无不动如来"。由于佛的愿力,即"遥见彼妙喜世界(阿閦佛土)不动如来及声闻众"。二、支译本的《无量寿佛经》说听了极乐国土的如何庄严,弥勒菩萨要见极乐世界,佛就教他,"当向日所没处,为阿弥陀佛作

礼,以头脑着地言:南无阿弥陀三耶三佛檀"。这样,极乐世界
当下就分明现前了。这虽不是为了免难,但也含有请佛加持的
意思。小乘法但称南无佛,大乘法称念南无某某佛。依传说的
因缘及大乘的经证,可见称念佛名是佛教界极普遍的。不过,以
称名为佛教重要的修行法门,这不特在声闻教中少有,在初期的
大乘经中,也还不重要。如《般舟三昧经》一卷本,虽说生极乐
世界,"当念我名",然异译的三卷本、古代失译的《跋陀菩萨
经》、唐译的《大集经·贤护分》,这些同本异译,都但说"常念
佛"。般舟三昧的念佛,是系心正念的观念。《无量寿佛经》也
还是重在专念思惟的。到十六《观经》,说下品恶人在紧要关
头——临命终时,无法教他专念思惟,所以教他称念南无阿弥陀
佛。称名而能往生,唯见于《观经》的下品人。即平时作恶,临
命终时,别无他法可想,才教他称名;称名实在是不得已的救急
救难的方便。口头称名,当然是容易的,但不要忘记,这是无法
可想的不得已呀!

龙树《十住毗婆沙论》(五)说:有难行道、易行道。易行道,
也是念佛的。所说的念佛,初依《大乘宝月童子所问经》说"应
当念十方诸佛,称其名号",次说称念阿弥陀佛等,又次说念十
方诸大菩萨,称其名号。大乘经中,说有六方六佛、七佛、十方十
佛等称名法门。以称念佛菩萨名,为学佛者的修行方便,在龙树
时代,已极为普遍了。

称念佛名,从上说来,是有两个意思的:一、有危急苦痛而无
法可想时,教他们称念佛名。二、为无力修学高深法门,特开此
方便,开口就会,容易修学。这可举一事为证:晋末所作的《外

国记》中说："安息（即现在的伊朗）国人，不识佛法，居边地，鄙质愚气。时有鹦鹉，其色黄金，青白文饰。……若欲养我，可唱佛名。……王臣叹异曰：此是阿弥陀佛，化作鸟身，引摄边鄙，岂非现生往生。……每斋日修念佛……以其以来，安息国人，少识佛法，往生净土者盖多矣。"不识佛法，而净土法大行，这岂非是通俗法门的证明。所以汉及三国时，从月支、安息、康居——印度西北方而来的译师，所译经典都传有念佛与称名法门。称名，本来算不得佛法的修行法门；传到安息等地，由于鄙地无识，不能了解大乘慈悲、般若的实相深法，只好曲被下根，广弘称名的法门了。

从《般舟三昧经》的定心念佛，到《无量寿经》的定心及散心念佛，再转到十六《观经》的定心及散心念佛，甚至临命终时的称名念佛，所被的根机逐渐普遍，而法门也逐渐低浅，中国人的理解佛法，虽不是安息、康居可比，但受了西域译经传法者的影响，称名念佛的易行道也就广大地流行起来。从不得已着想，称念佛名，到底知有三宝，也是极为难得的。然从完满的深广的佛法说，就应该不断地向上进步！

中国的念佛法门，是初传说庐山十八高贤，结白莲社念佛。但考究起来，也还是重于系心念佛。如慧远即曾于定中见阿弥陀佛，正是《般舟三昧经》的法门。到北魏昙鸾，依世亲《往生净土论》，着重于称名念佛。到唐代，净宗大德光明寺善导，传说念一声佛，放一道光，这是有名的称名念佛的大师。其后，法照、少康，不但称名，而五会念佛，更以音声作佛事，不但摄化净土行者，连小孩也都来参加念佛。称名念佛，从此成为中国唯一的念佛法门了,简直与安息国差不多。宋朝,王公大臣结白莲社,每集数万人念佛;以及近代的净宗大德印光大师,都是以称名念佛为唯一法门的。易行道的称念佛名,约教化的普及说,确是值得赞叹的!但大乘法的深义大行,也就因此而大大的被忽略了!

九　易行道与难行道

称名念佛,是易行道。横超三界,十念往生。这因为,仗弥陀的慈悲愿力,他力易行。净宗大德,大都结论为如此。然考究经论所说的难行道与易行道,却别有一番道理。

弘扬净土的大德居士,都以龙树《十住毗婆沙论》为据,明念佛是易行道。然龙树也还是依《弥勒菩萨所问经》来的,大家却不知道。此经,菩提流志译,编于《大宝积经》的一百十一卷;西晋竺法护已有翻译。经中说:"弥勒菩萨于过去世修菩萨行,常乐摄取佛国,庄严佛国。我(释尊)于往昔修菩萨行,常乐摄取众生,庄严众生。"这可见,释迦以下度众生为行,弥勒以摄取净土为行。这即是难行道与易行道的差别。所以说:"弥勒菩萨往昔修菩萨道时,不能(难行能行,难忍能忍的)施舍手足头目,但以善巧方便安乐之道,积集无上正等菩提。"所说善巧方便安乐道,即弥勒菩萨"昼夜各三,正衣束体,下膝着地,向于十方说此偈言:我悔一切过,劝助众道德,归命礼诸佛,令得无上慧"(晋译)。《宝积经》广说,即礼敬诸佛、忏悔、发愿、随喜、请佛说法、请佛住世、随顺佛菩萨学,与普贤十大愿王颂略同。这是易行道,易行的意义,即安乐行,以摄取净佛国土为主。而释迦佛所修的是难行道，所以说："我昔求道，受苦无量，乃能积集阿耨多罗三藐三菩提。"经中即举释迦往昔生中，月光王抉眼本生，以明悲心救度众生苦痛的事证，这是难行道。难行的意义，即难行能行、难忍能忍的苦行。因此，释迦发心，愿"于五浊恶世，贪嗔垢重诸恶众生，不孝父母，不敬师长，乃至眷属不相和睦"时成佛；而弥勒发心，"若有众生薄淫怒痴，成就十善"的净国土，才成正觉。虽然大乘法是相通的，佛菩萨愿行是平等的，但大乘的初学者，确是不妨以种种门入佛道（如《智论·往生品》说），而有此二大流的。如龙树《智度论》说："菩萨有二种：一者有慈悲心，多为众生；二者多集诸佛功德。乐多集诸佛功德者，至一乘清净无量佛世界。"这可见，弥勒所代表的净土法门，即多集诸佛功德的善巧方便行。菩萨初学佛道，可以有偏重一门的，一以成就众生为先，一以庄严佛土为先。理解得佛法真义，这不过是菩萨行初修时的偏重，所以有智增上、悲增上，或随信行、随法行等。而圆满究竟菩提、庄严佛国与救度众生，是不能有所欠缺的。这样，学佛最初下手，有此二方便：或从念佛、礼佛等下手；或从布施、持戒、忍辱等下手。后是难行道，为大悲利益众生的苦行；前是易行道，为善巧方便的安乐行。其实这是众生根机的差别，在修学的过程中，是可以统一的。

易行道，即多集佛功德的净土行。依《弥勒菩萨所问经》说，即与普贤十大行愿相同。但经论中，不一定为十事。最重要的，是忏悔、随喜、劝请。一、竺法护译的《佛说文殊悔过经》说：（一）悔罪，（二）发心，（三）劝助。劝助中有随顺佛学、劝请说法、劝请住世、供养。行此等法，以忏悔为主。罗什译的《思惟要略法》也说："若宿罪因缘,(念佛)不见诸佛者,当一日一夜,六时忏、随喜、劝请,渐自得见。"天台家因此而立五悔法。二、聂道真译的《曼陀跋陀罗菩萨经》说:(一)忏悔,(二)忍,即赞许(称赞如来),(三)礼拜,(四)愿乐,即随喜,(五)劝请(说法、住世),(六)持施,即回向。此上——《文殊经》与《普贤经》所说,大致与《行愿品》同。三、唐那提译的《离垢慧菩萨所问礼佛法经》说:(一)礼拜,(二)忏悔,(三)劝请,(四)回向,(五)发愿,这是以礼佛为主的。龙树论中也多明此行,如《十住毗婆沙论》说:念佛(含得礼佛)、忏悔、劝请(说法、住世)、随喜、回向。印度修大乘菩萨行者,常常行此方便行的。《智论》(七)说:"菩萨法,昼三时,夜三时,常行三事:即忏悔、随喜、劝请说法及住世。"又说:"菩萨礼佛三品:一者悔过品,二者随喜回向品,三者劝请诸佛品。"(六一)这都是在礼佛时行的,内容等于中国的(八十八佛等)忏悔文;简略的,即观文的十愿。觉贤所译的《文殊师利发愿经》;即四十华严《普贤行愿品》的行愿颂。这大乘法门与文殊及普贤,特有关系。龙树菩萨发愿颂,略同。这可见方便善巧易行道——乐集诸佛功德的净土行,本不限于十事,十事是随顺《华严经》的体裁而行。《行愿品》的礼敬诸佛、称赞如来、广修供养(佛),即与念佛(观想或称名)相等。此为特殊的宗教行仪,因为这是修集佛功德的方便,忏悔的方便。印度菩萨法,一日六时行道,次数多而时间短。中国早晚课诵,意义相同,但次数少而时间长,每使人引起倦退心,实不如次数多而时间短为妙。中国集众共修,所以不得不次数少而时间长,不免失去了易行道的妙用。易行道(不但是念佛),确与净土有关。如以为修此即可成佛,那就执文害义,不能通达佛法意趣了!

这可依龙树论而得到正当的见地;一般所说的易行道,也就是根据龙树论的。龙树《十住毗婆沙论》说到菩萨要积集福德智慧资粮,要有怎样的功德法,才能得阿惟越致——不退转。或者感觉到菩萨道难行,所以问:"阿惟越致地者,行诸难行,久乃可得,或堕声闻辟支佛地……若诸佛所说有易行道,疾得至阿惟越致地方便者,愿为说之。"这是请问易行道的方法。龙树说:"如汝所说,是儜弱怯劣,无有大心,非是丈夫志干之言也。"简单地说,如有这样心境,根本没有菩萨的风格。龙树对于易行道的仰求者——怯弱下劣者,真是给他当头一棒。然而,佛菩萨慈悲为本,为了摄引这样的众生修菩萨行,所以也为说易行道。所以接着说:"汝若必欲闻此方便,今当说之。佛法有无量门,如世间道,有难有易,陆道步行则苦(难行),水道乘船则乐(易行)。菩萨道亦如是,或有勤行精进(难行道),或有以信方便易行。"难行即苦行,易行即乐行,论意极为分明,与成佛的迟速无关。说到易行道,就是"念十方诸佛,称其名号","更有阿弥陀等诸佛,亦应恭敬礼拜称其名号","忆念礼拜,以偈称赞"。易行道的仰求者,以为一心念佛,万事皆办,所以龙树又告诉他:"求阿惟越致地者,非但忆念、称名、礼敬而已,复应于诸佛所,忏悔、劝请、随喜、回向。"这可见易行道不单是念佛,即《行愿品》的十大行愿等。能这样的修行易行道,即"福力增长,心地调柔……信诸佛菩萨甚深清净、第一功德已,愍伤众生",接着即说六波罗蜜。这可见:念佛、忏悔、劝请,实为增长福力,调柔自心的方便,因此,才能于佛法的甚深第一义生信解心,于苦痛众生生悲愍心,进修六度万行的菩萨行。这样,易行道虽说发愿而生净土,于净土修行,而也就是难行道的前方便。经论一致地说:念佛能忏除业障,积集福德,为除障修福的妙方便,但不以此为究竟。而从来的中国净土行者,"一人传虚,万人传实",以为龙树说易行道,念佛一门,无事不办,这未免辜负龙树菩萨的慈悲了!

礼佛、念佛、赞佛、随喜、回向、劝请,特别是口头称名,这比起舍身舍心去为人为法、忍苦忍难的菩萨行,当然是容易得多,这是易行道的本义。通常以为由于弥陀的慈悲愿力,所以能念佛往生,横出三界,名易行道,这并非经论本意。修此等易行道,生净土中,容易修行,没有障碍,这确是经论所说的。但易行道却是难于成佛,难行道反而容易成佛。这如《宝积经·弥勒菩萨所问会》中说:释迦过去所行的是难行苦行道,弥勒所行的是易行乐行道。弥勒发心比释迦早四十劫,"久已证得无生法忍"——得不退转,结果释迦比弥勒先成佛,弥勒还待当来下生成佛。不是易行道难成佛、难行道易成佛的铁证吗?

弥勒修易行道,所以迟成佛。释迦修难行道,所以先成佛。然据传说:释迦七日七夜说偈赞佛,超九劫成佛。说偈赞佛,是易行道,这不是易行道速成佛吗?这是一般所容易怀疑的,应略为解说。易行道与难行道,本不过从初下手说。初学者有此二类分别;到成佛,摄取众生与摄取佛土的功德,都是要圆满的。但这不能证明易行道易成,反而是难行道易成的事证。据传说,当时"释迦菩萨……心未纯淑,而诸弟子心皆纯淑;又弥勒菩萨心已纯淑,而弟子未纯淑"。这因为:"释迦菩萨,饶益众生心多，自为身少故；弥勒菩萨多为己身，少为众生故。"(《智度论》四)这显然是说：释迦行难行道，多化众生。弟子心已纯淑，即释迦的利他功德圆满，但自利功德还不足。弥勒菩萨多修净土行，久证无生忍，自心已纯淑了，而一向少为众生，少修难行大行，弟子的心未纯淑，即弥勒的利他功德没有圆满。所以，释迦的精进赞佛而速成，恰好是先修难行道易成佛的证明。这如画龙与点睛，都是不可缺的，如摄取众生与庄严净土，是成佛所一定要圆满的。释迦修难行道，如先画龙身，等到龙身画成，精进赞佛如点睛，一点即成龙了。弥勒从易行道入手，如先点龙睛，睛虽一点就成，而龙身却不能仓卒画好，如利他功德的不能速成。这样，释迦的超九劫而先成佛，实由于久修难行道，"饶益众生心多"。其实，这都为初学者作方便说，学菩萨法而成佛，一切功德都是要圆满修集的。易行道难成，难行道易成，这确是古圣经论的正说。

众生在秽土修行虽容易退失，生净土中，环境好，不再退转，但论修行的速率，秽土修行比在净土修行快得多。如《大阿弥陀经》(下)说："世尊！……(在此娑婆浊世)为德立善，慈心正意，斋戒清净，如是一昼一夜，胜于阿弥陀佛刹百岁。"《维摩经》也说："此土菩萨，于诸众生大悲坚固，诚如所言。然其一世饶益众生，多于彼国(净土)百千劫行。所以者何？此娑婆界有十事善法，诸余净土之所无有。"十事，即六波罗蜜等。净土是七宝所成的，衣食等一切无问题，即无布施功德。秽土人恶，要修忍辱，净土都是诸上善人，即不需修忍辱行。此土有杀盗淫妄诸事，所以要持戒，净土女人都没有，或男女不相占有，即没有淫戒可持。生活所需，一切圆满，即没有偷盗可戒。这种种功德，生到净土中，都难于进修。这等于太平盛世，"英雄无用武之地"，无从表显他的才能与救国救人的大功绩。秽土是难行的，然因为难行，所以是伟大的。释迦牟尼佛秽土修行成佛，为十方诸佛之所称赞。如《阿弥陀经》中说："彼诸佛等，亦称赞我不可思议功德，而作是言：释迦牟尼佛，能为甚难希有之事，能于娑婆国土五浊恶世……得阿耨多罗三藐三菩提。"《除盖障菩萨所问经》（二）及《宝云经》、《宝雨经》、《胜天王般若经》等，都说到秽土修行比净土高超得多。龙树《智度论》（十）说得最为明切："娑婆世界中，乐因缘少，有三恶道老病死，……心生大厌，以是故智慧根利。彼（净土）间菩萨，七宝世界，种种宝树，心念饮食，应意即得。如是生厌心（不满现实）难，是故智慧不能大利。譬如利刀，著好饮食中，刀便生垢。……若以石磨之，垢除刀利。是菩萨亦如是，生杂（秽）世界中，利根难近。如人少小勤苦，多有所能。"秽土是苦痛的，然发心行菩萨道，却是最殊胜的，这无怪释尊发心迟而成佛早。易行道容易得不退转，但一生净土，即进度迟缓。秽土修行难得不退，如打破难关，就可一往直前而成佛了。易行与难行，秽土与净土，实各有长处。上来，一从经论证明，一从事实证明。理解了经论的意趣，才得佛法的妙用。易行道与难行道，都是希有方便。"菩提所缘，缘苦众生。"为众生苦，为正法衰，而发菩提心，为大乘法的正常道。善巧方便安乐道，也是微妙法门，依此而行，可积集功德，忏除业障，立定信心，稳当修行，不会堕落！虽然，佛法住世，还得有为法为人而献身命、精进苦行的才得！

依上来的论究,可得这样的结论:净土,应以阿弥陀极乐净土为圆满,以弥勒的人间净土为切要;以阿閦佛土的住慈悲心、住如法性为根本因,以阿弥陀佛土的行愿庄严为究极果。在修持净土的法门中,首先要着重净土正因。要知道,难行道,实在是易成道。如自己觉得心性怯弱,业障深重,可兼修方便善巧的安乐道——易行道:时时念佛,多多忏悔。如机教相投,想专修阿弥陀佛的净土行,可依传说为阿弥陀化身——永明延寿大师的万善同归。多集善根,多修净业,这才是千稳万当的!末了,善巧方便乐行道的净土行者,必须记着经论的圣训:"不可以少善根福德因缘得生彼国"(《阿弥陀经》),"欲得阿鞞跋致(不退转)地者,非但称名忆念礼拜而已"(《十住毗婆沙论》)。这样,才能得乐行道的妙用,不致辜负了佛菩萨的慈悲!

（录自《净土与禅》,1—75 页,本版 1—50 页。）

三 求生天国与往生净土

生死大事是件不易解决的问题，如果我们只在生死死生之间，力求向上，谋取后世比前生舒服，还不是彻底的解决。要解决生死，有种种方法，往生净土就是一种，所以现在举出求生天国与往生净土来讲。天国，在中国叫天堂，佛教名天界。天是光明的意思，天界就是光明的世界。但依佛法说，天界虽然光明快乐，但不是彻底的光明快乐。中国、印度、西洋人，都有一种类似的观念，就是感觉到人间太苦恼，有种种苦痛、罪恶、困难，想生天上，因为天上没有人世间种种的忧愁苦恼。佛法有这种生天法门，其他宗教同样也有。

生天，确乎也不错，现在举出几件与人间对比，以见出天界好的地方。

一、人间最苦痛的是衣食住行，不但穷人不容易解决，富人还是提心吊胆。天上呢？有顶好的东西吃，顶美丽的衣服穿，顶堂皇的宫殿住，来往自由。我们这个世界，自然界种种不圆满，有水灾、地震、山崩、海啸、台风、久旱等，天国就没有这些灾祸，天上是一个顶富乐平安的地方。

二、我们这个世界，人与人之间苦痛的事情多得很，就是父子夫妻朋友也免不了。常常可以看到欺负、压迫、剥削的事情发生,小的争吵打架,大的酿成战争,在天上就没有这种种人事的苦痛。依佛法说,在最下的两层天,虽也有战争,但没有人间那么厉害。

三、人的身体会有病痛,寿命不长,天上没有什么病,虽然没有长生不老,但是寿命却比人间长得多。

有了以上种种好处,怪不得耶稣教徒以及很多的人,都想生天。好实在好,可是要生天,并不是一件很容易的事,并非想去就立刻可以去的。古人说:"生天要有生天业,未必求仙便得仙",要有生天的功德才行。以佛法说,起码要两个条件,就是布施与持戒。布施功德大,才会得享受天的福报。持戒精严,道德超过常人,就会生到比人更好的地方。有福报,有过人的德行,生天是毫无疑问的。但要生到高一点的天,要有慈悲心。耶稣教说博爱,佛说慈悲喜舍,使别人离苦得乐,就是这个道理。不过真要生得高的,还要修禅定,这比较不容易。普通耶稣教的祷告,专精的也有相似的定心。如能做到一心不乱,就可以到达这个境界,施、戒、慈、定,名为生天法门。

诸位觉得,佛法说升天,那么困难,耶稣教却相反,只要信主,就能得救,上生天国了。其实,真正的基督教,要生天也并没有那么简单。要真正信仰、悔改、祷告,得到重生,心里起了一种离染得净的变化,有了这种经验,自会奉行博爱的精神,而合乎施、戒的行为,这才能生天。什么都不要,信就得救,只是廉价倾销的宣传而已。

佛法虽说天界好,但不劝人生天,因为天不彻底。耶稣教说，生天得永生，永远是快乐和平长寿。佛法说，天国虽然长寿，一万十万百万千万以至万万年，总有一天，福报完了，定力尽了，还是要堕落，不过只是享长期的福罢了，并没有解决生死的问题。佛法是要求能够真正解决这个问题的办法。

净土，是清净的世界，佛法中清净的世界很多，东方药师佛有净琉璃世界，西方阿弥陀佛有极乐世界，十方诸佛亦各有清净的世界，因为平常都讲阿弥陀佛，大家都懂，所以就专门讲往生西方极乐世界。净土与天国，都没有山崩地震种种天灾，物质丰富之极，黄金为地，富丽堂皇。人事方面，非常和好，如兄如弟，如姊如妹，寿命都长得很。净土，不只环境相差不远，连求生的方法，也与求生天国相近。在一般的布施、持戒之上，不外信仰、发愿、忏悔、感恩、称名——称"奉耶稣的名字"或"南无阿弥陀佛"的名号，一心不乱，才能够达到目的。耶稣教说靠耶稣的力量来拯救，而佛教是靠阿弥陀佛的慈悲愿力来接引。那么，为什么佛法提倡往生净土而不赞成求生天国呢？这实在有根本不同的地方，佛法是：

一、平等而非阶级——西方极乐世界，现有观音、大势至两大菩萨，他们比我们是先知先觉，将来继承阿弥陀佛的佛位。我们生极乐世界后，得到佛与他们的开导，将来可以与他们一样。佛说一切众生皆有佛性，只要到了西方，慢慢修学，都可以成佛。经上说，极乐世界，佛光明无量，寿命无量；往生的也光明无量，寿命无量，与佛平等。不像耶稣教天国的阶级性，上帝是至高至上独一无二，升入天堂的绝不可能成为上帝，不能成为耶稣。阶级是世界忧愁苦恼的根源，天国也不能例外，佛法是以平等为基础,才能彻底。

二、进修而非完成——耶稣教说:生天国就得到永生,是完成了。其实并不究竟,智慧、功德,一切都没有达到圆满(至少是不能像耶稣那样)。这样的永生,可说是永久可惜,永远缺陷的事。生净土就不同了,念佛求生净土,并不是因为净土衣食丰足,无忧无虑,要去享福的,而是要跟阿弥陀佛、观音菩萨、大势至菩萨好好地学习。所以生净土时,虽不曾圆满,而能进向于圆满。或者有人要问:要学习佛法,在这个世界学就好了,何必到西方去呢? 这虽然说得对,但这个世界寿命短,环境劣,业障重,天灾人祸多,西方却不然,安乐长寿可以慢慢进修。大家都晓得,极乐世界有上品上生、中品中生、下品下生等九类的分别,有的到那边要修了好久,才得见到阿弥陀佛,有的却一到就见佛悟无生了。这不是说那边有阶级的分别,而只是程度的不同,下品经过多少时间的修持,还是会成为上品的,都是会进向于佛果的。所以生净土不是天国式的以为就此完成,而是到那边去,正好进修。

三、上升而非退堕——经上说:生极乐世界皆不退转,不像我们这个世界因为病痛烦恼恶因缘的阻挠,修了些时间,就退落下来。好比一个学校办得不好,学生不喜欢读书,影响学业不及格,而至于退学。生净土的,如进好的学校,有好的教师,管教严格,学风优良,引起学生读书的兴趣,就是懒惰的学生,一进去也被学校的风气所影响而注意他们的学业,向上求进步一样。学佛的每有一种观念,都怕今生人间修学,假使修而不了生死,后世也许会堕落,将怎么办呢? 往生净土法门,就是为要适应这一般人的需求。只念阿弥陀佛,仗佛的慈悲愿力,就能到净土去再进修。时间虽有长短,生死决定可了,不会退转。天国呢,他们自以为永生,其实生天福报享尽,定力消尽,就要堕落,这是两个世界的最大差别。

假使有异教徒对你说:主能救你,天国有什么好处,西方同天堂差不多呀。你可简单地回答他:好是好,但是差一点。你有阶级,我们是平等。你们慈悲智慧功德将永不圆满,永久不彻底,我们一天一天地学,总可以成佛。你说永生是靠不住,不过是寿命长一点,福报享尽,还是要堕落的,我们是永不退转。这些都是学佛的人应该知道的,信念才会坚定。否则,思想上似是而非的神佛不分,极容易被神教所同化。

（录自《净土与禅》,123—129 页,本版 82—86 页。）

四　弥陀净土与三辈往生

　　菩萨在发心修行的过程中,不退菩提心是最重要的。于菩提心得不退转,才能不断进修,成就佛道。如退失了菩提心,那就是退转——退入二乘,或退在五趣生死,那就不能成佛了。可是菩萨道广大难行,容易退失,非怯劣众生所能成办,所以经说"往生净土"的易行道。中国佛教界说到"净土",似乎就是西方极乐世界;说到"往生",就是往生西方:这表示了中国佛教界对往生西方极乐净土信仰的普遍、深远。如依"大乘佛法"来说:十方的清净国土,是无量无数的。"往生"是死此往彼的一般用语,如往生天上、往生地狱。以"往生净土"来说,"十方净土,随愿往生",所以也并不等于往生西方极乐国土。然往生西方极乐,在大乘经中有它独到的意义,这才会形成中国净土宗那样的盛况。

　　十方的净土虽多,然专说净土的经典并不太多。主要是东方不动——阿閦佛的妙喜净土,西方阿弥陀佛的极乐净土。大乘经中,说到这东西二佛与二净土的非常多,可说二净土是旗鼓相当。但说东方阿閦佛土的,仅有《阿閦佛国经》一部(二种译本),而说西方阿弥陀佛净土的,有三部经,更多的译本。差别的理由何在？阿閦佛净土是重智证的甚深行，阿弥陀佛净土是重信的易行道；在通俗普及的情况下，念阿弥陀佛，往生极乐净土的法门，当然要比阿閦佛净土法门盛行得多了。其实，在中国佛教界，阿閦净土法门，可说已经忘失了。

专明阿弥陀佛净土的经典，汉译的有三部。一、大本《阿弥陀经》，共存五种译本，经考定为：1.《阿弥陀三耶三佛萨楼佛檀过度人道经》，二卷，（传为吴支谦译，）后汉支娄迦谶译。2.《无量清净平等觉经》，四卷，（传为支娄迦谶译，或作曹魏白延译，）吴支谦译。这二部，是二十四愿的古本。3.《无量寿经》，二卷，（传为曹魏康僧铠译，）晋竺法护译。4.编入《大宝积经》的《无量寿如来会》，二卷，唐菩提流志译。这二部，是四十八愿本。《无量寿经》保存了"五大善"（五戒）及乞丐与国王的譬喻，可说是从二十四愿到四十八愿间的经本。5.《大乘无量寿庄严经》，三卷，赵宋法贤译，是三十六愿本。二、小本《阿弥陀经》，有两种译本：1.《佛说阿弥陀经》，一卷，姚秦鸠摩罗什译。2.《称赞净土佛摄受经》，一卷，唐玄奘译。小本虽不说阿弥陀佛的本愿，也没有说到三辈（九品）往生，然叙述极乐国土的依正庄严，而劝人念佛往生，简要而容易持诵，所以最为流通。三、《佛说观无量寿经》，一卷，宋畺良耶舍译。立十六观，九品往生，是属于观相念佛的。

在十方佛净土中，阿弥陀佛与极乐净土的特胜是：在弥陀净土法门集出时，表示了一项信念：一切佛中的阿弥陀佛，一切佛土中的极乐国土，是最殊胜的。阿弥陀佛初发心时，是世自在王门下的出家弟子——法藏。法藏菩萨愿求佛道，希望成佛时的

国土,在一切佛国土中是最理想的。世自在王如来为他显示了
二百一十亿佛国土(唐译作"二十一亿",宋译作"八十四百千俱
胝")。在这么多的佛国土中,选取最理想的,综合为一,从菩萨
大行中,成就圆满庄严的净土。换言之,这不是某一净土所可及
的,这是集一切净土庄严的大成,所以"令我为世雄,国土最第
一"了。依菩萨大行而庄严佛土,成佛也就胜过一切佛,如初发
大心时说:"于八方上下诸无央数佛中最尊。"如来智慧光的殊
胜,表示身光明第一,如说:"阿弥陀佛光明最尊,第一无比,诸
佛光明皆所不及也。""阿弥陀佛光明姝好,胜于日月之明,百千
亿万倍。诸佛光明中之极明也! 光明中之极好也! 光明中之极
雄杰也! 光明中之快善也! 诸佛中之王也!"经中广说诸佛的
光明差别,极力赞扬阿弥陀佛为"诸佛中之王",表示了阿弥陀
佛第一的意境。依"佛法"说:诸佛的法身是平等的,而年寿、身
光、国土等,是有差别的。依"大乘佛法"说:佛与佛是平等的,
但适应众生的示现方便,是可能不同的。这样,阿弥陀佛与极乐
净土的最胜第一,虽不是究竟了义说,而适应世间(印度)——
多神中最高神的世俗心境,在"为人生善"意趣中,引发众生的
信向佛道,易行方便,是有其特殊作用的! 这可以说到佛的名
号:阿弥陀,是"无量"的意思。无数无量,"佛法"是形容涅槃
的。与阿弥陀音声相近的阿弥利哆,意译为甘露,也是表示涅槃
的。涅槃——现实生死的"彼岸","佛法"是究竟寂灭;"大乘佛
法"是毕竟寂灭中,起不思议的妙用。据大本的古译本,阿弥陀
(在一切无量中)特重于光明的无量,所以也名阿弥陀婆,也就
是无量光佛。如《往生咒》作"南无阿弥多婆耶,哆他伽多夜"

（南无无量光如来）。《楞严咒》作"南无阿弥多婆耶，跢他伽多耶，阿啰诃帝，三藐三菩陀耶"（南无无量光如来、应、正遍知）。《普贤行愿品》也说："速见如来无量光。"光明与清净的音相近，所以古译经名为《无量清净平等觉经》。这都可以看出，无量光是阿弥陀——无量佛的主要意义。这使我们想起了东西二大净土：东方阿閦佛土，如旭日东升，象征了菩萨的初发大心，广修六度万行，长劫在生死世间度众生，而归于成佛、入涅槃，是重智的。西方阿弥陀佛土，如落日潜晖，不是消失了，而是佛光辉耀于那边——彼土（彼岸，也就是涅槃异名），重于佛德的摄受，重于信行。这所以极乐世界在西方。佛告阿难："西向拜，当日所没处，为阿弥陀佛作礼。"十六观中，初观落日，"见日欲没，状如悬鼓"。阿弥陀佛起初是重于无量光的，应有适应崇拜光明善神的世俗意义，但晋竺法护译本以下，都作无量寿佛了。生命的永恒，是世间众生所仰望的，所以有"长生成仙"、"永生天国"的宗教。无量光明——慧光普照与慈光的摄受，对一般信众来说，不如无量寿，所以后代都改为"无量寿"了。小本《佛说阿弥陀经》（大正一二·三四七上）说：

> "彼佛何故号阿弥陀？舍利弗！彼佛光明无量，照十方国，无所障碍，是故号为阿弥陀。又，舍利弗！彼佛寿命，及其人民，无量无边阿僧祇劫，故名阿弥陀。"

鸠摩罗什的译本，以阿弥陀——无量佛为本，综合了无量光明与无量寿命，还是无量光在先。玄奘译本及现存梵本，以无量寿在先而无量光在后，这是适应世俗所起的转化。

　　阿弥陀佛因地,发二十四大愿(或三十六愿,或四十八愿),建立清净庄严的佛土。生在这佛国中的,有种种功德,特别是:十方世界众生,发愿往生阿弥陀佛国的,一定能往生极乐,当然是有条件的,也是有高低的。经有三辈往生说,各本略有出入,如下:

	A.		B.	C.	D.
上	去家作沙门·作菩萨道·奉行六度·慈心精进·不嗔不贪·常念至心不断绝	上	舍家作沙门·发菩提心·修诸功德·一向专念无量寿佛	发菩提心·专念无量寿佛·恒殖众多善根·发心回向愿生彼国	闻此经典受持读诵书写供养·昼夜相续求生彼刹
中	在家布施·深信佛语·饭沙门·起寺塔供养·慈心精进·斋戒清净·不嗔断爱·一日一夜不断绝	中	发无上菩提心·一向专念·多少修善·饭沙门·起塔像供养·奉持斋戒	发菩提心·不能专念·不种众多善根·随己修行诸善功德·回向愿欲往生	发菩提心·持戒不犯·饶益有情·所作善根回向·忆念无量寿佛及彼国土
下	断爱欲·不嗔怒·慈心精进·斋戒清净·念欲往生·昼夜十日不断绝	下	发无上菩提心·一向专意乃至十念·闻深法信乐不疑·乃至一念念于彼佛	住大乘·清净心向无量寿佛乃至十念·闻深法信乐不疑·乃至一念净心念无量寿佛	发十种心——十善·昼夜思惟极乐国依正庄严·志心归依·顶礼供养

　　上表所列的,A.是汉、吴的古译——二十四愿本;B.是晋译,C.是唐译,都是四十八愿本;D.是赵宋译的三十六愿本。念

阿弥陀佛而往生极乐世界的，Ａ．Ｂ．分上、中、下——三辈人；Ｃ．
Ｄ．没有说"三辈"，但显然也有高下的三类差别。依Ａ．本说：上
辈是出家的，修菩萨道的；中辈是在家的，广修供僧、建寺、起
（佛）塔等供养功德，斋戒（五戒及八关斋戒）清净的；下辈也是
（在家）斋戒清净的。三辈往生的，都是不贪不嗔、慈心精进的。
所以分上中下三辈，在乎生前的智慧、福德不同，而戒行清净，却
是一致的。Ｂ．本大致与Ａ．本相同，但三辈都是发菩提心的。
Ｃ．本没有说到出家与在家。三类人中，初是发菩提心而广殖众
多善根的；中是多少修善根的；后是心住大乘，闻深法而信乐不
疑的。依初后来说，中类也应是心住大乘，与Ｂ．本相同。三类
的差别，是广殖善根、不广殖善根、少少殖善根的不同。Ｄ．本：
初是对《阿弥陀经》的受持、读、诵、书写、供养，与"念法"的易行
方便相同；中是发菩提心，持戒，饶益有情的；后是行十善的。晚
出的经本，出入很大！但总之，三辈的高下，虽与念佛有关，而主
要是由于生前的施、戒、慈、慧等德行的不同。小本《阿弥陀经》
说"不可以少善根福德因缘得生彼国"，可说是简化大本所说的
金句！对于"念佛"（及极乐国土），Ａ．本上辈是"常念至心不断
绝"，中辈是"一日一夜不断绝"，下辈是"一心清净昼夜常
念……十日十夜不断绝"。中辈一日一夜不断绝，下辈却是十
日十夜不断绝，可能是译文的不善巧！Ｂ．本都是一向专念，而
下辈说"一向专念，乃至十念"。Ｃ．本三类是：专念；不专念；"以
清净心向无量寿如来，乃至十念"，与Ｂ．本相同。从三辈的次第
来说，下辈的"十念乃至一念"，比Ａ．本十昼夜说要合理些。
Ｄ．本通泛地说"昼夜相续"，"忆念"，"昼夜思惟"。事实上，往

生净土品位的高下，由于生前的施、戒、慈、慧等功德的不同；而念佛多少能往生阿弥陀佛土，论理是不能限定时间的。如《佛说阿弥陀经》（大正一二·三四七中）说：

> "善男子、善女人，闻说阿弥陀佛（净土的依正庄严），执持名号，若一日，若二日，若三日，若四日，若五日，若六日，若七日，一心不乱，其人临命终时，……即得往生阿弥陀佛极乐国土。"

念佛而能往生极乐净土，是要"专念"、"系念"的，而时间不一定。"若"是不定词，也许一日（夜），或者二日、三日，能念到"一心不乱"（心不散乱的意思），就能临终往生。事实上，有的一日、半日就可以，有的一年、十年了，还是不能"心不散乱"。总之，以念得"心不散乱"为往生西方极乐国土的主要条件；而往生品位的高下，以生前的德行而差别。念是忆念、系念，念为定所依；"心不散乱"，虽还不是达到禅定，但念到心无二用，净念相续，心中唯有阿弥陀佛极乐国土的一念了。念是内心的忆念、系念（可通于称名、观相），并不等于我国佛弟子所想像的口念（因而造了个"唸"字）。然口称佛名，内心同时忆念，依称名而导入"心不散乱"，那就是"称名念佛"而可以往生极乐了。大本《阿弥陀经》的专念、忆念，是不限于称名念佛的。小本《阿弥陀经》说"执持名号"，名号的梵语为 nāmadheya，所以是重于"称名念佛"的。不知为什么，玄奘译 nāmadheya 为"思惟"，也许是不满当时提倡的口头散心念佛，而故意改为"思惟"吧！依上来所说，可见"一心念乃至十念"，是内心不散乱的念。王日休编写的《大阿弥陀经》,说下辈"每日十声念佛",专在称名的数目上着想,那是中国佛教的习俗,与印度的"大乘佛法"不合!

（录自《华雨集》二,216—227 页,本版 137—144 页。）

五 东方净土发微

一 引 言

一 讲说的动机

佛教界所熟知的净土，主要是西方阿弥陀佛的极乐世界——西方净土。在佛经中，十方都有净土；而与西方弥陀净土相对的，有药师琉璃光如来的净琉璃世界——东方净土。关于东方净土，过去曾说过二次。一九五四年秋，在台北善导寺讲《药师经》，启建药师法会，记录下来的，有《药师经讲记》。一九五八年夏天，在马尼拉信愿寺为性愿老法师祝寿，又讲经一次。有《药师经开题》，发表于《海刊》。去年，在台北慧日讲堂，启建药师法会，对东方净土又多一层体会。所以，过去虽一再讲说，觉得还有再说的必要。

东方净土，不如西方净土的专重于死后往生。不但说到死后往生净土，说到蒙佛力加被，死后消除恶业，生人天而修学大乘；更特别重视了现生的利益安乐。这对于大乘菩萨利益现实人间的精神,有着很好的启发,故值得一说再说。

　　还有,解说这个问题的另一动机,是在最近天主教主办的《恒毅》杂志中,有题为"从涅槃方面观察佛教原义发明初稿"等文,作者杜而未,听说是人类学(可能神类学)教授。他以为:涅槃是月亮神话的演化;以为印度婆罗门教的涅槃原义,是依承月亮神话的;以为佛教的涅槃原义,应该也是这样;而且说:"释迦真正明白涅槃与否,还成问题。"他以这种态度来想像佛教,评论佛教,与人类学有什么关系? 这只是服役于神(神之奴仆)的、神化了的人类学者的杰作! 所以举东方净土的意义,以说明佛教涅槃的真实意义,而不是月亮神话的演化。

二　泛说宗教的意义

　　对于宗教,一般人每每是误解、浅解,故不得不略为解说。宗教(不仅是佛教),各区域、各时代、各民族,有各式各样的宗教;尽管不完全相同,但都有宗教。那么悠久,那么广泛,那么深入人心的宗教,说它是错误,也一定有它的迷谬根源,不容许我们忽视! 何况这还是表达出人生的崇高意义,究极归趣呢! 过去,曾写过《我之宗教观》,发表在《潮音》月刊。现在,从三点来说:

　　一、宗教的(信仰)对象,与人类触对的境界有关,即人类依于触对的境界,想像为信仰的对象。我们生活于世间——器世间,地球上,每天都面对蔚蓝色的天空、光辉出没的太阳与月亮、风雨雷电、山河木石等自然现象;及家庭、部落、国家——社会的组织形态;还有自己身心的活动。日常触对这些,在有意无意中,启发人类的宗教观念。这是说:我们触对的境界中,无论是自然的、社会的、自我的,都觉到有一番力量,限制(控制)一切,不得不如此,而表现出宇宙——自然,社会,自身所有的轨律。如太阳和月亮,天天从东方升起,向西方落下;四季节令,夏去秋来,都有一定的轨律。人类(社会或自身)的一切,也受有轨范的限定,似乎都不是个人(或大众)的意志、能力所能决定的、改变的(其实,从前认为不可能的,不可知的,现在很多成为可知可能了),这才从自我意识的想像中,觉得有一(或多)大力者在主宰一切。所说"自我意识的想像",意思是说:照着自我意志的主宰性(自由、支配),想像那触对境界,有超越的高高在上,或内在的深深在内,自由自在的(无限或是有限的)支配(或管理)一切者,这是自古以来的拟人的宗教观。

这拟人的宗教对象,究竟是什么,虽是各说各的,而几乎谁都感到有或一或多的大力存在,主宰一切,轨范一切,使一切都非如此不可。这从外界启发而来的宗教意识,为宗教的一大根源。由于环境不同,注意的对象不同,而宗教的信仰对象也就不同。如近水的拜水神,住山的拜山神,农村拜土地(社与稷)。印度是热带,毒蛇特别多,所以崇拜蛇神。有的崇拜太阳、月亮、星宿等天体现象;有的比拟社会,而有城隍、祖先的崇敬;还有崇敬山精、木怪、狐狸等。但在人类知识进步的过程中,动物等崇拜逐渐衰落,因为这都是局部的,过于具体的。而人类之祖,或世界之主(这是影射专制王国的,现在也逐渐衰退嬗变了),以及天空现象,便铸成更普遍的大神,而成为更持久的信仰。有以为这都是迷信,太阳、木、石,有什么可崇拜呢? 不知道,这不只是崇拜那事物自身，而是崇拜那一切所以如此，而形成如此的轨律。

二、宗教不仅受有环境的启发，更主要的是内在的宗教意欲。人的自身，受自然的、社会的给与，也就受这些的束缚。有生就有老死，有健康就有疾病，有友爱就有怨敌，有团结就有分散，有喜乐就有忧苦——非依赖这些不可，而这些就成为自己的束缚，不得自在。如有利于人的，引起对外的依赖感，感恩与赞叹，想像而成为善神。反之，如拘束与障碍于人的，即引起畏惧、厌恶，引生对外的超越感，想像对方为恶者。人在层层的束缚中，依赖现实，又不满现实（超现实的自由意志），引发为依赖与超越的宗教情绪。无知蒙昧的想法（偏于依赖的他力），想在信赖天神中，得到离苦得乐，永恒的快乐。不过，在人类知识的进步中，揭开了神力的虚伪面目；知道从自然、社会、自身去求超脱，去寻求解决，而不再是依赖外在的神力。探求一切拘碍、不得自在的根源，发见了根源于自身的愚昧（无明）所引起的思想迷谬、行为错误。因之，宗教的真正意义，是身心清净，智能德性开展，而一切契合于正理。惟有内心的智慧开发，德性高明，能力广大，顺从（依赖）宇宙人生的轨律——真理，才能不受环境的限制和束缚，而超越于现实。这里面包含了两方面：一是自身的彻底完善，一是实现理想世界（净土）。这是自我意欲的净化与完成！在神教中，表现为神与天国。不知神是自我意欲的客观化，想像为宇宙的主宰（我的定义，就是主宰）。不知理想国土要从自身净化中去实现，并非天神所准备的，也非天神所赐与的。人类的知识不断开发，就逐渐从蒙昧的依赖的宗教，而归于自身净化与超脱的宗教。超脱现实的层层束缚,而达到真平等与自由;约内心说,是智慧、慈悲、能力的圆成,这一理想,在人类内心不断地鼓动,而成为高尚的宗教倾向。在较高的宗教中,都如此地显示出来,而惟有佛教,才彻底而清晰地表达,不再存有蒙昧的神教气息。不过,说到内心的净化,在一般宗教中,有的重智慧,有的重仁爱;有的重信愿,有的重智证;有的重于内心的净化,有的重视身体的永存:因而成为各有所重的宗教,片面的不完善的宗教。惟有身心德性的圆满开发,不落于偏颇的,才是最圆满的宗教。

　　三、环境的启发,内心的向上意欲,还不一定成为宗教;宗教是有赖于特殊的经验。可以说,一切宗教,都有一种特殊经验为支柱的。如说鬼,有些人虽没有见过,但说起来如此的亲切,实由于过去或别人曾有见鬼的经验。这可能是误会的,也可能是真实的,但凭自己的经验而宣说起来,充满了坚定的信心,也增强了别人的坚信。又如神教徒在祷告或平时,见到耶稣、马利亚等。信佛的,念佛的,见到佛与菩萨;参禅的得到悟入的经验。这些是否正确,并不一定,也许是见绳疑蛇。但经验过了的,无论是与不是,在同样的经验者来说,那是最真实的。这些宗教经验,是邪正浅深不等的。更纯正更圆满的正觉,才能指正浅薄与似是而非的谬误!

　　总之,宗教是由人类内心的向上意欲,在不同的环境约束下,经各种特殊经验而展开。

二　东方净土为天界的净化

一　佛菩萨依德立名

在这一论题中，首先要说明：宗教一定有崇敬的对象，这不外乎法与人二者。拿高等宗教来说：法（或称为道）是永恒普遍的最高真理——绝对真理。人（具有人格的）呢？有的是拟人的（有意志的）神，以神为绝对真理的，如以色列人信仰的耶和华、回教的安拉等。有的是绝对真理（其实是拟人的神）的现化人间（道成肉身），而表现为导人归向于神的身份，如耶稣。这些，都渊源于拟人的神教。佛教是以人（众生）身的向上熏修，而体现绝对真理的（肉身成道）。其中，佛是即人而到达绝对真理的圆满体现；菩萨（声闻圣者等）是部分地体现了真理。所以，佛菩萨的崇仰，好像类似于神或耶稣的崇仰，而实质上完全不同。佛菩萨的崇仰，是以此为理想，为师范，而使自己进向于真理，人人终能达到佛的境地，也就是绝对平等、绝对自由的圣域。

佛教所崇仰的佛菩萨，都是依德立名的。这或约崇高的圣德立名，以表示佛菩萨的性格。如弥勒菩萨是"慈"；常精进菩萨是永恒的向上努力。或者是取象于自然界，人事界，甚至众生界的某类可尊的胜德，而立佛菩萨的名字。取象于自然界的，如须弥相佛，表示佛德的崇高；雷音王佛，表示佛法音声的感动人心。取象于人事界的，如药王佛，表征佛能救治众生的烦恼业苦——生死重病；导师菩萨，表示能引导众生，离险恶而到达目的。取象于众生界的，如香象菩萨、狮子吼菩萨等。其中，依天界而立名的，如雷音、电德、日光、月光等，更类似于神教，而实质不同。可以说，这是顺应神教的天界而立名，既能显示天神信仰的究极意义，也能净化神界的迷谬，而表彰佛菩萨的特德。

二　天与觉者

东方净土，是以天界为蓝图的。这是顺应众生的天界信仰，而表现佛菩萨的圣德。印度所说的天，原语为提婆，译义为光明。无论白天晚上，所见的太阳、月亮、星星等光明，都是从天空照耀下来的。仰首远望，天就是光明体。一般人就从天空的光明，而拟想为神。所以，印度的天，与神的意义相近。提婆（天）是光明喜乐，相对的地下——地狱，就是黑暗苦痛。在佛教中，崇敬的圣者，不是神教徒所想像的神，而是佛、菩萨、声闻等。圣者有无量的清净功德，而特性是觉、慧。断烦恼、证真理，是由般若（慧）的现证，而般若也称为明。与般若相对的，就是无明（黑暗）。如佛陀，意义是觉者。菩萨，是有菩提（觉）分的众生。缘觉与声闻圣者，也是得三菩提（正觉）的。三乘圣者，都是觉者、明者。所觉证的，是法性（也叫真如、空性、法界）。法性是本性清净，由慧光而觉证；也由于清净法性，而显现般若的慧光。所以，真如法性也称为性天、第一义天。如《涅槃经》五行中的天行，就是圣者正觉的大行。圣者的觉，与天神的明，有着类似性（所以《华严经·世主妙严品》等，大菩萨每示现天神）。天的特性是光明，常人就从光明而想像天神。圣者，觉证法性清净（或称心清净性、心光明性)而显现慧光,佛就依世俗天界的现象,扫除神教的拟想,而表征慧证真理的圣者。

东方净土的佛,名琉璃光佛。琉璃——毗琉璃,译为远山宝,是青色宝。在小世界中间,有最高的须弥山,四面是四宝所成的。南面是毗琉璃宝所成,所以我们——南阎浮提的众生,仰望虚空,见有青色。青天,就是须弥山的琉璃宝光反射于虚空所致。东方净土,以此世俗共知蔚蓝色的天空表现佛的德性,而名为毗琉璃光。

每一佛出世,都有二大弟子助扬佛化。如释迦佛有舍利弗与目犍连;毗卢遮那佛有文殊与普贤二大士;阿弥陀佛有观世音与大势至菩萨。现在东方净土琉璃光佛也有二大菩萨——日光遍照、月光遍照,"是彼无量无数菩萨众之上首"。这显然是取譬于天空的太阳和月亮。天界的一切光明中,日月是最大的,一向为人类崇拜的对象。佛的左右胁侍,就依此立名,为一切菩萨的上首。在我国丛林中,中秋晚上,都传有礼拜月光遍照菩萨的习俗。日与月的光,对人类来说,特性是不同的。太阳的光明,是热烈的,给人以温暖,生命力的鼓舞;在佛法中,每用日光来表示智慧。月亮的光明,是温柔的,清凉的,使人在黑夜中消除恐怖。尤其是热带,炎热不堪,一到月亮东升,清风徐来,真是能除热恼而得舒畅的。在佛法中,月亮也每用来表示慈悲,安慰众生。这是以天界的日月光辉,表现二大菩萨的德性。

东方净土中,除二大菩萨外,还有八大菩萨,如说:"文殊师利菩萨,观世音菩萨,大势至菩萨,无尽意菩萨,宝檀华菩萨,药王菩萨,药上菩萨,弥勒菩萨:是八大菩萨,乘空而来,示其道路。"据经上说：欲生西方净土而还不能决定的，八大菩萨能引导他，使得往生净土。为什么东方净土只有八位菩萨，不是七位，也不是九位呢？这应该是取法于天界的。原来以太阳系为中心的行星，有九（从前说八大行星，后又发现了冥王星，故共为九大行星）：水星、金星、地球、火星、木星、土星、天王星、海王星、冥王星。我国所说的五星，也离不了这些。现在，对此世界（地球）而说东方净土，所以除地球不论，还有八大行星于天界运行。换言之，除日月外，还有八大明星与我们这个世界关系极为密切。依此，所以除二大菩萨，还有八大菩萨护持东方净土。"八大菩萨乘空而来"，是怎样明白地说破这一点。

　　此外，还有十二药叉大将——宫毗罗、伐折罗、迷企罗、安底罗、頞儞罗、珊底罗、因达罗、波夷罗、摩虎罗、真达罗、招杜罗、毗羯罗。每一位药叉大将，又各有七千眷属，共为八万四千。八万四千，表示一切的一切。如一切烦恼是八万四千，一切法门也称八万四千法门。所以从天界来说，八万四千眷属，即一切的小星星、小光明。小星的领导者——十二药叉呢？中国与印度都有十二辰说，配以子丑寅卯辰巳午未申酉戌亥。在西方，名十二宫。在地球绕日旋转的运动中，转动的范围内，名黄道带；黄道带内最引人注目的，便是十二辰，四方各有三个。不论是西方或印度，都以畜生来称呼这十二。这一世俗的星辰说，在佛法中，就如《大集经·虚空目分》所说：有十二位菩萨，在四方的山里修慈，都现畜生相——南方是蛇、马、羊，西方是鸡、猴、犬，北方是猪、鼠、牛，东方是龙、象、狮。这与中国传说的十二生肖，仅狮与象的差异而已。十二药叉大将，便是取象于黄道带中的十二星;而每一药叉大将,统领七千眷属,共八万四千,无疑为一切小星了。这一切是光明,也就都是菩萨。

东方净土为天界的净化,这是非常明显的。据虚大师说,净土都是天国的净化,而佛法以佛菩萨化导的净土,与神教的拟想,非常不同。

三　圣性的本质及其显现

圣者的特性,是觉(明),所以约光明的天界,来比喻佛菩萨与净土。但约天界来表示圣性,推究到圣性的本质,那决不是有限量的日月星星可比拟,而仅可以无限量的、明净的虚空来比说。在《药师经》中,称佛土为净琉璃世界,称佛为琉璃光佛;这都是约我们现见的苍空来比说的。佛是称法性而现觉者,如如如如智,平等不二(人法不二)。约所证法说(常寂光土),称为净琉璃土。约能证者说(法身),称琉璃光佛。而其实,如智平等的绝待圣性,是超越能所、彼此、数量等概念的。我们坚定地确信,佛所开示的究竟归宿,说为涅槃、法身。无论涅槃或法身,在相对的名言中,是什么都难以说明的。不得已,只可以虚空界来比说;也就是唯有虚空性,才能多少使我们领会一些。如佛在《阿含经》中,说涅槃为"甚深广大,无量无数,寂灭涅槃";"甚深广大,无量无数,永灭"。这是释迦佛开示涅槃的主要句义。如从现实生死的存在(有)与生起(生)来说,那么涅槃是"生者不然,不生亦不然";"如来若有,若无,若亦有亦无,若非有非无后生死,不可记说"。因为,这是契入绝对圣性而超越相对界的。声闻的涅槃是这样,大乘的法身、涅槃也是这样,所以《华严经》

中说到佛法身,"唯有虚空为譬喻"。

虚空是什么？姑且不论。一般的看法,虚空是"遍",不可说在这里那里的,是无所在的;要说在,那就是无所不在。是"自在",因为是无著无碍的。没有时间性的变化,所以是"常恒"的。没有质量等差别,所以是"无二"的。尤其是,虚空虽有时为云雾等蒙蔽而现昏相,一旦云消雾散,就显出"明净"。其实,在云雾障蔽时,虚空也还是明净的(这就譬说离垢清净与本性清净)。所以,佛典中以此表示法空性(一切法的究竟真性),也以此表示圆满体证(或分证)这最清净法界者——法身。约绝待空性的本来如此、永久如此、普遍如此说,叫做"法性、法住、法界"。约体证这法性而成为绝对真理的体现者说,称为法身。约证入而众苦(不自在)毕竟解脱说,称为涅槃。这是自证方知的;佛也只能随顺众生的心境,方便善巧地指示,引导我们从离执证真中去体现。由于这是超越相对性的(非心量境、非言说所及),所以难以宣说,约虚空界来喻说,也只能多少领会而已。

虚空,不问是实有的,假有的;客观的实在,还是内心的格式,总之,在一般人及神教徒看来,无量无数、广大甚深、高高在上的苍空,为一切光明,或者说一切神圣的依处,一切依此而活动显现出来。在没有显现时,似乎存在于空界的深处,不能说是没有。佛法中,假借这空界以显示绝对法性,以及圣者证入的涅槃,小乘与大乘多少有点差别。从无数无量、广大甚深、寂灭来说,大乘与小乘完全是一样的。小乘从现象界矛盾苦迫的止息消散,表示圣者证入的涅槃,着重于消极的说明。但要说他生死取消了,什么都没有,那是任何学派所不承认的。只是寂然而止,不再重演生死的流转而已。这样的涅槃,意味着相对的融入于绝对,不再落入时空而矛盾变化。所以,涅槃是常住的、清净的、安乐的,可说是离言的妙有。如以虚空界来比说,好像风息云散,显出了空界的本来明净一样。这仅可以虚空界来拟说,而不能以日,特别是月亮来比说。因为,月是黑白白黑的反复不已,而涅槃是永恒的苏息。

这样的涅槃,仅是契当于小乘阿罗汉的证境,正确而没有圆满。这样的涅槃观,容易引起误解,以为现象的生死界,真实的涅槃界,为截然不同的对立物。这在大乘经论,才充分表达涅槃的圆义。从生死法说,生死的本性,就是涅槃性,所以说:"一切法中有安乐性。"这就到达了即事而真、真不碍俗的法界观,也就是不住生死、不住涅槃的无住涅槃。从法性说(体现法界性的为法身,得无碍自在为涅槃),法性空中,本有无量的清净功德,只为了迷而不能显现。以修而显发这无边功德;圣德以觉(明)为本,也就是显发无边智光,而有难可思议的妙用。如以虚空界来比说,虚空界本来明净,为一切光明本体;从此显现出日月等无边的光明。

依现代的知识来说,星有恒星、行星、卫星,如八大行星与月亮的光明,都从日而来。但古人是把日月星星的光明,想像为从虚空界而显现,所以空界是"明净"的。比拟于空界的明净,所以称佛为琉璃光。约智慧说,名法界体性智。上来的说明,着重在涅槃唯有虚空可为比喻;或者说,取象于虚空界的明净,而表示佛与涅槃的真义。

四　涅槃与月亮

神类学者杜而未,卖弄民俗学、字源说,认为婆罗门教的涅槃一词,从月亮神话而来。他虽说:"释迦是否知道,尚成问题",却一厢情愿,以为佛教的涅槃,也非如此不可。如果不是这样说,那是佛教徒不懂涅槃,还得向杜而未学习。庸俗的神类学者,想以这样的研究动摇佛教的根本——涅槃,让耶和华来代替佛陀,来宰制中华人心。作为耶和华的奴仆,存这样的野心原是不足怪的。但我们,并不想做谁的奴隶,所以对神类学者的野心杰作,没有丝毫的同情!

关于语文〔依佛法说,文是依音声流变,表达情意或认识而成立;有音声上的文,而后有形色(书写)的文〕,我们与杜而未的看法是根本不同的。人类的语文,起初或是表达情意的,如欢笑、号哭、惊呼、呼召,以及忧喜悲惧所引起的声音;或是指示事务的,如天、地、日、月、明、暗、风、雨、山、河、草、木、鸟、兽、虫、鱼、上、下、父、母、自、他等名称。人类的文化日渐进步,语文也日渐繁复起来,而且是由具体的事物,而到达抽象的关系、法则等。语文的由简而繁,或是依旧有的,引申意义而略为变化;或触对新的事理,而创造新的语文。就是旧有的语文,音声也在随时随地而演化不已(标准语音是人为的、后起的),意义也在变,所以不论古今中外,一字每有不同的意义。在印度,即使是"字界",也有不同的意义。"字界"与"字缘"相合而成字,由于字界字缘的解说不同,和合而成的字义,解说也可作多样的解说。语文的音义,只是约定俗成,一直在演化中。也就因此,印度的声常论者,想以梵文的音韵表显宇宙的真相,完全是神学路数!

　　这里,有一点是必要记得的。应用语文的比较研究,探求一字的原意,只能证明某时某地某字的本义是什么,不能就此否定演化发展的新意义。这样,即使婆罗门教的涅槃原义与月亮神话有关,不能就此论定佛教的涅槃,也不过如此。耶稣以完成"上帝"的律法自居;孔子是宪章尧舜文武之道,事实上,也只是"以述为作",旧瓶装入新酒。这还不能以旧义来论定耶稣或孔子的是否,何况释迦以反婆罗门的立场,而宣告无师自悟呢? 释迦说法,当然应用当时的语言与术语;业、轮回、菩提、涅槃,这都是旧有的语文。而释迦不像神类学者那样的卖弄字源说,而是从"空相应缘起",悟入无常、无我而体现涅槃;涅槃是内自证知的,不是外在的他力信仰。释迦教证的特质在无我;在"知法(即绝对真理、即涅槃)入法"时,"但见于法,不见于我"。这所以彻底否定了神的创造,而洗尽神教的愚昧。杜而未漠视这些,竟敢武断地以为佛教的涅槃也不外乎此,真是荒谬之极! 我相信,真正的人类学者与字源说,和神化了的人类学、歪曲伪滥的字源说,并不相同。

　　上面说过,宗教的崇敬对象,有关于我们触对的境界。人类的语文,起初依指事而引申演化。在佛教,依德立名,无论称为什么,都不离取象于世俗的事理来诠表"正法"。所以,涅槃的原义与月亮神话有关或无关,都没有什么。不过我要说的,大小乘所共的涅槃,"无数无量,广大甚深,寂灭",不是取象于月亮,月亮哪里有"无数无量,广大甚深,寂灭"的德性? 取象于世俗的方便假说,佛经是约虚空界以譬说"正法"(法性、空性);体法性而成身的"法身"；契入法性而无碍自在的"涅槃"（涅槃也名无上法）。约大乘从体起用、即事显理（融相归性）来说，约虚空日月为比喻，倒不是没有的，但决不离却空界。如说："菩萨清凉月，常游毕竟空"；"慧日除诸暗，普明照世间"。经中更多说太阳：如佛名毗卢遮那，即是"遍照"；有的即称为"大日"。这是以杲日当空的光明遍照，来喻说觉法性而成佛的智光普照。成佛与示现涅槃，也就以日出及日轮潜晖来比喻了。阿弥陀（婆耶）佛是无量光。《观无量寿经》以落日为观而生起一切，那是比喻从今生到后生，此土到彼土，意味着那边（净土）的光寿无量。至于月轮，是取象于夜晚的空月皎洁，清凉寂静的境地，以此表达圣者的解脱，也比喻圣者的利益众生，如说："如月清凉被众物。"

我想告诉神类学者杜而未：佛教的涅槃，无论取象于什么，无论依什么而演化，主要是自内证知的寂灭，超越相对名相的绝对界。这不是根源于初民的神话，照着人类自己样子所造成的神。这里面，没有主宰（我）的权力欲，与一切神教——多神、一神无关。初民蒙昧意识所造成的拟人的神，在人类文明进步中，早已宣告消失，无影无踪。当然，杜而未如以为初民蒙昧意识所想像的神最好；或者一心一意，羡慕那不识不知、不知人间有羞耻事（眼目一明亮，知有羞耻，就失去了乐园）的亚当夏娃，那是各人的自由。不过，无论如何，不要为了这个，神经失常，满眼所见无非月亮才好！

三　东方净土为人间的极致

一　东方的理想国

净土,是佛菩萨的清净土,也是人间的理想国。约智证毕竟空性以明清净,只就佛的自证说;而净土是有社会性的,有众生,有衣食等一切问题。现实人间,是无限的苦迫与缺陷;净土是无限的清净庄严,自由与安乐。在这净土中,一切圆满,经常受佛菩萨的教化庇护。生在此中,一直向上修学,过着光明合理的生活。约佛的真净土说,一切佛土都是一样的。如有什么不同,那是适应教化的示现不同。那么,东方净土与西方极乐世界有什么差别呢?阿弥陀佛,在因中发愿,主要是:凡愿生我国土的,只要念我名号,决定往生。这着重在摄受众生,使死了的众生有着光明的前途。琉璃光如来因中发十二大愿,都是针对现实人间的缺陷而使之净化,积极地表现了理想世界的情况。这对于人间富有启发性,即人间应依此为理想而使其实现。十二大愿是:

一、人人平等。一切众生的相好庄严,都与佛一样;这意味着众生与佛的本性不二。净土的众生身相都是黄金色的,表示了种姓的平等。印度种姓的阶级森严,起初依形色来分别,所以梵语的“种姓”,从色字而来。到现在白种人还歧视有色人种呢! 这是人间苦迫的根源之一,所以净土中人人金色,也就是人人平等,没有种族歧视等因素了。

二、佛光普照，人人能成办一切事业。依世间的光明说，如白日临空，才能进行各种的事业。依智光说，没有智慧，什么都不会，什么困难都不能解决；有了智慧，才能无事不办。佛以无量智光普照大众，普熏众生而智慧渐长，所以所作事业，没有不成就的。

三、资生物非常充足。在人人平等，智力开展下，无事不成，所以生产丰富，民生安乐。

四、人人安住大乘。在这苦迫的人间，都安住凡夫法。凡夫是为了自己的名利享受而努力；或为了自己而专修禅定，独善其身。也有安住小乘法的，那是专心于自己的身心解脱，缺少积极为人的悲心。安住大乘法的，被称为火里莲花，是极难得的。但在净土中，都能安住大乘，不离世间，又不著世间。如《维摩诘经》所说："非凡夫行，非圣贤（指小乘）行，是菩萨行。"菩萨是自他俱利，上求下化的。大家能这样，那当然是极理想的了。

五、戒行清净。净土众生，行为都合于道德，没有杀盗淫妄的种种罪恶。人格健全，德行具足。

六、净土众生，没有六根不具的。个个身心正常，能进修佛法。

七、净土中没有众病的迫切苦。有了病，也不会贫病交加，而是眷属、资具、医药具足。有疗养，有休息，众病自然痊愈了。

八、人人是丈夫相。女人在生理上，苦痛多，障碍重；尤其是一向重男轻女的社会。净土都是大丈夫相，表示没有男女间的不平等。

九、思想正确,意志坚定。净土众生,不受魔网所缠缚,不为外道邪见所欺骗,个个修习大乘正道。

十、众生不受王法所录。古有"政简刑轻"的理想;政治修明到没有犯罪的,有也是很少,社会多么和平而安乐!净土就是这一理想的实现,不像我们这个世界,多有系闭牢狱、刑戮鞭挞等身心苦恼。

十一、净土中饮食丰足,而又进一步地饱餐法味,身心都有良好的粮食。不像我们这个世界,饥渴逼恼,为了饮食而造恶业。

十二、没有贫无衣服,常受蚊虫寒热逼恼的。不但有衣穿,还有种种正当的娱乐。负责教化的佛菩萨,先使众生的生活不匮乏,再施以佛法的化导,真是"衣食足而后知礼义"。

净土中,不但物质生活够理想,而智慧、道德,又能不断地向佛道而进修。这样的净土,比起中国人所说的大同世界,清净庄严得多了!佛在因中,立下这样的大愿。为了实现这样的理想,广行菩萨道,从自利利他中去完成。这不是往生净土,而是建设净土。这可说是最极理想的社会了!

二　东方净土与中华政治理想

东方净土,受琉璃光如来、日月遍照菩萨的化导。佛菩萨的光临净土,如虚空明净,日月辉光一样,象征这国土的清净与光明。中国的政治社会,从来也有这种理想,只是没有佛法所说的具体。古时帝舜作《卿云歌》说:"卿云烂兮,纠缦缦兮,日月光华,旦复旦兮"——以天像的瑞兆,来象征国家的治平。民国初

年,曾用此为国歌。如赞誉政治的修明(帝王的贤明),每说:
"尧天舜日","光天化日"。陈后主的"日月光天德,山河壮帝
居",也是赞美君王的圣明。唐代的武则天,君临天下,自己起
个名字叫"曌",也就是日月临空,光照天下,以表示她政治的抱
负。中华民国的国旗,还是"青天白日"。所以,青天(琉璃光)
与日月辉光象征理想的政治社会,实是佛教与中国人的共同愿
望。琉璃光如来发十二大愿(净土的建设计划),已经实现了东
方净土,为人间净土的典范。大乘行者,应共同为这伟大理想而
努力!

四 东方净土之辉光此土

现在,再说到东方净土,药师琉璃光佛的光明威德,加被我
们这娑婆世界的众生。东方与西方净土,在摄化娑婆众生方面,
是不同的。西方净土,从西方落日,生起清净世界,阿弥陀佛,观
音、势至二菩萨。这如太阳的落山,所以着重摄受众生,作为死
后的归宿。西方表示肃杀,像秋冬一到,草木都枯萎凋谢。但这
种萎落,当下即是新生机的开始。所以,西方净土是无量光明
藏,也是进入光明的开始。往生西方的,亲近佛菩萨,一直向佛
道进修。而东方是表示生长,是光明(神圣)的出现处,如《易》
说:"帝出乎震。"东方药师琉璃光佛,是无量清净光明体。除了
净土的庄严与净土众生的福乐上进而外,还加被娑婆世界的众
生,好像天上的日月,光明照耀到大地来一样。所以东方净土的
摄受此土众生,不但死后得安稳,现生也能免除种种灾难危厄。

如于佛法没有正见，或破戒的，悭贪嫉妒的，误入外道邪魔歧途的，造作种种恶业的，都可依琉璃光如来的威光加被，而改邪归正，转迷启悟，获得新生。这或者修人天行，或修二乘行，或修菩萨行；求往生西方净土而不能成就的，也能承琉璃光佛的威光，于临命终时，为八大菩萨所摄引而到达西方。东方净土，如天色黎明，百事俱兴。常持《药师经》、药师佛号、药师咒，都能得佛力的加持。所以东方净土不但为人间的理想国，在现实困迫灾祸的人间，能蒙佛力的救护。这可见东方净土的法门，是如何的广大！

五　东方净土之表征自心

依天界而表现的东方净土，及佛菩萨威光的加被此土众生，似乎佛与净土是外在的。这当然可以这样说，但还有深刻的意义。一切宗教，都外依境界而启发内在的。人类有平等自由、永恒安乐的理想，有超越现实苦迫的愿望，所以出现种种宗教，但总是拟想为外在的神与神国，而摄引人去归向。佛法所说的佛与净土，是我们的师范，理想世界；但同时，并非向外驰求，而是内在德行的体现，能达到与佛一样的究竟圆满。这才是宗教的究极意趣！外教虽有神与天国，但信他学他，最多是进入神国，与神同在。其实，神是神，你是你，你永远是不彻底不平等的被统治者。这不能算是究竟圆满的宗教！

现实不彻底的一切苦迫，净化而到达圆满境地，即是成佛，佛是自心的究竟清净。因此，或说"心即是佛"，或说"唯心净土"。有些误解了，抹煞外在的净土，这是不对的。法性身土虽没有彼此差别，但不能没有其他的净土与诸佛；不能因自心的佛净土，而否认其他的一切。

从自己身心来说，东方净土表征些什么呢？众生是愚昧的，颠倒的，没有实在的我法，而执著实我与实法。这不能通达法性——空性，就是无明。有了无明，即生死流转，苦苦不已。这如有了云雾，就不见虚空的真相；虚空是那样的暗昧。到成佛，觉证了法界的清净真相，才不为无明所蔽。如虚空的云消雾散，是那样的明净。觉（慧）证清净法界性——胜义谛，迷了即成世俗谛。梵文中，俗谛含有隐覆的意思，所以说："无明覆真故世俗"。这如带上凹凸镜，所见的都不正确一样。依龙树论说：如悟了无明的实性，无明就是般若（明）；如不悟，般若也成为无明。所以即暗昧的虚空为明净的；即迷昧了的众生，如觉了法性清净，究竟圆满，是琉璃光佛。

众生无明为本，而有两大烦恼——爱与见。见是知解的、见解的种种偏执。爱是情感的，对自我及外境贪恋不舍。所以烦恼有见所断、修所断二类。经说烦恼有五住地：见一处住地、欲爱住地、色爱住地、有爱住地、无明住地。无明住地（虚空暗昧）为本依，而有见、爱（如云如雾）；见是我见法见，爱是我爱法爱。到了证入清净法性，两大烦恼就转为两大德性。见是如实正见，就是般若、菩提；爱净化而为慈悲。智慧如日光的遍照成事，慈悲如月光的清凉荫物。这就是东方净土中，日光遍照与月光遍照二大菩萨所表征的德性。

还有八大菩萨，在凡夫位，即有漏八识或八邪道；觉悟时，成无漏八识（或名四智）或八正道。约"八正道行入涅槃"说，表征八正道的导向寂灭，更为妥贴。又迷于见，著于爱，引起无边的烦恼；这些烦恼（八万四千），如无数星宿的隐没暗淡。空界明净时，无数星宿辉光，那就是觉证清净法界，成就一切（八万四千）功德了！

东方净土的表征自心，可说是佛法的特色。从众生的本性清净（本性空），而显出烦恼即菩提，生死即涅槃；无明爱见等一切烦恼的转化，就是佛果的无边功德。如来藏（佛性）法门，特别指出众生心本具清净德性，智慧光明，所以不仅是心本净性，而且是心光明性。这是直指生死杂染的当下，本有净明；明暗、染净，只是迷悟而已。如风雨之夜，光明不显，只是被乌云遮蔽了。而我们能见黑暗，也还是由于微弱的光；没有光，黑暗也说不上了。这样，暗染不离明净，离愚痴杂染，就没有智慧清净。众生本具明净的可能性，这才自发地现起求明求净的意欲，也才有成佛的理想与实现。所以，佛法的深义，是以外在的诸佛与净土为增上缘，作为开发自心光明种种功德的典范；而又以自心胜德为因缘，直从自己本身去体现，以达到内外一如、心境不二、生佛无别的境地。总之，若专向外求，而不知直向自身去掘发，如自身有宝而向他求乞，失却佛教的真价值，类如神教的归向于天神求生于天国了。反之，如了解宗教的究极意趣，那么仰望神力与求生天国的神教，病在不能彻底体认自己，如雾里看花，近似而不够真切。如能彻了究竟，才知一切宗教的崇仰——神与天国等，都不外众生本具明净性德的内熏而表达出来。这所以《楞伽经》列举印度宗教的梵、自在、因陀罗等神，而说世人只知崇拜，而不知道就是佛。

　　在人智不断进步的现在到将来，拟人的神教，必然地归于消失。真正的宗教——佛教，将成为一切人的依怙。

　　（录自《净土与禅》，131—163 页，本版 87—109 页。）

六 东西二大净土之比较

一 阿閦·阿弥陀·大目

初期大乘经中,占有重要地位的三位佛陀:

一、阿閦佛(Akṣobhya),是他方佛之一,在初期大乘佛法中有极重要的地位。从阿閦佛的因位发愿及实现净土的特征,可以明白地看到释尊时代一位圣者的形象。阿閦佛的本愿与净土有什么特色?据《阿閦佛国经》说:从前,东方有阿毗罗提(Abhirati,甚可爱乐的意思)国土,大目(或译广目)如来出世,说菩萨六波罗蜜。那时有一位比丘,愿意修学菩萨行。大目如来对他说:"学诸菩萨道者甚亦难。所以者何?菩萨于一切人民,及蜎飞蠕动之类,不得有嗔恚。"这位比丘听了,当下就发真实誓言说:

> "我从今以往,发无上正真道意。……当令无谀谄,所语至诚,所言无异。唯!天中天!我发是萨芸若意,审如是愿为无上正真道者,若于一切人民、蜎飞蠕动之类,起是嗔恚,……乃至成最正觉,我为欺是诸佛世尊!"

这位比丘立下不起嗔恚的誓愿,所以大家就"名之为阿閦",阿閦是无嗔恚、无忿怒的意思,也可解说为不为嗔恚所动,所以或译为"不动"。阿閦菩萨所发的大愿当然还多,而不起嗔恚——于一切众生起慈悲心,是菩萨道的根本愿,所以立名为阿閦。在阿閦菩萨的誓愿中,有一项非常突出的誓愿是:"世间母人有诸恶露。我成最正觉时,我佛刹中母人有诸恶露者,我为欺是诸佛世尊。"等到成佛时,"阿閦佛刹女人,妊身产时,身不疲极,意不念疲极,但念安隐。亦无有苦,其女人一切亦无有诸苦,亦无有臭处恶露。舍利弗! 是为阿閦如来昔时愿所致"。阿閦菩萨发愿修行,以无嗔恚为本,而注意到女人痛苦的解除。大乘佛法兴起时,显然不满于女人所受的不幸、不平等。所以初期的大乘经,每发愿来生脱离女身,或现生转女成男。这似乎不满女人的遭受,而引起了厌恶自卑感,然而阿閦菩萨的意愿却大不相同。何必转为男人? 只要解免女人身体及生产所有的苦痛,女人还是女人,在世间,论修证,有什么不如男子呢!

阿閦菩萨的愿行,与释尊时代的鸯掘摩(Aṅguli-māla)非常类似。鸯掘摩本是一位好杀害人的恶贼,受到释尊的感化,放下刀杖而出家,修证得阿罗汉果。因为他曾经是恶贼,伤害很多人,所以出去乞食,每每被人咒骂或加以伤害,可是他一点也不起嗔心。一次,鸯掘摩出去乞食,见到妇人难产的痛苦,生起了"有情实苦"的同情。同来告诉释尊,释尊要他去以真实誓言,解除产妇的苦痛。如《中部》(八六)《鸯掘摩经》(南传一一上·一三九)说:

"妇人! 我得圣生以来,不故意夺生类命。若是真实语者,汝平安,得平安生产!"

鸯掘摩的真实誓言——从佛法新生以来,不曾故意伤害众生的生命。就这样,妊妇得到了平安。这与阿閦菩萨的真实誓愿,"妊身产时,……无有诸苦",可说完全一致。鸯掘摩曾作偈(南传一一上·一四一)说:

"我先杀害者,今称不害者。我今名真实,我不害于人。"

阿閦菩萨发愿,从此名为"阿閦";鸯掘摩出家成圣,从此名为"不害"。阿閦与不害(Ahiṁsā),梵语虽不同,而意义是相近的。舍去从前的名字,得一新名字,鸯掘摩与阿閦也是同样的。阿閦的愿行与净土,是从不起一念嗔恚伤害心而来。释尊的感化鸯掘摩,真可说"放下屠刀,立地成佛",这是佛教最著名的故事。佛使他不再起残杀伤害心,又结合了用真实誓言救济产难的故事,更加动人,传布也更普遍。这是人间的普遍愿望,而表现在鸯掘摩身上。这种人类的共同愿望,深化而具体表现出来,就成为大乘经中阿閦菩萨与阿閦净土的特征。

二、初期大乘的著名佛土,东方阿閦佛土外,要推西方的阿弥陀佛土。阿弥陀佛出现的时代,要比阿閦佛迟些。在大乘佛教中,阿弥陀有重要的地位,研究的人非常多。阿弥陀佛的出现,有人从外来的影响去探索。我以为,先应从阿弥陀佛的发愿去理解,正如从阿閦佛发愿的故事去了解一样。阿弥陀佛发愿,成就净土以及往生的经典,以大本《阿弥陀经》为主。这又有多种译本,大要可分二十四愿本、四十八愿本,以二十四愿本为古本。今依古本《阿弥陀三耶三佛萨楼佛檀过度人道经》(异译名

《无量清净平等觉经》)说:过去有楼夷亘罗(Lokeśvara-rāja)——世自在王佛出世说法,那时的大国王(轮王)发心出家,名昙无迦(Dharmâkara)——法藏(或译"法积")比丘。法藏比丘发成佛的愿,他的根本意愿,如《经》卷上(大正一二·三〇〇下——三〇一上)说:

> "令我后作佛时,于八方上下诸无央数佛中最尊。……都胜诸佛国。"

法藏比丘的愿望,是在十方佛土中,自己的净土最胜最妙;在十方无央数佛中,阿弥陀佛第一。愿力的特征,是胜过一切佛,胜过一切净土。《大阿弥陀经》以为,"前世宿命求道,为菩萨时所愿功德,各自有大小。至其然后作佛时,各自得之,是故令光明转不同等。诸佛威神同等耳,自在意所欲作为,不豫计"。这是主张佛的威神(应包括定、慧、神通)是平等的,都不用寻思分别,自然无功用地成办一切佛事,但光明等是随因中的愿力而大小不同的。这一见解,近于安达罗派,如《论事》(南传五八·四一一)说:

> "诸佛身、寿量、光明不同,有胜有劣。"

佛的身量、寿量、光明,随因中的愿力而不同。法藏比丘就在这一思想下,要成为最第一的。阿弥陀佛的光明,经中用一千多字来说明他的超胜一切,如《经》卷上(大正一二·三〇二中——三〇三上)说:

> "阿弥陀佛光明,最尊、第一、无比,诸佛光明皆所不及

也。……诸佛光明中之极明也！……诸佛中之王也！"

阿弥陀佛，是无量佛中的最上佛——"诸佛中之王"。他的发愿成就净土，也是这样。法藏比丘"选择二百一十亿佛国"，采取这么多的佛国为参考，选择这些佛土的优胜处，综集为自己净土的蓝图。这是以无量佛土的胜妙，集成阿弥陀佛的须摩提（Sukhāvatī）国土，无量佛土中最清净的佛土。"胜过一切，唯我第一"的雄心大愿，是阿弥陀佛的根本特性。

法藏比丘发愿，成立一最妙的国土，以净土来化度众生。这一理念，要以他方无量佛、无量佛土为前提，所以法藏比丘——阿弥陀佛本生，不可能太早，约出现于大乘兴起以后。起初，在菩萨历劫修行的思想下，传出无量"本生"与"譬喻"，都是释尊过去生中的事迹。菩萨所亲近的佛，从七佛而向前推，成立十四佛、二十四佛——佛佛的次第相续；佛的身量、光明与寿量，是各各不同的。自从大众部传出十方佛说，同时有多佛出世，于是又有他方佛、他方佛土的传出。传说是从多方面传出的，在不同的传出者，都觉得这一佛土与佛，比起现实人间的佛土，是极其胜妙的。但在多数佛与多数佛土的彼此对比下，发现了他方诸佛的身量、寿量、光明是彼此差别不同的。佛土的清净庄严，传说的也并不相同。传说中的差别情况，就是安达罗派佛身有优劣的思想根源。进入大乘时代，他方佛土的清净庄严，继承传说，也就差别不同。对于这一差别现象，或者基于"佛佛平等"的一贯理念，认为究竟的佛与佛土是不可能差别的，佛身与佛土的差别，不过为了适应众生的根机（应化）而已。如来最不可思议，如《密迹金刚力士经》所说。或者觉得，现有（传说中）的佛与佛土有胜劣差别,都还不够理想、圆满,于是要发愿成就,胜过一切佛,胜过一切佛土,出现了阿弥陀佛本生——法藏比丘故事。依现在看来,法藏比丘所成的佛土,并不太高妙。如净土中有声闻与辟支;虽说佛寿命无量,而终于入般涅槃,由观世音继位作佛。但在当时,应该是最高妙的了。这是基于现在十方佛的差别(所以不可能是最早的),而引发出成为"诸佛中之王也"——最究竟、最圆满的大愿望。如从适应印度宗教文化的观点来说,阿弥陀佛本生——法藏比丘发愿,成就净土,化度一切众生,是深受拜一神教的影响;在精神上,与"佛佛平等"说不同。

阿弥陀佛与太阳神话是不无关系的(受到了波斯文化的影响)。以印度而论,印度是有太阳神话的。象征太阳光明遍照的毗卢遮那,是印度宗教固有的名词,大乘佛教引用为究竟圆满佛的德名。佛是觉者,圣者的正觉现前,称为"眼生、智生、慧生、明生、光明生";汉译作"生眼、智、明、觉"。明与光明,象征圣者的证智,是"原始佛教"所说的。象征佛的慧光普照,而有身光遍照的传说。原来印度的神——天(deva),也是从天上的光明而来的,所以光明的天、光明的佛,在佛法适应神教的意义上,有了融合的倾向。在光明中,应推太阳为第一,如《阿弥陀三耶三佛萨楼佛檀过度人道经》卷下(大正一二·三一六中——下)说:

"西向拜,当日所没处,为弥陀佛作礼,以头脑着地言:南无阿弥陀三耶三佛檀!"

阿弥陀在西方,所以向落日处礼拜。到傍晚,西方的晚霞是多么美丽！等到日落,此地是一片黑暗,想像中的彼土却是无限光明。比对现实世间的苦难,激发出崇仰彼土,极乐世界的福乐,而求生彼土。在这种宗教思想中,从神话而来的太阳,被融摄于无量光明的阿弥陀佛。阿弥陀的意义是"无量";古本说"阿弥陀三耶三佛",是"无量等正觉者";别译本作"无量清净平等觉",可见阿弥陀是略称。本经提到落日,以一千多字来叙赞阿弥陀佛的光明,古本是着重无量光的。无量光(Amitābha,Amitāyus),是阿弥陀佛的全名。在赞叹阿弥陀佛的光明中,《大乘无量寿庄严经》有"无垢清净光";《无量寿经》立阿弥陀佛十二名,有"清净光佛"。光的原语为ābhā,清净的原语,或作śubha,可能由于音声的相近,所以古人译"无量光"为"无量清净"。起初是"无量光",后来多数写作Amitāyus——无量寿,是适应人类生命意欲的无限性,如"长生"、"永生"一样。总之,阿弥陀佛及其净土,是面对他方佛与佛土的种种差别,与拜一神教的思想相呼应,而出现诸佛之雄、最完善国土的愿望。以日光的照明彼土,反显此土的苦难,而引发往生的救济思想:这是阿弥陀佛本生——法藏比丘发愿的真实意义。阿弥陀佛国土的传布,引起佛教界的不同反应,于是有更多的阿弥陀佛本生的传出,表示对阿弥陀佛净土的见解。

三、阿閦佛土与阿弥陀佛土,为初期大乘的东西二大净土。一经传布出来,必然要引起教界的反应,于是有更多的本生传说出来。《贤劫经》说:过去,使众无忧悦音王,护持无限量法音法师。无限量法音法师,是阿弥陀佛前身;使众无忧悦音王,是阿閦佛的前身。这是阿弥陀为师,而阿閦为弟子了。《决定总持经》说:过去的月施国王,从辩积法师听法。辩积是阿閦佛前身,月施是阿弥陀佛前身。这是阿閦为师,阿弥陀为弟子了。东西净土的二佛,有相互为师弟的关系。上面说到,《阿閦佛国经》说当时阿閦菩萨是从大目如来听法而发愿的。《阿弥陀经》说法藏比丘从世自在王佛发心,而《贤劫经》说:净福报众音王子,从无量德辩幢英变音法师听法。净福报众音王子是阿弥陀佛前身,无量德辩幢英变音法师是大目如来前身。阿弥陀佛也以大目如来为师,与阿閦佛一样。这一本生,是从互相为师弟的关系,进一步而达到了共同的根源。"大目",唐译《不动如来会》作"广目"。大目或广目的原语,虽没有确定,但可推定为卢遮那。毗(vi)是"最高显"的,卢遮(舍)那(Rocana)是"广眼藏"的意思,广眼就是广目或大目。阿閦与阿弥陀都出于大目,可说都是毗卢遮那所流出的。毗卢遮那如日轮的遍照,那么东方净土的阿閦佛,象征日出东方。阿閦住于无嗔恚心而不动,是菩提心。菩提心为本,起一切菩萨行,如日轮从东方升起,光照大地,能成办一切事业。阿弥陀佛土如日落西方,彼土——那边的光明无量。从日出到日没,又从日没到日出,所以阿閦佛与阿弥陀佛有互为师弟的意义。二佛都出于大目如来,那是以释尊究竟的佛德为本,方便设化,出现东西净土。古代的本生话,是直觉到这些意义,而表示于本生话中的。

（录自《初期大乘佛教之起源与开展》,475—482页,本版405—413页。）

二　净土与誓愿

《多界经》说："无处无位,非前非后,有二如来应正等觉出现于世;有处有位,唯一如来。""唯一如来"的经说,部派间有不同的意见:如说一切有部,肯定地以为,在同一时间,唯有一佛出世,佛的教化力是可以达到一切世界的。大众部以为,经上所说的"唯一如来",是约一三千大千世界说的;在其他的三千大千世界里,可以有多佛同时出世的。有佛出世的他方世界,就这样的流传起来。大乘佛教的多佛多世界,他方佛世界,起初当然是大众部所说那样的。释尊教化的(三千大千)世界,名为娑婆(Sahā),是缺陷多、苦难多的世界。传说的他方世界,都是非常清净庄严的。他方也有秽土的,只是不符合人类的愿望,所以没有被传说记录下来而已。他方清净佛土,到底是比对现实世界——释迦佛土的缺陷(如《阿閦佛国经》说),而表现出佛弟子的共同愿望。"天视自我民视,天听自我民听",我想,依佛的愿力而实现为净土,不外乎依人类的愿望,而表现为佛的本愿。

佛法的本质,是以身心的修持,达成苦痛的解脱,是不离道德的、智慧的宗教。说到人类的苦痛,有的来于自己的身心——贪嗔痴,老病死,传说佛是为此而出世的。有的来于自他的关系——社会的,或爱或恨,都不免于苦痛。有来于物我的关系——自然界的缺陷,生活资具的不合意,不能满足自己的欲求。佛要人"知苦",在部派佛教中,"苦"已被分类为生苦,老苦,病苦,死苦;爱别离苦,怨憎会苦;所求不得苦。解脱忧悲苦恼的原则,是"心杂染故有情杂染,心清净故有情清净"。心离烦恼,不再为老病死苦所恼,实现众苦永灭的涅槃。这是圣者们的修证,与身心修证同时,对于(众生)人类的苦难——社会的、自然界的苦难,要求能一齐解除的,那就是佛教净土思想的根源。上面曾说到:净土思想的渊源,有北拘卢洲(Uttara-kura)式的自然,那是从原始山地生活的怀念而来的;有天国式的庄严,那是与人间帝王的富贵相对应的。这是印度旧有的,但经过佛化了的。北洲与天国,可惜都没有佛法! 有佛出世说法的净土,以弥勒的人间净土为先声。等到他方佛世界说兴起,于是有北洲式的自然,天国式的庄严,有佛出世说法,成为一般佛弟子仰望中的乐土。

　　净土,是比对现实世间的缺陷,而表达出理想的世界。佛法的意见,为了维持人与人间的秩序与和平,所以世间出现了王,王是被称为"平等王"的。佛法有轮王的传说,与未来弥勒成佛说法相结合,成为佛教早期的人间净土。经典编入《中阿含》或《长部》,可见传说的古老。依《说本经》说,将来人寿八万岁时,阎浮提洲(我们住的世界)由于海水的减退,幅员比现在要大得多。那时,人口众多,安稳丰乐。《大毗婆沙论》所依的经本,说到"地平如掌,无有比(坎?)坑砂砾毒刺。人皆和睦,慈心相向"。当时的转轮王,名"螺"。轮王是不用刀兵,统一四天下,以正法(道德的,如五戒)化世的。如有贫穷的,由王以生活资具供给他。在这德化的和平大同世界里,什么都好,只有"寒热,大小便,(淫)欲,饮食,老"的缺陷。弥勒佛在那时出世说法(佛法是与释尊所说的一致),政治与宗教(佛法),都达到了最理想的时代。这是佛教初期,从现实人间的、佛法的立场,表现出人间净土的理想。

净土,是理想的修道场所。在这里,修道者一定能达成崇高的理想,这是佛弟子崇仰净土的真正理由。释尊出生于印度(阎浮提),自然与社会,都不够理想,佛弟子的修行也因此而有太多的障碍。政治与佛法,都达到理想的弥勒净土,还在遥远的未来。阿育王被歌颂为轮王的时代,迅速地过去。现实的政治与佛教,都有"每下愈况"的情形。我以为,大乘净土的发展,是在他方佛世界的传说下,由于对现实世界的失望,而寄望于他方的理想世界。在大乘净土中,阿閦佛净土是较早的,他还保有人间净土的某些特性。阿閦佛净土中,是有女人的,只是没有女人的过失、不净(也没有男人的不净)、生育的苦痛。人间的享受,与天上一样;佛出人间,所以人间比天上更好。这是人间净土的情况,但为什么又引向他方净土呢?以释尊的时代来说,社会有政治的组合,佛没有厌弃王臣,而是将希望寄托于较好的轮王——王道的政治。对佛法,佛出家时,佛最初摄受弟子时,还没有律制。为了"正法久住",释尊"依法摄僧",使出家者过着集团的生活。"戒律",不只是道德的、生活的轨范,也是大众共住的制度。"僧事",是众人的事,由出家大众,依"羯磨"(会议办事)来处理一切。简单地说,佛教的出家僧众,在集体生活中,过着平等、民主、自由、法治的修道生活。这种多数的律仪生活,在佛塔、寺院中心发展起来,渐成为"近聚落比丘"、"聚落比丘"。重于法制的形仪,不免忽略修证,终于(佛法越兴盛)戒律越严密,僧品越低落。传说摩诃迦叶,早就提出了疑问。僧团中,出家,受戒,说戒,犯罪的忏悔;为了衣、钵、食、住处而繁忙。特别是犯罪、说罪,或由于论议的意见不合,引起僧团的诤执与分裂。传统的"律仪行",部派分裂,在少数专修的阿兰若、头陀行者,是不能同意的。对这"律仪行"而崇仰"阿兰若行",于是阿閦净土中,声闻人没有律仪生活,如《阿閦佛国经》卷上(大正一一·七五七下)说:

> "其刹众弟子,终无有贡高憍慢,不如此刹诸弟子,于精舍行律。……诸弟子不贪饮食,亦不贪衣钵,亦不贪众欲,亦不贪著也。为说善事行,所以者何?用少欲知止足故。舍利弗!阿閦佛不复授诸弟子戒;……是诸弟子但以苦空非常非身以是为戒。其刹亦无有受戒事,譬如是刹正士,于我法中除须发,少欲而受我戒。所以者何?其阿閦佛刹诸弟子,得自在聚会,无有怨仇。舍利弗!阿閦佛刹诸弟子,不共作行。便独行道,不乐共行,但行诸善。"

阿閦净土的声闻弟子,不在精舍行律,不受戒,也不用剃除须发,只是少欲知足,"独住"地精进修行。"得自在聚会,无有怨仇",是无诤的意思。菩萨出家的,也是"不在舍止",过着阿兰若式的生活。总之,释尊在此土人间的僧制,由于净土"诸弟子,一切皆无有罪恶者",一切都不用了。戒律,原是为了过失罪恶而制的。净土的修行,使我们想起了释尊当时的修道(四清净),及初期弟子众的修行(八正道)情况。

社会方面,阿閦佛净土是没有政治形态的,如说:"如欝单曰天下人民无有王治,如是舍利弗!阿閦如来无所著等正觉佛刹无有王,但有阿閦如来天中天法王。"超越政治组织,没有国王,在传说上,受到北拘卢洲自然生活的影响。对现实世界来说,自阿育王以后,印度的政局混乱已极,特别是大乘勃兴的北方。希腊(Yavana)、波斯(安息 Pahlava)、赊迦(Sakas)人,不同民族先后地侵入印度。"三恶王"入侵,使民生困苦,佛教也受到伤害。佛教的圣者,作出了"法灭"的预言。对于现实政治,失望极了,于是北洲式的原始生活,表现于阿閦佛国中的,就是没有国王。国王,是为了维持和平与秩序,增进人民的利益而存在的,但在净土的崇高理想中,和平、秩序与利益,是当然能得到的,那也就没有"王治"的必要了。社会困苦与混乱的原因,主要是生活艰苦与掠夺。在阿閦净土中,没有"治生者","贩卖往来者",衣食都是精美而现成的,享受与天人一样。住处,是七宝所成的精舍;床与卧具,女人所用的珠玑璎珞,都自然而有,满足了人类的一切需要。一方面,女人没有女人的过失、不净与生产的苦痛。大家都"不著爱欲淫妷",连音乐也没有淫声,这就自然消除了男女间的纠纷与苦恼。在净土中,没有一切疾病;没有恶色的(印度的种姓阶级,从肤色的差别而来,没有色的优劣,就没有种族与阶级的分别);没有丑陋的(身体的残障在内);没有拘闭牢狱的事;也没有外道的异端邪说。生在阿閦佛净土的,虽只是"淫怒痴薄",却是"一切无有罪恶者"。没有罪恶的理想社会,也就没有王政与僧团的必要。这一净土形相,为一般佛净土的共同形式。还有,阿閦净土是没有三恶道的,与《阿弥陀经》所说的一样。"其地平正,生树木无有高下,无有山陵溪谷,亦无有砾石崩山。其地行,足踏其上即陷,适举足便还复如故。"有八功德水的浴池。气候不冷不热;徐风吹动,随着人的意愿,树木吹出了微妙的音乐。佛的光明,遍照三千大千世界,用七宝金色莲花来庄严。对国土、树林、浴池、楼观、香花、光明、音声等庄严,没有《阿弥陀经》那样的七宝庄严,详细地写出。大概《阿弥陀经》为斋戒的信行人说,所以应机而说得更详细些。

净土的内容,阿弥陀净土有了进一步的东西。1."女人往生,即化作男子"。这与"下品般若"的恒伽天女,受记作佛,就"今转女身,得为男子,生阿閦佛土"一样。社会上,重男轻女;佛教女性,厌恶女身的情绪很深,有转女成男的信仰。于是超越了男女共住的净土,进而为(色界天式的)纯男无女的净土。2. 阿閦净土但说佛成佛时,即使没有天眼的,也能见到佛的光明。生在阿弥陀佛净土的,菩萨与阿罗汉,都有宿命、天眼、天耳、他心等神通。3. 阿閦佛净土,着重于声闻的究竟解脱,菩萨的阿惟越致。阿弥陀净土却说:阿罗汉与菩萨都是"寿命无央数劫";而阿弥陀佛寿命的无量,更是着力写出的重点。4. 净土没有三恶道,所以没有鸟兽。但飞鸟的美丽,鸣音的和雅,不是能增添净土的美感吗?所以后起的《观无量寿佛经》说:"水鸟树林,……皆演妙法。"这不是净土有恶道吗? 小本《阿弥陀经》说:"汝勿谓此鸟实是罪报所生! ……是诸众鸟,皆是阿弥陀佛欲令法音宣流,变化所作。"于是净土有了众鸟和鸣,宣说妙法的庄严。从净土思想发展来说,面对我们这个世界的缺陷,而愿将来佛土的庄严,是"下品般若"、《阿閦佛国经》所同的。阿閦佛净土,保有男女共住净土,及人间胜过天上的古义。《阿弥陀

经》是比对种种净土，而立愿实现一没有女人的，更完善的净
土。在这点上，应该比《般若》、《阿閦》的净土思想要迟一些。
当然，色界天式的七宝庄严，纯男性的世界，在印度佛教是早已
有之的。

　　大乘净土法门，与本愿（pūrva-praṇidhāna）有关。本愿，是
菩萨在往昔生中，当初所立的誓愿。菩萨的本愿，本来是通于自
利利他的一切，但一般净土行者特重净土的本愿，本愿也就渐渐
地被作为净土愿了。净土所以重视本愿，是可以理解的。原始
佛教所传的七佛，佛的究竟圆满当然是相同的，但佛的寿量、身
量、光明，度化弟子的多少，佛与佛是不同的。这也许是不值得
深究的，但释尊的时代，社会并不理想，佛教所遇的障碍也相当
多，于是唤起了新的希望（愿），未来弥勒成佛时，是一个相当理
想的世界。弥勒的人间净土出现了，又发生了弥勒为什么在净
土成佛，释尊为什么在秽土成佛的问题，结论为菩萨当初的誓愿
不同，如法藏部《佛本行集经》所说。依菩萨的本愿不同，成就
的国土也不同。传说的十方佛净土，并不完全相同，这当然也归
于当初的愿力。还有，佛法是在这不理想的现实世界中流传的。
修菩萨行的，为了要救度一切众生，面对当前的不理想，自然会
有未来的理想愿望。在菩萨道流行后（透过北洲式的自然、天
国式的庄严），庄严国土的愿望，是会发生起来的。所以说到未
来的佛土，都会或多或少地说到了菩萨的本愿。

　　阿弥陀净土法门，汉译与吴译本，是二十四愿；赵宋译本为
三十六愿；魏译与唐译本（及梵本）是四十八愿。二十四、三十
六、四十八，数目是那样的层次增加！《大乘佛教思想论》，见到

《小品般若经》的六愿、《大品般若经》的三十愿,于是推想为:本愿是以六为基数,经层级的增加而完成,也就是从六愿、十二愿、十八愿、二十四愿、三十愿、三十六愿、四十二愿,到四十八愿。该作者竟然在《阿閦佛国经》中找到了十二愿、十八愿,于是最可遗憾的,就是没有发现四十二愿说了。不过,这一构想,与事实是有出入的! 如《阿閦佛国经》的十二愿,是无关于净土的菩萨自行愿。《大乘佛教思想论》解说为十八愿的,学者的意见不同,或作二十愿,或作二十一愿,实际上,并没有确定的数目。而且在《诸菩萨学成品》中,也有说到本愿的。所以,以六为基数的发展说,只是假想而已! 从经典看来,菩萨所立的佛国清净愿,如《阿閦佛国经》,没有预存多少愿数目的意思。在净土本愿流行后,于是有整理为多少愿的,如《阿弥陀经》说:"昙摩迦便一其心,即得天眼彻视,悉自见二百一十亿诸佛国中,诸天人民之善恶,国土之好丑,即选择心中所愿,便结得是二十四愿经,则奉行之。"对不同净土的不同形态,加一番选择,然后归纳为二十四愿。结为二十四愿,正是整理成二十四愿。所以菩萨本愿的发展,是多方面的。或是自行愿,如普贤的十大愿,也是自行愿的一类。或是净佛国愿,有的说多少就多少,有的整理成一定的数目,不可一概而论。

　　佛国清净愿,最初集出来的,应该是《阿閦佛国经》,及"下品般若"经。《阿閦佛国经》中,菩萨发愿,是分为三大段的。起初,比丘在大目如来前立愿:于一切人不起嗔恚,不起二乘意,不念五盖,不念十不善行。从此,这位比丘被称为阿閦菩萨。从不起嗔恚得名,这是最根本的誓愿。接着,菩萨发自行愿,也就是被数为十二愿的。大目如来为阿閦菩萨保证,能这样立愿修行,一定能够成佛。然后,阿閦菩萨立愿:一、(自己因中不说四众过)将来成佛时,弟子们没有犯罪恶的。二、(自己因中不漏泄)菩萨出家者,于梦中不失精。三、妇女没有恶露不净。于是如来为阿閦菩萨授记。菩萨经发愿、授记、修行,等到成佛时,佛刹的种种严净,经上都说是阿閦如来的本愿力。但明确说到佛国清净的,只是末后所立的三愿。"下品般若"的净佛国土愿,实际仅有五愿。从菩萨修行深法,不怖不畏,而说到对可怖畏事而立愿。1. 在恶兽中,愿未来的佛世界,没有畜生道。2. 在怨贼中,愿没有怨贼与寇恶。3. 在无水处,愿自然而有八功德水。4. 在饥馑中,愿能得随意饮食,如天上一样。5. 在疾疫处,愿众生没有三病——一切病。6. 怕佛道的久远难成,应该念时劫虽久远,但不离当前的一念。初愿与布施度有关,第二愿与忍辱度有关,其他都没有说到六度。"阿閦"的三愿,是面对此土的佛教而发;"般若"是修菩萨道的阿兰若行者,面对自身的处境而发的。阿兰若行者,在林野修行,有被恶兽吞啖、盗贼劫掠与伤害的恐怖。没有水、饥荒、疫病的地方,都是出家修行人的可怖畏处。所以面对这些恐怖,愿在未来佛世界中,没有这些苦难(就容易修道)。菩萨道要经历劫生死的修行,是初学所为难的(易行的思想,由此而滋长起来)。这六则都由可怖畏而起,而前五属于净佛国土愿。与阿閦三愿的用意不同,与《阿弥陀经》本愿的意趣更远。总之,"下品般若"是五愿,并不是与六度相对的六愿。

阿弥陀的二十四愿,比阿閦佛国的三愿、"下品般若"的五愿,不但内容充实,而更有独到的意境。阿弥陀佛本愿,是选择二百一十亿国土而结成的。虽然净佛国愿,都存有超胜秽土的意识根源,但在形式上,弥陀本愿,不是比对秽土而是比对其他净土的。要创建一理想的世界,为一切净土中最殊胜的。《阿弥陀经》中,对七宝的国土、楼观、浴池、树林、衣服、饮食、香花、光明、音乐,都叙说得非常详细,可说是相当艺术化的,但二十四愿的重心,却不在这些。依愿文,这是一切国土中最理想的。所以说:(十七愿)“令我洞视(天眼通)、彻听(天耳通)、飞行(神足通),十倍胜于诸佛。”(十八愿)“令我智慧说经行道,十倍于诸佛。”(二十四愿)“令我顶中光明……绝胜诸佛。”所以阿弥陀佛是“诸佛中之王也”!生在阿弥陀佛国的菩萨、阿罗汉,(十五愿)身相如佛;(十六愿)说经、行道如佛;(二十愿)数目非常多;(二十一愿)寿命无央数劫;(二十二愿)有种种神通;(二十三愿)顶中有光明。佛与生在阿弥陀佛国的菩萨、阿罗汉,是那样的殊胜,所以(四愿)说:十方佛都称说阿弥陀佛,“闻我名字,……皆令来生我国”。与三辈往生相当的,是七、六、五愿。又二十四愿说,“见我光明,……皆令来生我国”。愿众生来生阿弥陀佛国的,共有五愿。这是阿弥陀佛本愿的特出处:有胜过一切佛的佛,胜过一切国土的世界,目的在让大家生到这里来。这一本愿的意趣,与《阿閦佛国经》、“下品般若”经的净土愿是完全不同的,适应不同根性而开展出来的。虽在二十四愿中,(一)没有三恶道;(九)面目同一色类;(十一)没有淫怒痴;(十四)饮食自然,与阿閦佛土一样,但这是一般的,不一定有相互参考的意义。

"中品般若"是依"下品般若"而再编集的。"下品般若"的
净佛国土愿，仅有五愿（共为六事），"中品般若"充实为三十愿。
前六愿是别依六度的一度，或以为大体与"下（小）品"的六愿相
当。然切实比对起来，三十愿的初愿，资生具自然；八愿，没有恶
道；二十五愿，没有三毒四病；三十愿，观生死久长而实无生无解
脱：这四愿，才是与"下品般若"相同的部分。"中品般若"的愿
文，显然受到了《阿弥陀经》的影响，如《序品》说："愿（摄）受无
量诸佛世界，念无量国土诸佛三昧常现在前"，与法藏选择佛土
时的情形一样。又说："我得阿耨多罗三藐三菩提时，十方如恒
河沙等世界中众生，闻我名者，必得阿耨多罗三藐三菩提。"《阿
弥陀经》是闻名者必得往生，往生的还通于阿罗汉与菩萨；"中
品般若"说必定成佛，显然有了进一步的发展。又如三十愿中
的八愿，没有恶道；十四愿，没有色相差别；十八愿，国人都得五
通；二十愿，众生都有光明；二十二愿，众生的寿命无量劫；二十
三愿，具足三十二相；二十八愿，愿佛的光明无量，寿命无量，弟
子数无量：这都可以说受到了阿弥陀佛本愿的影响。当然，在佛
法传布流行中，是有相互影响的。如魏译的（四十八愿本）《无
量寿经》，一再说到"无生法忍"。说"住空无相无愿之法，无作
无起，观法如化"；"究竟菩萨诸波罗蜜，修空无相无愿三昧，不
生不灭诸三昧门"。可见《般若经》空幻、不生不灭的思想，已成
为弥陀佛土的菩萨行。如《无量寿经》所说的"道场树"，是古译
《阿弥陀经》所没有的，这正是《阿閦佛国经》的庄严。

在初期大乘中，净土说有二流，《般若经》为一流。"下品般
若"是确信十方佛世界的；十方清净世界，是不退转菩萨的所生

处，如《小品般若波罗蜜经》卷七（大正八·五六八中）说：

> "（恒伽天女）今转女身，得为男子，生阿閦佛土。于彼
> 佛所，常修梵行。命终之后，从一佛土至一佛土，常修梵行，
> 乃至得阿耨多罗三藐三菩提，不离诸佛。譬如转轮圣王，从
> 一观至一观，从生至终，足不蹈地。阿难！此女亦如是，从
> 一佛土至一佛土，常修梵行，乃至得阿耨多罗三藐三菩提，
> 常不离佛。"

恒伽天女受记以后，就转为男身，往生阿閦佛国。从此，从
这一佛国到那一佛国，生生常修梵行，常不离佛。授记的不退菩
萨，就是一般所说的法身大士，一直在清净佛国中，见佛修行。
"下品般若"又说：不退菩萨，"常乐欲生他方清净佛国，随意自
在。其所生处，常得供养诸佛"。"我等行菩萨道，……心乐大
乘，愿生他方现在佛前说法之处，于彼续复广闻说般若波罗蜜。
于彼佛土，亦复以法示教利喜无量百千万众生，令住阿耨多罗三
藐三菩提"。不退菩萨是愿生他方净土的；在那里，常闻佛法，
常供养佛，常利益众生：这是"下品般若"的往生净土说。恒伽
天女往生的，是阿閦佛国，而专说阿閦净土的《阿閦佛国经》卷
上，有同样的说明（大正一一·七五四下）：

> "譬如转轮王得天下，所从一观复至一观，足未曾蹈
> 地。所至常以五乐自娱，得自在，至尽寿。如是舍利弗！阿
> 閦如来行菩萨道行时，世世常自见如来无所著等正觉，常修
> 梵行。于彼所说法时，一切皆行度无极，少有行弟子道。彼
> 所行度无极，为说法，有立于佛道者，便劝助为现正令欢喜

踊跃,皆令修无上正真道。"

阿閦菩萨授记以后的菩萨道行,与"下品般若"所说的,完全一致。可以说,这是《阿閦》与《般若》所说的原始的净土说。初期的他方净土说——《阿弥陀》、《阿閦》与《般若》所说的净土,都是凡圣同居的(在那里转凡为圣),声闻与菩萨共住的。比对此土的不理想,而出现他方净土,不是专为大菩萨所住,而是凡圣、大小圣者所都可以往生的。所以,不退转菩萨所往来的净土,如阿閦佛国,学习阿閦佛本愿与六度大行的,可以往生;修出家梵行的,甚至读、诵、书写《阿閦佛国经》的,都会因向往阿閦佛国而往生的。不退菩萨在十方佛国中修行,"中品般若"有了更具体的说明。如《一念品》说:"以诸法无所得相故,得菩萨初地乃至十地,有报得五神通,布施、持戒、忍辱、精进、禅定、智慧,成就众生,净佛国土。亦以善根因缘故,能利益众生,乃至般涅槃后舍利,及弟子得供养。"菩萨有报得的五神通,报得的六波罗蜜,所以在十方佛土中,能成就众生,净佛国土。成就众生与净佛国土,是菩萨得无生法忍(不退位)以后的主要事业。约菩萨自行说,"应供养诸佛,种善根,亲近善知识",是菩萨发心以来所应该行的。但不退菩萨常生在净土中,对于见佛、听法、供养佛,更能圆满地达成。约利他说,菩萨就是应该利他的,但不退菩萨有报得的五通、六度,更能达成成就众生、净佛国土的大行。如《摩诃般若波罗蜜经·一念品》(第七十六)以下,到《净土品》(第八十二),都是说明菩萨的方便大行。以般若为导的六度修行,往生净土;在净土中,以报得的六度、(四摄、)五神通,行成就众生、净佛国土的大行,是"中品般若"(方便道)的主要意义。不过，不退菩萨不一定生在净土的，那是菩萨的悲愿。来生人间的"阿惟越致菩萨，多于欲界色界命终来生中国，……少生边地；若生边地，必在大国"。也有"所至到处，有无佛法僧处，赞佛法僧功德，诸众生用闻佛名法名僧名故，于此命终，生诸佛前"。总之，不退菩萨常生十方净土，为了利益众生，也会生在边地及没有佛法的地方。

净土思想的另一流，就是阿弥陀净土。阿弥陀净土，不是比对秽土而愿成净土，是比对净土而要求一更理想的地方。不重在不退菩萨所往来，而是见阿弥陀佛光明的，听见阿弥陀佛名字的，都可以发愿来生。不是菩萨往来中的一佛国，而是生在这里的，阿罗汉都在此涅槃，菩萨也在这里一直修行下去。当然，也有例外的，如第八愿说："我国中诸菩萨，欲到他方佛国生者，皆令不更泥犁、禽兽、薜荔，皆令得佛道。"又说："阿惟越致菩萨……皆当作佛。随所愿，在所求，欲于他方佛国作佛，终不复更泥犁、禽兽、薜荔；随其精进求道，早晚之事同等尔。求道不休，会当得之。"这就是第八愿的内容。从阿弥陀佛国出去，要到他方佛国的，决不会再堕三恶道。或迟或早，终归是要成佛的。在往生阿弥陀佛土的根机中，这是比较特殊的。与第八愿相当的，《无量寿经》第二十二愿说："他方佛土诸菩萨众来生我国，究竟必至一生补处。除其本愿，自在所化，为众生故，被弘誓铠，积累德本，度脱一切，游诸佛国，修菩萨行，供养十方诸佛如来，开化恒沙无量众生，使立无上正真之道。"这与《般若经》所说的从一佛国至一佛国的菩萨相近，但在《阿弥陀经》中，这是特殊的。"除其本愿"，是说菩萨在没有往生阿弥陀佛国以前，立愿要"游诸佛国,修菩萨行"的。所以到了阿弥陀佛国,又要到他方佛国去。往生阿弥陀佛国的一般菩萨,一直进修到一生补处,然后到他方去成佛,这自然不会中间再生到他方佛国了。《阿弥陀经》的"来生我国",大有得到了归宿的意味,与"佛法"及其他"大乘佛法",有不太调和的感觉。

十方佛净土,是大乘经所共说的。理想的世界,赞叹为难得的清净,修行容易成就,成为多少人仰望的地方。《阿弥陀经》是极力赞扬阿弥陀佛与国土的,劝人往生,然《佛说阿弥陀三耶三佛萨楼佛檀过度人道经》卷下(大正一二·三一五下)又这样说:

> "若曹于是(此土),益作诸善:布恩施德,能不犯道禁忌、忍辱、精进、一心、智慧,展转复相教化,作善为德。如是经法,慈心、专一、斋戒清净一日一夜者,胜于在阿弥陀佛国作善百岁。所以者何?阿弥陀佛国皆积德众善,无为自然,在所求索,无有诸恶大如毛发。佛言:于是(土)作善十日十夜者,其德胜于他方佛国中人民作善千岁。所以者何?他方佛国皆悉作善,作善者多,为恶者少。皆有自然之物,不行求作,便自得之。是间为恶者多,作善者少,不行求作,不能令得。世人能自端制作善,至心求道,故能尔耳。"

同本异译的《无量清净平等觉经》、《无量寿经》,都有这段文字。唐译的《无量寿如来会》、宋译的《大乘无量寿庄严经》,被删略了。称扬净土的经典,为什么要人在秽土中修行?这固然有激励修行的意味,然主要是倡导十方佛净土说的,是这个缺陷多多的世界的人们。处身于不净的世界，这世界并非只是可厌恶的，也有其优越的一面——秽土修行，胜过阿弥陀佛及十方佛土中的修行。释尊大悲普济，愿意在秽土成佛，发心迟而成佛早；弥勒愿庄严净土，在净土成佛，发心早而成佛迟。所以，净土容易成就(不退堕)，成佛却慢；秽土不容易成就，成佛反而快些。秽土修行，胜过在净土中修行，在初期大乘经中是相当流行的，如《维摩诘所说经》卷下(大正一四·五五三上)说：

> "此土菩萨，于诸众生大悲坚固，诚如所言。然其一世饶益众生，多于彼(众香)国百千劫行。所以者何？此娑婆世界有十事善法，诸余净土之所无有。"

《维摩诘经》所说，是对净土来游此土的菩萨说的。站在净土的立场，不免会轻视秽土及秽土的菩萨，所以特提在秽土修行的特长。这一见地，《思益梵天所问经》、《文殊支利普超三昧经》、《文殊师利授记会》、《阿惟越致遮经》，都有同样的说明。这是对初期大乘净土思想，所应有而不可少的认识！

（录自《初期大乘佛教之起源与开展》，806—823页，本版687—705页。）

三　阿弥陀佛极乐净土

大乘佛法的兴起，与净土念佛法门有密切的关系。原则地说，大乘是不离念佛与往生净土的。在初期大乘佛法兴起声中，西方阿弥陀佛净土,东方阿閦佛净土,也流传起来。赞扬阿弥陀佛净土的经典有三部,可简称为《大(阿弥陀)经》、《小(阿弥陀)经》、《观(无量寿佛)经》。《大经》是弥陀净土的根本经,华文译本,现存有五种:

《阿弥陀三耶三佛萨楼佛檀过度人道经》	二卷	吴支谦译
《无量清净平等觉经》	四卷	后汉支娄迦谶译
《无量寿经》	二卷	曹魏康僧铠译
《大宝积经·无量寿如来会》	二卷	唐菩提留志译
《大乘无量寿庄严经》	三卷	赵宋法贤译

　　五种译本的译者,唐译本与宋译本,是明确而没有问题的;前三部的译者,有不少的异说。梁僧祐(天监一七年,西元五一八卒)的《出三藏记集》,误以《大经》与《小经》为同本异译,所以分别地叙述了六部。然《大经》的古译本,当时存在而保留下来的,实际上只有两部——支谦译的《阿弥陀(三耶三佛萨楼佛檀过度人道)经》,竺法护译的《无量清净平等觉经》。隋开皇(十四年,西元五九四)《众经目录》共列六部,除已经佚失的三部外,《大经》古译本共三部:

《无量清净平等觉经》	二卷	魏白延译
《阿弥陀经》	二卷	吴支谦译
《无量寿经》	二卷	晋竺法护译

　　开皇《众经目录》所说,支谦所译的,与《出三藏记集》相同。《无量清净平等觉经》,改为白延译;而竺法护所译的,却是另一部《无量寿经》(这两部,《出三藏记集》是作为一部的)。隋仁

寿(二年,西元六〇二)《众经目录》,唐静泰(龙朔三年,西元六六三)《众经目录》,唐道宣(龙朔四年,西元六六四)《大唐内典录》,都是这样的三部——支谦、白延、竺法护所译。

隋开皇十七年(西元五九七),费长房撰成《历代三宝纪》,所载的《大经》古译,一共有八部。周(天册万岁元年——西元六九五)明佺等所撰的《大周刊定目录》,对于《大经》古译本,完全依据《历代三宝纪》。然偶尔注明,某经有多少纸(页),所以知道当时实际存在(注明纸数)的,只有三部,与《众经目录》等相同的三部。《大经》古译而注明多少纸的,初见于静泰的《众经目录》;《大周刊定目录》有二说,今对列如下:

	《静泰录》	《大周录》卷三	《大周录》卷十三
《无量清净平等觉经》白延译	六十纸	七十纸	三十六纸
《阿弥陀经》支谦译	五十三纸	五十三纸	五十三纸
《无量寿经》竺法护译	三十九纸	四十六纸	三十六纸

依《大正藏》古译三部(每页分三栏)来计算:支谦译的《阿弥陀经》,共五十四栏,是五十三纸本,这是译者与页数,始终传说一致的。《无量清净平等觉经》,《大正藏》六十二栏,就是静泰所传的六十纸本。《无量寿经》四十一栏,与静泰所传的三十九纸本大致相合。古代的一纸,约合《大正藏》1.03栏。《大周刊定目录》所传的二说,自相矛盾,应该是传写错了。隋唐间的《大经》古译,就是这三部。由于纸数的记录,使我们能有明确的认定。

唐开元十八年(西元七三〇),智升撰《开元释教录》,当时存在的《大经》古译本，也是上面所说的三部，但译者有了变动。《阿弥陀经》，仍旧是支谦所译。旧传白延所译的《无量清净平等觉经》，改为后汉支娄迦谶译；而竺法护所译的《无量寿经》，却改为魏康僧铠译。《开元释教录》改定的理由何在？原来，《阿弥陀经》的译出最早。《无量清净平等觉经》的文段、文句、二十四愿，大都采用《阿弥陀经》而略加修正；并补充"叹佛偈"与"礼觐偈"；增加法会四众的名字；改音译部分为意译。这两部关系密切，自成一类。《无量寿经》是四十八愿本，与唐译本相合，叙述阿弥陀佛、极乐国土的依正庄严，文体较整齐，不像古译二本那样的冗长。但古译二本的"五大善"，及乞丐与国王譬喻，都保留着，似乎是二十四愿本与四十八愿本的过渡期间的经本。古代，一致以《阿弥陀经》为支谦所译，所以《无量清净平等觉经》的译者，增加了推定上的困难。如依《出三藏记集》，是竺法护所译，比对竺法护的其他译典，不可能是一人所译的。如依《众经目录》，改为白延所译，然白延与支谦同时，可能还早些。白延在魏地，支谦在吴地，白延采用支谦译而略加修改，是很难想像的。不满意古代传说，所以《开元释教录》改定为支娄迦谶译。然支谶在前，支谦在后，支谦依据支谶的译本，反而改用音译，不合常情，也不合支谦的译例。传说一直在变动中，显然是没有确切的史实可据。我以为，如否定古代一致的传说，以《阿弥陀(三耶三佛萨楼佛檀过度人道)经》为支娄迦谶译，《无量清净平等觉经》为支谦译；支谦是传承支谶所学的，译文少用音译，也许是最合理的推定！

《小(阿弥陀)经》的译本，现存二部：一、《阿弥陀经》(也名

《无量寿经》），一卷，姚秦弘始四年（西元四〇二）鸠摩罗什译。二、《称赞净土佛摄受经》，一卷，唐永徽元年（西元六五〇）玄奘译。这是《大经》的略本，虽没有"二十四愿"与"三辈往生"，然叙述极乐国土的依正庄严，劝念佛往生，简要而有力，为一般持诵的要典。《观（无量寿佛）经》，一卷，宋元嘉年间（西元四二四——四五一），畺良耶舍（Kālayaśas）译，立十六观，九品往生，是观相念佛的要典。

依阿弥陀净土的根本圣典——古本《阿弥陀经》，全经的内容是：佛因阿难的启问，称叹阿难；称叹佛如优钵昙花那样，是难得相遇的。

佛说：过去提想罗竭（Dīpaṃkara 然灯）佛以前三十四佛，名楼夷亘罗（Lokeśvara-rāja 世自在王）。那时的大国王出家，名昙摩迦（Dharmākara 法藏）的问佛：自己"求佛为菩萨道"，希望成佛的时候，能于十方无数佛中，最尊，智慧勇猛；顶中光明普照；国土七宝庄严；十方无数的佛国，都听见我的名字；听见名字的诸天人民，来生我国的，都成为菩萨、阿罗汉（这是阿弥陀净土的根本意义）！佛赞叹他，只要精进不已，一定能满足心愿的。于是佛为昙摩迦说了二百一十亿国土的情况。昙摩迦选择而集成二十四愿；从此奉行六波罗蜜，精进愿求，终于成为阿弥陀佛，实现了当初的愿望——上来是阿弥陀佛的因行。

佛对阿难说：阿弥陀佛顶的光明，是十方诸佛所不及的。凡见佛光明的，莫不慈心欢喜，不起贪嗔痴，不作不善事，恶趣的忧苦也停止了。阿弥陀佛的光明，受到十方佛、菩萨、罗汉的称赞。如称赞佛光明的，往生阿弥陀佛国，就受到菩萨、罗汉们的尊敬

（阿阇世王太子与五百长者子来了，听了二十四愿，就发愿成佛。这一段，《无量寿经》等都没有）。

阿弥陀成佛以来，已经十小劫。国名须摩提（Sumati，Sukhāmati，Sukhāvatī），在千万亿佛国外的西方。国土是七宝所成的平地，没有山、海、江河。没有三恶趣、鬼神，都是菩萨、阿罗汉，寿命无量劫。饮食自然，与第六天一样。没有妇女，女人往生的，都化作男子。菩萨、阿罗汉们，能互相见闻。同一种类，面目端正，同一（金）色。心中但念道德；说正事，说佛法，不说他人的罪过。互相敬爱，互相教诫。没有贪嗔痴，没有念妇女的邪意，能知道自己过去世的宿命——上来总说佛与佛国的庄严。

阿弥陀佛的讲堂、精舍、楼观，菩萨、阿罗汉的住宅，都是七宝所成的。到处有七宝的浴池；池水香洁，有人间天上所没有的香花。池水缓缓地流，发出五音声。凡往生阿弥陀佛国的，都在宝池的莲花中化生；面貌端严，如以第六天王来相比，如丑陋的乞丐与端严的国王一样（论到善恶业报）。讲堂、住宅、浴池，到处是一重重、一行行的七宝树，发出的五音声，也胜过第六天的音乐。

佛与菩萨、罗汉入浴时，池水会随意上下。出了浴池，坐在莲花上，微风舒适的吹着。宝树作五音声；宝花散落身上，落地就消失了。菩萨、阿罗汉们，想听经、听音乐、闻花香的，都随各人的心意。浴罢，在地上或虚空，讲（读?）经的，诵经的，说经的，受经的……坐禅的，经行的，都能得须陀洹道……阿罗汉道，或得阿惟越致（不退）。

菩萨们要供养十方佛，无数人追随而去。到了他方佛国，礼佛供养,供品是随意化现的。菩萨们坐着,听佛说经。诸天次第地下来,供养菩萨、阿罗汉。到处供养完毕,在"日未中时",就回来见阿弥陀佛。饮食时,自然有七宝几、七宝钵,钵中有百味饮食,香美无比,大家平等地受用。

阿弥陀佛说经时,菩萨、罗汉与诸天人民都来了;十方如恒河沙数佛国,也遣无数的菩萨来集会。佛说《道智大经》,风吹宝树作五音声;宝花覆在虚空;诸天持花、香、衣、音乐来供养。听经的都随分得益,得须陀洹……阿罗汉,得阿惟越致。菩萨与罗汉,诵经说法,智慧的勇健精进,如师子王,胜过十方佛国的菩萨、阿罗汉——以上说明佛国的依正庄严。

佛答阿逸(Ajita 弥勒)菩萨:阿弥陀佛国的阿罗汉,般泥洹的无数,新来得道的也无数,如大海水,流出流入,始终是那样的不增不减。在十方佛国中,阿弥陀佛国最大最好,那是佛在行菩萨道时,大愿精进修德所成的。

菩萨、阿罗汉的七宝住宅,在地上,或在空中,多高多大,能随自己的意愿。也有不得自在的,那是由于慈心、精进、功德的不足。衣食都是平等的。佛国的讲堂住宅,胜过了第六天上。菩萨与阿罗汉,能见能知三世十方的事。顶有圆光,所照的有大有小。佛国的两大菩萨:盖楼亘(Avalokitêśvara 观世音)、摩诃那钵(Mahāsthāmaprāpta 大势至),顶中的光明,照他方千须弥山佛国。善男子、善女人,如有危急恐怖的,归命这两位菩萨,都能得解脱。

阿弥陀佛顶的光明极大,连日月星辰都不见了,所以没有时劫,是永久的无限光明。佛国也不会败坏。佛的寿命无量,因为要度脱十方天人,往生佛国,得解脱或成佛。佛的恩德无穷,说法也难以数量;佛的寿量,是谁也不能数知的。将来阿弥陀佛入泥洹了,观世音菩萨作佛;观世音泥洹了,大势至菩萨作佛。智慧、福德、寿命,都与阿弥陀佛一样——以上说明阿罗汉的无数,佛光、佛国与佛寿的无量。

佛对阿逸菩萨说:往生阿弥陀佛国的,有三辈:最上辈的,修六波罗蜜,出家,不犯经戒,慈心精进,离爱欲,不嗔怒,斋戒清净而诚愿往生的,常念不断绝,现生能见阿弥陀佛、菩萨与阿罗汉;临命终时,佛菩萨等来迎,往生佛国。在宝池莲花中化生,得阿惟越致,住处与阿弥陀佛相近。中辈人,不能出家,但能布施持戒,供养寺塔,不爱不嗔,慈心清净,斋戒清净而愿生佛国。能一日一夜念不断绝,现生在梦中见佛,临终化佛来迎,往生佛国,智慧勇猛。下辈人,不知道布施,供养寺塔,但也能不爱不嗔,慈心精进,斋戒清净而愿生佛国。能十日十夜念不断绝的,命终往生,也智慧勇猛。中下辈人,如中途疑悔不信的,命终时以阿弥陀佛的威力,生在边地疑城。五百岁后,才能出城,久久才能见佛,渐渐地开悟。

(上辈)阿惟越致菩萨!皆当作佛。如愿生他方佛国的,也不会堕恶趣,一定成佛。(下辈)想往生的,应该修十善行,信佛法,作善事,十日十夜不断绝,往生阿弥陀佛国。(中辈)虽不能出家,能不念家事,不与妇女同床,断爱欲而一心斋戒清净,一日一夜不断绝的,命终可以往生。往生佛国的,都生在七宝莲花上,自知宿命。

佛国的菩萨、阿罗汉们,都一心行道,没有罪恶,终于趣入泥洹。佛国这样的清净美好,为什么要恋著世间,不肯作善为道?生死是不能相代的,千亿万岁在生死中,实在可怜!如信佛说而行善的,是佛的小弟(子)。学经戒(法与律)的,是佛的弟子。出家为佛作比丘的,是佛的子孙[佛子]。大家应该发愿修行,求生阿弥陀佛国!

阿逸赞佛的慈悲、恩德;听见阿弥陀佛名号的,都欢喜开解。佛说:是的!如于佛有慈心的,就应当念佛。生死那样的苦恼,世间事不过须臾。往生阿弥陀佛国的,不再有罪恶、忧苦,得永久的安乐。求往生的,切不可疑悔不信,因此而生在疑城——以上明三辈往生,劝人念佛往生。

佛对阿逸说:要制心正意,身不作恶。十方佛国,都自然行善,容易教化。我在这苦世间成佛,为的要使大家离五恶,修行五(戒)善,得福德而入泥洹。世间的苦恼,都由于五恶。大家要摄持根门,奉行六度。对于(释迦佛的)经法,能慈心专一,斋戒清净一日一夜的,胜过在阿弥陀佛国行善百年。作善十日十夜的,胜过在他方佛国行善千年。我在这苦世间成佛,慈心教导,人人行道,自然天下太平。将来佛去世了,作善的少了,五恶又要盛起来。大家总要持佛的经法,展转教化——以上说明释迦佛出于恶世,以五戒度人的意义。

佛教阿难,向西方,为阿弥陀佛作礼,并说:"南无阿弥陀三耶三佛檀。"阿弥陀佛放光,无数世界大震动;法会大众,都见到阿弥陀佛与七宝国土。那时,一切苦难都停止了。

佛说:十四世界及无数国土的菩萨,都往生阿弥陀佛国。宿德深厚的,才能听见阿弥陀佛的名声;狐疑不信的,是从恶道中来的。佛将经嘱累大众;将来经法灭绝时,此经留住百年,利益众生。

从大本《阿弥陀经》来看,阿弥陀佛净土,在初期大乘的净土思想中,是富有特色的。法藏比丘立二十四愿(或四十八愿),成立一完善的净土,作为救济众生,来生净土者修道的道场。在选择二百十亿国土,结成二十四愿以前,弥陀净土的根本特性早已在佛前表示出来,如《阿弥陀(三耶三佛萨楼佛檀过度人道)经》卷上(大正一二·三〇〇下——三〇一上)说:

> "令我后作佛时,于八方上下诸无央数佛中最尊,智慧勇猛。头中光明,如佛光明所焰照无极。所居国土,自然七宝,极自软好。令我后作佛时,教授名字,皆闻八方上下无央数佛国,莫不闻知我名字者。诸无央数天人民及蜎飞蠕动之类,诸来生我国者,悉皆令作菩萨、阿罗汉无央数,都胜诸佛国。"

经中所说的二十四愿,或四十八愿,都不外乎这一根本意愿的具体组合。阿弥陀佛的光明,胜过一切佛。佛的光明、名闻(称),为十方无数佛国所称誉,为十方诸天人民称叹,所以发愿往生:这是第二十四愿。阿弥陀佛的特胜,从佛的光明、名闻而表达出来。佛的光明遍照,使一切众生的苦迫得到解除,在释尊入胎、出胎、成佛的因缘中,部派佛教有不同程度的放光传说。阿弥陀净土,是重视光明的利益众生,而予以高度的赞扬。胜过一切佛,是阿弥陀佛的根本愿,所以第十七愿说:"令我洞视(天眼通)、彻听(天耳通)、飞行(神足通),十倍胜于诸佛。"十八愿说:"令我智慧说经行道,十倍于诸佛。"也许这过于特出,不大适合"佛佛平等"的原则,所以这二愿,其他译本都删略了。根本意愿中的国土七宝所成,是第三愿,《无量清净平等觉经》没有这一愿。在净土本愿思想的发展中,着重于来生净土者的功德。净土思想的重点,不止是理想的自然环境,而在乎净土中的德行与进修,圣贤间和平的向道。所以"三辈往生",是弥陀净土的,怎样往生净土的重要问题。

"三辈往生",古译本都有明确的说明。在《阿弥陀经》中,与"三辈往生"有关的,共有四处:一、"三辈往生";二、"二十四愿"的五、六、七——三愿;三、"三辈往生"段后,重说三类往生,为一补充说明;四、佛小弟、弟子、子孙——三类。依《阿弥陀经》所说,往生阿弥陀佛国的,虽有不等程度的三类,然有共同的条件。如"慈心精进"、"不当嗔怒"、"斋戒清净";而"念欲往生阿弥陀佛国"——愿欲往生的一心念,是往生者所必不可缺的。在这些共同的基础上,如出家,作菩萨道,奉行六波罗蜜,断爱欲("不与女人交通")而常念至心不断绝的,是上辈,佛的子孙[佛子]。生到阿弥陀佛国,就作阿惟越致——不退转菩萨,有三十二相、八十种好。如不能出家的,能受持经戒,布施沙门,供养寺塔,就是能在三宝中广作福德的。一日一夜中,断爱欲(不念世事,不与女人同床)而常念不断绝的,是中辈,佛的弟子。依第六愿说:"来生我国作菩萨",但其他三处,都没有明说是菩萨。如不能出家,又不能在三宝中广作福德,这是由于"前世作恶",应该忏悔;奉行十善;在十日十夜中,断爱欲而常念不断绝的,是下辈,佛的小弟(子)。依《阿弥陀经》所说,往生的必备条

件,是慈心、不嗔、斋戒与断爱欲——一日一夜……或尽形寿,一
心念愿求生阿弥陀佛国。而出家行六波罗蜜的,是上辈、菩萨;
广修福德的,是中辈;不修福德的,只能是下辈。这是推重出家
与断爱欲,也是重视福德的。《无量清净平等觉经》所说的"三
辈往生",也是这样的;但在二十四愿中,仅有十八愿的"作菩萨
道",与十九愿的"前世为恶",缺中辈人。

　　魏译《无量寿经》的十八、十九、二十——三愿,与"三辈往
生"相当。仅十九愿说"发菩提心",与《阿弥陀经》相合。经说:
"至心信乐,欲生我国";"至心发愿,欲生我国";"至心回向,欲
生我国",也是一心念愿生阿弥陀佛国的意思。但在正说"三辈
往生",却有了重大的修改。如上辈"发菩提心,一向专念无量
寿佛";中辈是"发无上菩提之心,一向专念无量寿佛";下辈是
"发无上菩提之心,一向专意,乃至十念念无量寿佛。……乃至
一念念于彼佛"。三辈都说发菩提心,有倾向于纯一大乘的迹
象。上辈与中辈,都是一向专念,而下辈是"乃至十念","乃至
一念",往生的条件大大地放宽了。"念",也是专念无量寿佛,
不再是念生阿弥陀佛国。《无量寿如来会》,与《无量寿经》相
合,是四十八愿的修正本。《大乘无量寿经》,是三十六愿本。
与三辈相当的愿文,是十三、十五愿,都是"悉皆令得阿耨多罗
三藐三菩提"。与"三辈往生"相当的,也都是"不退转于阿耨多
罗三藐三菩提"。四十八愿本,对于往生阿弥陀佛国的,倾向于
纯一大乘,然经中所说无量数的阿罗汉从何而来,并没有交待。
三十六愿本才明确地说:"所有众生,令生我刹,虽住声闻、缘觉
之位,往百千俱胝那由他宝刹之内,遍作佛事,悉皆令得阿耨多

罗三藐三菩提";"圆满昔所愿,一切皆成佛"。一切众生同归于一乘,从四十八愿本而演进为三十六愿本,露出了后期大乘的特色。

依《阿弥陀经》,中辈与下辈往生的,是一日一夜或十日十夜念不断绝的。如"后复中悔,心中狐疑不信":不信善恶业报、不信阿弥陀佛、不信往生,这样的人,如"续念不绝,暂信暂不信"的,临终见佛的化相,一念悔过,还是可以往生的,但生在佛国的边界(四十八愿本等,称为"胎生")。在城中虽快乐自在,却不得见佛、听经,也不能见比丘僧。要五百年以后,才能出城来,慢慢地见佛听法。疑信参半而生于边国,说一切有部有此传说,《阿弥陀经》引为"中悔"者的住处。经上说:"佛亦不使尔身行所作自然得之,皆心自趣向道。""其人本宿命求道时,心口各异,言念无诚信,狐疑佛经,复不信向之,当自然入恶道中。阿弥陀佛哀愍,威神引之去耳。""中悔不信",是应该堕恶道的。但依佛的慈悲威力,使他生在边地。阿弥陀佛对恶人的他力接引,在这里已充分表现出来了!

（录自《初期大乘佛教之起源与开展》,760—773页,本版647—660页。）

四　阿閦佛妙喜净土

阿閦佛净土的经典,华译而现存的,有:一、后汉支娄迦谶(西元一七八——一八九)译的《阿閦佛国经》,二卷。二、唐菩

提流志（西元七〇五——七一三）所译，编为《大宝积经》第六
《不动如来会》，二卷。这二部是同本别译，译出的时间，距离了
五百多年，但内容的出入不大。汉译的分为五品，唐译的作六
品；就是汉译的第五《佛泥洹品》，唐译分为《涅槃功德品》、《往
生因缘品》。汉译的末后部分，显然是残缺不全，唐译是完整
的。这部经在长期流传中，没有太多的变化——随时代而演化，
所以在初期大乘思想中，能充分而明确地表示出早期的经义。

　　这部经的内容概要是：舍利弗请佛开示"如昔诸菩萨摩诃
萨，所愿及行，明照并僧那"，以作未来求菩萨道者的修学楷模。
佛说：过去，东方有阿比罗提（Abhirati，译为妙喜）世界，大目
（Vairocana）如来出世，为菩萨说六波罗蜜行。菩萨行是难学
的，因为对一切众生，不能起嗔恚。那时，有比丘对大目如来发
愿："我从今以往，发无上正真道意"，一直到成佛，不起嗔恚；不
起声闻缘觉心；不起贪欲，（嗔恚，）睡眠，众想［掉举］，犹豫狐疑、
悔（以上是五盖）；不杀生，偷盗，非梵行，妄语，骂詈［两舌］，恶
口，绮语，（贪欲，嗔恚，）邪见（以上是十恶）。这位比丘这样的
"大僧那僧涅"（mahā-saṃnāha-saṃnaddha，意译为着大铠甲），由
于不再起嗔恚，所以被称为阿閦菩萨。

　　阿閦菩萨又发愿：所行的不离一切智愿；一切智相应；生生
出家；常修头陀行；无碍辩才说法；常住三威仪——行、立、坐；不
念根本罪及妄语等世俗言说；不笑而为女人说法；不躁动说法，
见菩萨生大师想；不供养异道，在坐听法；财施法施时，对人不生
分别心；见罪人受刑，一定要舍身命去救助。当时，大目如来为
阿閦菩萨证明，能这样发愿修行的，一定成佛。阿閦菩萨又发

愿,将来的佛国中,四众弟子没有罪恶;出家菩萨没有梦遗;女人没有不净。那时,大目如来为阿閦菩萨授记,将来在妙喜世界成佛,名阿閦如来。

佛对舍利弗说:阿閦菩萨受记时,如放光、动地等瑞相,都与释尊成佛的情况一样。阿閦菩萨发愿以来,他的"僧那僧涅",是一般菩萨所不及的,手足头目,什么都能施舍;身体没有病痛;世世梵行;从一佛刹到一佛刹,供养、听法、修波罗蜜行;并以所有的善根回向,愿成佛时,佛国中的菩萨都能这样的修行——以上《发意受慧品》。

阿閦如来成佛时,放光、动地;一切众生都不食不饮,身心不疲倦,互相爱敬而欢乐;天上与人间,都没有欲念;合掌向着如来,见到了如来;天魔不作障碍,诸天散花;阿閦佛的光明,映蔽了大千世界的一切:这是阿閦佛本愿所感得的。

阿閦佛国土非常庄严:高大的七宝菩提树,微风吹出和雅的音声。没有三恶道。大地平正,没有山谷瓦砾,柔软而随足高低。没有风寒(热)气——三病,没有恶色丑陋。贪嗔痴都微薄。没有牢狱拘闭。没有异道。树上有自然香美的饮食,随意受用。住处七宝所成,浴池有八功德水。女人胜过女宝多多。床座是七宝的,饮食与天上的一样。没有国王,但有阿閦佛为法王。没有淫欲。女人没有女人的过失;怀孕与生产,没有苦痛。没有商贾,农作。自然音乐,没有淫声。这都是阿閦佛本愿所感得的。

阿閦佛的光明普照。佛的足下,常有千叶莲花。佛所化的三千大千世界,以七宝的金色莲花为庄严——以上《佛刹善快品》。

阿閦佛国中，证阿罗汉、得八解脱的声闻弟子非常多，多数是一下就证阿罗汉的；如次第证得阿罗汉果，那是懈怠人了。佛国的声闻，一定现生得阿罗汉，成就阿罗汉的功德。佛国也有三道宝阶，人间与天上可以互相往来。人的福乐与天上相同，但人间有佛出世说法，比天国好多了！佛说法的音声，听法的弟子，遍满三千大千世界。（弟子们衣食自然，没有求衣钵、作衣等事。没有罪恶，所以不说罪，也不用授戒。弟子们离欲、慢，少欲知足，乐独住。）弟子们住三威仪——行、立、坐而听法。涅槃后自然化去，没有剩余。弟子们很少不具足四无碍解及四神足的——以上《弟子学成品》。

阿閦佛国有无数的菩萨，（多数是）出家的受持佛法，或到他方去听法、问义。如往生阿閦佛刹的，决定住于（声闻、缘觉）佛地，得阿惟越致。出家菩萨都不住精舍；出家与在家的菩萨，都受持佛法，死了再生，也不会忘失。如要在一生中见无数佛，种无数善根，为无数大众说法，就应当发愿，求生阿閦佛国。此地的出家菩萨，万万不及阿閦佛国的菩萨。如生在阿閦佛国，就得阿惟越致，因为恶魔不会娆乱，而且信奉佛法。以满大千界的七宝布施，愿生阿閦佛国，如炼金而制成庄严具一样。生在佛国的菩萨，都是"一行"——"如来行"。如王城坚固，不畏强敌的侵夺；远走边国的，不怕债主的逼迫。求菩萨道而愿生阿閦佛国的，也不会受恶魔的娆乱。

佛知道舍利弗的意念，就现神力，使大众见到阿閦佛国众会的庄严。舍利弗说：阿閦佛国的诸天人民，没有胜劣的差别，充满了欢乐。佛在大众中说法，如大海那样，一望无涯的没有边际；听众都身心寂静不动。以大千界七宝布施，求生阿閦佛国，能得阿惟越致，如拿着国王的书印，出使到他国一样。生阿閦佛国的，与此间的须陀洹相等，不会再堕恶道，决定向于正觉。佛说：生阿閦佛国的菩萨摩诃萨，与此间的受记菩萨、坐树下菩萨相等。（阿难问须菩提：见阿閦佛国众会吗？须菩提教阿难向上看，但见虚空寂静。须菩提说：观阿閦佛国众会，应当是这样的！）为什么相等？法界平等，所以说相等——以上《诸菩萨学成品》。

阿閦佛涅槃那一天，化身遍大千界说法；为香象菩萨授记作佛，名金色莲花；国土、众会，与阿閦佛国相同。阿閦佛涅槃时，现种种瑞相。凡生阿閦佛国的，都能得授记，得阿惟越致。凡听闻阿閦佛功德法门的，不属于魔。应求阿閦佛本愿，生阿閦佛国，"读诵百八法门"，受持一切微妙法门。阿閦佛涅槃时，自身出火阇维，金色的舍利，有吉祥相（卍）。大众为佛起七宝塔，以金色莲花作供养。往生阿閦佛国的菩萨，命终时见（成佛的）种种瑞相。阿閦佛的正法，住世百千劫。因为少有听法的，说法的也就远离了，精进的人少了，佛法也就渐渐地灭尽——以上是阿閦佛的涅槃功德。

愿生阿閦佛国的，要学阿閦佛往昔的大愿；行六波罗蜜，善根回向无上菩提。愿见阿閦佛的光明，见阿閦佛国的无数声闻；无数菩萨，与他们共同修学。愿见具大慈悲的；求菩提而出家（沙门）的；不起二乘心的；"谛住于空"的；常念佛法僧名号的。能这样，就能往生阿閦佛国，何况与波罗蜜相应，善根回向愿生阿閦佛国呢！愿生阿閦佛国的，应念十方佛，佛所说法，佛弟子众。修"三随念"，善根回向无上菩提的，能随愿生一切佛国；如回向阿閦佛国，就能够往生。

阿閦佛国的功德庄严，是一切佛国所没有的，所以菩萨应发愿摄取佛国的庄严，起增上乐欲心而往生。愿摄取清净佛国的，应该学阿閦菩萨摄取庄严佛国的德行。释尊有无数声闻弟子，但比阿閦佛国，简直少到不足比拟。弥勒及未来贤劫的诸佛，所有的声闻弟子，也万万不及。阿閦佛国的阿罗汉，比大千界的星宿还要多。阿閦佛国的，十方世界的菩萨、声闻，对于阿閦佛国功德法门，受持读诵通利的，非常的多，都能生阿閦佛国。阿閦佛护念这些人，所以临终不受恶魔的娆乱，不会退转，也不受水火毒刀等危害。阿閦佛远远地护念他们，如日轮的远照，天眼、天耳通的远见远闻一样。

佛护念付嘱菩萨摩诃萨，菩萨受此功德法门，为无量众生宣说。求声闻而能受持的，就能得阿罗汉。菩萨及阿惟越致，优先得到这阿閦佛功德法门。薄福德的，虽以满阎浮提的七宝布施，也求不到这一法门。菩萨能听闻的，一定成无上菩提。这部阿閦佛功德法门，受持者应该读诵通利，广为他人宣说。即使是远方，或是"白衣家"，为了说法，为了读诵、书写、供养，都应该前去，尽力地求得这阿閦佛功德法门——以上《佛般泥洹品》。

法门的流通世间，是如来的威神力，也由于帝释、四王天等的护持。如国内有雨雹等灾害，应专念阿閦佛名号。菩萨要现身证无上菩提，就要学阿閦佛往昔所修的愿行。诸天听了，都赞叹归命，散花供养。佛知道帝释的心念，就现神力，使大众见阿閦佛国与众会的庄严。佛劝大众发愿往生阿閦佛国——以上《往生因缘品》。

从《阿閦佛国经》看来，阿閦佛净土法门，也是劝人发愿往生的。但在《阿閦佛国经》卷上，叙述国土庄严时，有这样的话（大正一一·七五六上）：

> "有异比丘，闻说彼佛刹之功德，即于中起淫欲意，前白佛言：天中天！我愿欲往生彼佛刹！佛便告其比丘言：痴人！汝不得生彼佛刹。所以者何？不以立淫欲乱意著，得生彼佛刹；用余善行法清净行，得生彼佛刹。"

"淫欲意"，"淫欲乱意著"，唐译作"心生贪著"、"爱著之心"。净土，是不能以爱著心（贪图净土的庄严享受）往生的；要修善行，清净梵行，才能往生。这是重在德行，不是偏重信愿的。所以舍利弗最初启请，就是要知道过去菩萨摩诃萨的"所愿及行，明照并僧那"。从大愿与净行，为正法而精进中，得来的净土庄严，可作为菩萨发心修学的模范；生在净土的，也是大好的修行道场。经中在叙述了佛的泥洹功德以后，说出了往生阿閦佛国的因缘，如：

1. 发愿学阿閦佛往昔的愿行。

2. 行六波罗蜜，善根回向，愿生阿閦佛国。

3. 愿当来见阿閦佛的光明而成大觉。

4. 愿见阿閦佛国的声闻众。

5. 愿见阿閦佛国的菩萨众，与菩萨们一同修学。

6. 愿见具大慈悲的，求菩提而出家的，舍离二乘心的，谛住于空的,念佛念法念僧的菩萨。

　　7. 念十方佛法僧——"三随念",回向无上菩提。

　　前二者,足以表示阿閦净土法门的特质。次三则,愿当来生在阿閦佛土,见佛光、声闻与菩萨,主要是与菩萨共学。后二则是遍通的,愿见大菩萨,及念十方三宝,回向菩提。这是能随愿往生十方净土的,如回向阿閦佛土,当然也可以往生。总之,往生阿閦(及一切)净土的因缘,是清净的愿行。

　　修学阿閦佛功德法门的,有菩萨,也有声闻。但唐译这样说:"若声闻乘人,闻此功德法门,受持读诵,为无上菩提及真如相应故,精勤修习。彼于后生当得成就,或于二生补处,或复三生,终不超过当成正觉。"这是声闻回心而趣入佛道了,与汉译本不同。经典在流传中,会多少受到后代思潮影响的。

　　阿閦菩萨当时的誓愿,是世世作沙门。世世着补衲衣[粪扫衣],(但)三法衣,常行分卫[乞食],常在树下坐,常经行、坐、住(不卧)——头陀行。这是典型的头陀行。经中一再劝人,要学阿閦菩萨的愿行。等到大愿成就,实现为妙喜世界。在妙喜净土中,"诸菩萨摩诃萨,在家者止高楼上;出家为道者,不在舍止"。出家菩萨不住七宝的精舍,正是树下坐(露地坐)——头陀的生活形态。理想的出家菩萨,不是近聚落住,在寺院中过着集体生活,而是阿兰若处,头陀行的比丘。阿閦佛净土中的声闻弟子,汉译本说:

　　1. 众弟子不于精舍行律——善本具足故。

　　2. 诸弟子不贪饮食、衣钵、诸欲——少欲知足故。

　　3. 佛不为诸弟子授(制)戒——其刹无有恶者故。

4. 无有受戒事——得自在聚会，无有怨仇。

5. 诸弟子不乐共住，但行诸善。

阿閦佛国的声闻弟子，是不住精舍，依律行事的。佛没有为他们制戒，他们也没有受戒。没有和合大众，举行羯磨（"不共作行"），只是独住修行。这是比对释尊制立的僧伽生活，而显出净土弟子众的特色。佛教自制立学处、受具足戒以来，渐形成寺院中心，大众过着集体生活，不免有人事的烦扰。在印度，部派就在僧团中分化起来，留下多少净执的记录。不满此土的律仪行，所以理想净土的出家者，是没有制戒的、受戒的，聚会时没有怨仇，过着独往独来的、自由的修道生涯。阿閦佛国的菩萨与声闻弟子，与"原始般若"出于阿兰若的持修者是一致的。在现实人间，有少数的阿兰若远离行者，以释尊出家时代的生活（四清净），及佛弟子早期的生活（八正道）方式为理想，而表现于阿閦佛的妙喜世界里。从"重法"而来的，初期的智证大乘，不满于律仪行的意境，到西元六、七世纪，已缺乏了解，所以净土中声闻弟子的生活方式，唐译本竟全部删去了！

（录自《初期大乘佛教之起源与开展》，774—783页，本版660—668页。）

五　东西净土的对比观察

东西二大净土的圣典，集出的时代是相近的，所以有太多的共同性。可以作比对的观察，从当时净土法门的一般性中，发见彼此间的差别。

阿閦佛国中，有菩萨与声闻，阿弥陀佛国也是这样。《阿弥陀经》说：菩萨与阿罗汉的数量，是难以计数的；并举四天下的星，大海的水，比喻阿罗汉的众多。《阿閦佛国经》说：声闻弟子的众多，如大千世界的星宿；舍利弗称赞阿閦佛国为"阿罗汉刹"（国）。《阿弥陀经》处处说"菩萨、阿罗汉"，反而将一般联类而说的"辟支佛、阿罗汉"分开了，如说"佛、辟支佛、菩萨、阿罗汉"。"菩萨、阿罗汉"的联合，表示了对菩萨与阿罗汉的同等尊重。二大净土法门，是不简别声闻的；声闻——求阿罗汉道的，与求菩萨道的，都应该往生净土。三乘同学、同入，与"般若法门"一样。《般若经》说到"大乘"，所以有以为是比较迟出的。其实，"大乘"是说一切有部的固有术语，不是轻视"小乘"，而是称赞佛法的，如《杂阿含经》卷二八（大正二·二〇〇下）说：

> "何等为正法律乘、天乘、婆罗门乘、大乘，能调伏烦恼军者？谓八正道。"

"下品般若"引用了大乘——摩诃衍，也是表示佛法的，如说："摩诃衍者，胜出一切世间天、人、阿修罗。世尊！摩诃衍与虚空等。如虚空受无量阿僧祇众生，摩诃衍亦如是受无量阿僧祇众生。是摩诃衍如虚空，无来处、无去处、无住处，摩诃衍亦如是，不得前际、不得中际、不得后际。是乘三世等，是故名为摩诃衍。"大乘，没有说胜出"小乘"，只是胜出世间法。虚空那样的含容一切，三世平等；虚空那样的大乘，是"无有量无分数"的。没有拒斥声闻，或否认声闻的果证，反而是含摄声闻。所以说：

声闻、辟支佛、菩萨,同学般若波罗蜜;声闻、辟支佛果,都不离菩萨的法忍。三乘的同学同入(或同往生),是初期大乘初阶段的特征。然而,般若、阿閦、阿弥陀法门,虽采取通教三乘的立场,而法门的特质,到底是重在菩萨,而与声闻(传统)的经典是不同的。所以尽管含容二乘,而不能不特别赞扬佛果的究竟庄严,赞扬菩萨的行愿,赞扬菩萨的智慧,这是二乘所不及的!阿閦菩萨立愿,不起声闻、缘觉心,与《般若经》相同。菩萨求成佛道,与声闻、缘觉是不同的。求阿罗汉道的,生在阿弥陀佛土、阿閦佛国,并不能成佛,证得四果而已。二大净土法门,到底重在菩萨;经中都说"得阿惟越致"。阿惟越致,是不再退转为二乘。所以《阿弥陀经》没有说不起二乘心,只是没有说到,并不能依此而分别出思想的迟早。

阿閦菩萨发成佛的大愿时,是比丘,并誓愿"世世出家"。在阿閦佛的净土中,《不动如来会》说:"在家者少,出家者多。"这是推重出家的净土。阿弥陀佛的本生,法藏是一位出家的沙门(或作比丘)。在三辈往生中,第一(上)辈是"去家,舍妻子,断爱欲行作沙门"。不能出家作沙门的,是中辈与下辈。阿弥陀佛净土的尊重出家者,与阿閦净土是一致的。这与《般若经》的推重出家、希愿出家,没有什么不同。初期大乘的初阶段,如般若、弥陀、阿閦净土法门,如解说为从声闻出家中发展出来,应该是可以成立的。但近代学者,或重视大乘与在家的关系;或设想为大乘出于非僧非俗的寺塔集团,与部派佛教无关,所以对初阶段大乘经所说,重于出家的文证,解说为:菩萨出家的,称为沙门。部派佛教的律藏,是多说比丘而不用沙门的。将沙门限于出家菩萨,与声闻出家的比丘对立起来,在早期的译典中,实缺乏有力的证明。如《阿閦佛国经》说:发愿求成佛道的阿閦菩萨,是比丘;又说"世世作沙门"。沙门与比丘,这里都是菩萨,没有什么不同。《阿弥陀经》一再提到沙门,如"弃国捐王,行作沙门,字昙摩迦",这当然是出家的菩萨。第一辈往生的,是"当去家,舍妻子,断爱欲行作沙门,就无为之道。当作菩萨道,奉行六波罗蜜经者,作沙门,不亏经戒"。这里所说的沙门,当然也是菩萨。经说"我小弟"、"我弟子"、"我子孙"——三类,是与三辈相当的。如说:"出身去家,舍妻子,绝去财色,欲作沙门,为佛作比丘者,皆是我子孙。"与上辈相当的佛子,"欲作沙门,为佛作比丘",可见沙门与比丘,是不能区别为菩萨与声闻的。又如中辈是不能作沙门的"善男子、善女人","当饭食诸沙门"。沙门是佛教的出家者,是在家者恭敬供养的对象,不可能专指出家的菩萨。尤其是经末说:"即八百沙门,皆得阿罗汉道;即四十亿菩萨,皆得阿惟越致。"得阿罗汉道的,是沙门,沙门正是出家的声闻弟子了。支谶译《道行般若波罗蜜经》卷六(大正八·四五四下——四五五上)说:

> "弊魔复化作其师被服,往到菩萨所诡语:若前从我所闻受者,今悉弃舍,是皆不可用也。……是皆非佛所说,余外事耳! 汝今更受我所语,我所说皆佛语。"

"其师被服",《摩诃般若钞经》作"弊魔化作沙门若用被服";《小品经》作"若恶魔化作沙门";《道行般若经》在别处说:"正使如沙门被服,……亦复是贼也。"可见"其师被服",确是沙门被服,出家沙门的服装(袈裟)。依《般若经》文,弟子信受般若法门,恶魔化作出家的师长,要他舍弃《般若经》,会授以真正的佛经。这说明了,在出家沙门中,有的传授《般若经》给弟子,有的以师长身份出来反对。这里的沙门,正是不信大乘的出家者。支谶所译《般舟三昧经》说:"比丘、比丘尼、优婆塞、优婆夷,……心念阿弥陀佛";接着又说,"若沙门、白衣",沙门即比丘、比丘尼的通称。《般舟三昧经》、《阿閦佛国经》、《阿弥陀经》、《小品般若经》的古译,与支谶、支谦有关。古译所说的沙门,决没有专指出家菩萨的意思。沙门(śramaṇa),本是一般出家者的通称;比丘(bhikṣu)也是一般的乞化者,佛教采用了印度当时的名称。佛教的出家者,最初只是比丘;比丘与沙门,可以互相通用,没有什么区别。后来出家的佛弟子分化为五众,这才沙门是出家众的通称,比丘仅是五众中的一类。但比丘仍为佛教僧团的核心、领导者,为出家者的代表,所以沙门与比丘,还是可以通用的。律藏虽少用沙门一词(不是不用),而经藏却每以沙门为通称。如《增一阿含经》说四类沙门;《长阿含经·沙门果经》说"四沙门果"、"四种沙门",八众中立"沙门众"。初期大乘经出于重法的系统,所以沙门与比丘通用。所以,以沙门为不属传统佛教的出家者,不过是想像的虚构而已!

《阿弥陀经》是在灵鹫山(Gṛdhrakūṭa)说的;参预问答的,是阿难、阿逸,阿阇世王子也来参加。《无量清净平等觉经》及四十八愿本,才有观世音菩萨的问答。《阿閦佛国经》也是在灵鹫山说的;参预问答的,是舍利弗、阿难、天帝释。《般若经》也是这样,在灵鹫山说;参预问答的,须菩提、舍利弗、阿难等大弟子以外，就是弥勒菩萨与天帝释。参预问答的，都是《阿含经》以来，部派佛教所共传的佛弟子，表示了大乘初阶段的共同性。

《阿弥陀经》末，因阿难的礼请，大众都见到了阿弥陀佛，七宝庄严的世界，与菩萨、阿罗汉们。《阿閦佛国经》中，释迦佛为舍利弗现神足，见阿閦佛、佛国与弟子们。经末，佛又现神力，大众遥见妙喜世界，不动如来与声闻众。"下品般若"也在说经终了时，大众依佛的神力，见阿閦佛在大会中说法。大乘佛法的初阶段，他方净土说传开了，但对发愿往生者来说，也许还不足以坚定信心，而非大众目睹，成为事实的传说不可。这是又一非常相同的地方。

《阿閦佛国经》与"下品般若"，是有亲密关系的。"下品般若"说到了阿閦净土，如说：恒伽天女受记以后，"生阿閦佛国"。"能随学阿閦佛为菩萨时所行道，……能随学宝相（即宝幢）菩萨所行道"的，虽没有达到阿毗跋致的地位，也为十方佛所称扬赞叹。听闻般若波罗蜜，能信解不疑的，将来在阿閦佛及诸菩萨那里，听了也不会疑悔。大众见阿閦佛在大会中说法。"香象菩萨今在阿閦佛所行菩萨道"。《阿閦佛国经》所说："发无上正真道意"，"萨芸若意"、不起"弟子（即声闻）、缘一觉意"；"僧那僧涅"；"如仁者上向见空，观阿閦佛及诸弟子等，并其佛刹，当如是"；"谛住于空"。这些，都与《般若经》义相合。而"受是经，讽诵持说。……有是经卷，当说供养之。若不得经卷者，便当写之"。《般若经》所有普及一般的方便——听闻、读诵、书写、供养，《阿閦佛国经》也采用了。所以东方净土，是与般若法门相呼应的。西方阿弥陀净土，在二十四愿本的《阿弥陀经》

等,虽没有明显的文证,但在四十八愿本的《无量寿经》却一再说到:"遵普贤大士之德";"得佛华严三昧";"现前修习普贤之德"。四十八愿本传出要迟一些,已受到菩萨大行及般若法门的影响。西方净土法门,在流传中,为什么与"佛华严"、"普贤菩萨"相关联?想在"华严法门"中说到。

阿閦佛净土,处处比对释迦佛土——我们这个现实世界,而表示出理想的净土。阿閦佛土有女人,但女人没有恶露不净,生产也没有苦痛。佛土中有恶魔,但"诸魔教人出家学道,不复娆人"。阿閦佛国与释迦佛土一样,有三道宝阶,人与忉利天人可以互相往来。人间的享受与诸天一样,但"忉利天人乐供养于天下人民,言:如我天上所有,欲比天下人民者,天上所有,大不如天下,及复有阿閦如来无所著等正觉也"。人间比天上更好,这是"佛出人间","人身难得","人于诸天则为善处",原始佛教以来的,人间佛教的继承与发扬。阿閦菩萨授记时的瑞相,与释尊成佛时的瑞相一样。这些瑞相,出于传说的佛传——"因缘"。《阿閦佛国经》说,"菩萨摩诃萨,便当讽诵八百门";《不动如来会》作"一百八法门"。《佛本行集经》、《方广大庄严经》、《普曜经》,都说到百八法门。可见《阿閦佛国经》的集出,是参照了释迦佛传的,所以阿閦佛国充满了人间净土的色彩。阿弥陀佛净土,舍宅自然,"如第六天王所居处";相貌相同,都同一色类,"皆如第六天人"。百味饭食的随意受用,"比如第六天上自然之物"。第六天王的相貌,"不如阿弥陀佛国中菩萨、阿罗汉";第六天上的音乐,也不如阿弥陀佛国的音声。"阿弥陀佛国讲堂舍宅,都复胜第六天王所居处。"阿弥陀佛国如第六天,而又胜过第六天。第六天是欲界的他化自在天;从佛国充满光明、香花、音乐等庄严,受用饭食等来说,这是取法欲界天,佛化(没有女人爱欲)了的第六欲天模样。一是人间的净化,一是欲天的净化,阿閦佛土与阿弥陀佛土是不相同的。

　　阿弥陀佛的本愿,重在往生净土的菩萨与声闻。庄严的佛国,愿十方佛国的人民,都来生在这样的净土中。阿閦佛的本愿,在《佛刹善快品》中,说到佛国庄严,总是说:"是为阿閦如来往昔行菩萨道所愿而有持。"说到佛国中的菩萨,也说:"是为阿閦佛之善快。所以者何? 如昔所愿,自然得之。"佛国庄严与菩萨的胜行,似乎都与阿閦佛的本愿有关。然经中正说阿閦菩萨的誓愿,主要是菩萨的德行。仅国中没有罪恶者,梦中不会遗失,女人没有不净——末后三愿,才有关于未来的净土。这就表示了东西二大净土,誓愿的重点不同。《阿閦佛国经》也劝人发愿往生,而主要在劝人学习阿閦佛往昔菩萨道时的愿行。净土法门,当然有佛力加持成分,但阿閦净土是以自力为主的,所以说:"不以立淫欲乱意者,得生彼佛刹,用余善行法清净行,得生彼佛刹。"重于菩萨行、自力行的净土,与般若法门相契合,阿閦佛净土,是智证大乘的净土法门。阿弥陀佛国,重在佛土的清净庄严。往生极乐世界的,也要"慈心精进,不当瞋怒,斋戒清净,(长期或短期的)断爱欲",但与菩萨行愿相比,只是一般人天的善行。往生阿弥陀佛土的,在乎"一心念欲往生阿弥陀佛国"。即使是疑信参半的,到了临终时,也会依佛力而起悔心,生在极乐世界的边地。这是"阿弥陀佛哀愍威神引之去尔"。重于信愿的、佛力的,是信愿大乘的净土法门。阿閦佛净土,与智证大乘相契合,所以采用听闻、读诵、书写、供养为方便;这是"法行人"的"四预流支"中,"多闻正法,如理思惟"的方便施设。阿弥陀佛净土,显然是重信的。"信行人"的"四预流支",是佛不坏净、法不坏净、僧不坏净、圣戒成就。《阿弥陀经》正是以戒行为基,而着重于"念欲往生阿弥陀佛国"——念阿弥陀佛。东西二大净土,有着不同的适应性。

阿閦菩萨的大愿,是世世出家,行头陀行。阿閦佛国中的出家菩萨,是不住精舍的。阿兰若比丘,远离行者,在《阿閦佛国经》中,明显地表示出来。与阿閦净土相呼应的《般若经》,原始也是从阿兰若比丘持行无受三昧而发展出来的。阿兰若行第一的须菩提,被推为般若法门的宣说者,受到一再的赞叹。《阿弥陀经》没有阿兰若行、远离行者的痕迹,这是从寺院中心的佛教中发展出来的。阿兰若比丘、聚落(近聚落)比丘,如第四章所说。寺院中心的佛教,在六斋日,为来寺的在家信众授三归、五戒及八关斋戒。《阿弥陀经》的第一(上)辈人是出家的(少数),中辈与下辈人都是在家的。《阿弥陀三耶三佛萨楼佛檀过度人道经》卷下(大正一二·三一〇上)说:

> "不能去家、舍妻子、断爱欲、行作沙门者,当持经戒,无得亏失。益作分檀布施,常信受佛经语深,当作至诚中信。饭食诸沙门;作佛寺、起塔;散华、烧香、然灯、悬杂缯彩。如是法者,无所适莫,不当嗔怒,斋戒清净,慈心精进,断爱欲,念欲往生阿弥陀佛国,一日一夜不断绝。"

这是中辈人往生的信行。在家的布施作福,如饭食沙门;造寺、起塔,以散华、烧香、然灯、悬彩来供养塔寺;并在一日一夜间,斋戒清净,断爱欲而念欲往生。"一日一夜",是佛制受持八关斋戒的期限。中辈人往生的信行,显出了寺院中心的,信众的受法形态。下辈人的"十日十夜",是八关斋戒的延长。受持八关斋戒的时限,有以为是不限于一日一夜的。在寺院中心的通俗教化中,在家人本以受三归、五戒、八戒为信行的。等到大乘思想的机运成熟,他方佛菩萨、净土的传说中,适应于信愿行的阿弥陀净土法门,从寺院、斋戒的通俗教化中发展出来。唱导者,当然是法藏及上辈那样的出家沙门,出家者有着崇高的地位;一般阿弥陀佛净土法门的信行者,是中、下辈的在家众,这当然是多数。这一重信愿的法门,传入中国、日本,在在家信众中特别发达,是有其原因的。二大净土法门,有不同的特性,适应不同的根性,在不同情况下传布出来。但同属于初期大乘的初阶段,所以三乘共学、尊重出家等思想,是完全一致的。

（录自《初期大乘佛教之起源与开展》,784—793页,本版669—679页。）

六　大乘经所见的二大净土

东方妙喜世界阿閦佛,西方极乐世界阿弥陀佛,在大乘佛教中,占有极重要的地位。二佛、二净土的信仰,对以后的大乘佛教(经典)引起的反应,是否如我国古德所说那样,"诸经所赞,尽在弥陀"？依大乘经论,一般地说,对二佛二净土,是同样重视的。如有所抑扬,那还是重智与重信的学风不同。先从经中的"本生"来考察:经中说到过去生事,而指为现在的阿閦佛与阿弥陀佛的本生,如二佛相关联,就可以看出阿閦佛与阿弥陀佛间的关系。1.《妙法莲华经》(鸠摩罗什再译,晋竺法护初译)说:大通智胜佛没有出家以前,有十六位王子。成佛以后,十六王子都来请佛说法,都以童子身出家作沙弥。他们听了《法华经》以后,各各分座为四众说法。这十六位王子,现今都在十方国土成佛。东方的阿閦佛,西方的阿弥陀佛,东北方的释迦牟尼佛,就是其中的三人。三人的地位相等,《法华经》是以释迦佛为主的。2.《决定总持经》(竺法护译)说:过去有名为月施的国王,恭敬供养说法师辩积菩萨。月施国王,就是现今的阿弥陀佛;辩积菩萨,就是阿閦佛。3.《贤劫经》(竺法护译)说:过去世,无限量宝音法师,受到一般比丘的摈斥,到深山去修行。那时的转轮王,名使众无忧悦音,请法师出来说法,并负起护持的责任,使佛法大为弘扬。那时的法师,就是现今的阿弥陀佛;轮王就是阿閦佛。阿閦佛与阿弥陀佛前生的师弟关系,《贤劫经》与《决定总持经》所说恰好相反,说明了彼此有互相为师、互相为弟子的关系。4.《护国菩萨经》(阇那崛多译)说:过去世,焰意王生子,名福焰。福焰王子一心希求佛法,往成利慧如来处听法。焰意王得到护城神的指示,见到了成利慧如来。当时的焰意王,是现今的阿弥陀佛;福焰王子是释迦佛;护城神是阿閦佛。在这则本生中,阿閦佛前生,对阿弥陀佛,是引导见佛的善知识。5.《观察诸法行经》(阇那崛多译)说:过去世中,有一位说法的

菩萨,名无边功德辩幢游戏鸣音。福德清净多人所爱鸣声自在
王子,从菩萨法师听法。经上说:"无边功德辩幢游戏鸣音说法
者,汝意莫作异见,何以故? 喜王! 彼大眼如来是也。不动如
来,为记菩提。又彼王子名福报清净多人所爱鸣声自在者,彼无
量寿如来即是。"依此经,大眼就是《阿閦佛国经》的大目如来。
不动(阿閦),是大目如来授记得菩提的。不动与无量寿,都是
大目如来的弟子;不动与阿弥陀的地位相等,与《法华经》所说
一样。从大乘经中所见到的"本生",阿閦佛与阿弥陀佛,地位
是平等的,是曾经互相为师弟的。

　　大乘经中,说到阿弥陀佛土、阿閦佛土的,的确是非常多。
可以分为四类:但说阿弥陀佛土的,但说阿閦佛土的,双举二佛
二土的,含有批评意味的。经中所以提到这东西二土,或是说从
那边来的;或是说命终以后,生到那边去的;或是见到二佛二土,
或以二佛二土为例的。总之,提到二土二佛的相当多,可见在当
时的大乘佛教界,对二佛二土的信仰,是相当重视与流行的。现
在先说双举二佛二土的经典:1. 支谦译《慧印三昧经》说:"遮迦
越慧刚,王于阿閦佛;与诸夫人数,皆生于彼国。悉已护法寿,终
后为男子,生须摩诃提,见阿弥陀佛。"2. 支谦译《私呵昧经》说:
"当愿生安隐国,寿无极法王前;妙乐(误作'药')王国土中,无
怒佛教授处。"3. 竺法护译《贤劫经》说:"值光明无量,复见无
怒觉。"4. 竺法护译《宝网经》说:"见阿弥陀、阿閦如来。"5. 竺
法护译《持心梵天所问经》说:"吾亦睹见妙乐世界,及复省察安
乐国土。"6. 竺法护译《海龙王经》说:"安乐世界,无量寿如来
佛土菩萨;……妙乐世界,无怒如来佛土菩萨",都随佛入龙宫。

7. 竺佛念译《菩萨璎珞经》说:"或从无怒佛土来生此间,或从无量佛土。"8. 竺佛念译《菩萨处胎经》说:"寿终之后,皆当生阿弥陀佛国";"今世命终,皆当生无怒佛所";"无量寿佛及阿閦佛国"。9. 佛陀跋陀罗(Buddhabhadra)译《大方广佛华严经》说:"或见阿弥陀,观世音菩萨,灌顶授记者,充满诸法界,或见阿閦佛,香象大菩萨,斯等悉充满,妙乐严净刹。"10. 功德直译《菩萨念佛三昧经》说:不空菩萨所现的国土,"譬如东方不动国土,亦如西方安乐世界"。11. 那连提耶舍译《月灯三昧经》说:"是人复为弥陀佛,为说无量胜利益;或复往诣安乐国,又欲乐见阿閦佛。""香象菩萨东方来,从彼阿閦佛世界。……又复安乐妙世界,观音菩萨大势至。"12. 菩提流志译《无边庄严会》说:"无量寿威光,阿閦大名称,若欲见彼者,当学此法门。"13. 义净译《金光明最胜王经》说:"东方阿閦尊,……西方无量寿。"依这十三部大乘经,东西的二土二佛,在十方净土中,平等地被提出来,可见佛教界的平等尊重。

经中但说阿閦佛土的,有:1. 支谦译的《维摩诘经》。经上说:"是族姓子(维摩诘)本从阿閦佛阿维罗提世界来。"维摩诘菩萨,接阿閦佛国,来入忍(娑婆)土,大众皆见。这是与"下品般若"一样,与阿閦佛土关系很深的经典。2. 白延译《须赖经》说:"我般泥曰后,末时须赖终,生东可乐国,阿閦所山(?)方。"3. 竺法护译《顺权方便经》说:转女身菩萨,"从阿閦佛所,妙乐世界没来生此"。4. 竺法护译《海龙王经》说:龙女"当生无怒佛国妙乐世界,转女人身,得为男子"。5. 竺法护译《密迹金刚力士会》说:密迹金刚力士,"从是没已,生阿閦佛土,在妙乐世

（界）"。贤王菩萨，"从阿閦佛土而来，没彼生此妙乐世界"。
6. 鸠摩罗什译《不思议光菩萨所说经》说："今者在彼阿閦佛土
修菩萨行。"7. 鸠摩罗什译《首楞严三昧经》说："是现意天子，
从阿閦佛妙喜世界来至于此。"8. 鸠摩罗什译《华手经》说："今
是（选择）童子，于此灭已，即便现于阿閦佛土妙喜世界，尽彼寿
命，净修梵行。"在这八部大乘经中，维摩诘菩萨、转女身菩萨、
贤王菩萨、现意天子菩萨——四位菩萨，都是从阿閦佛国，来生
在我们这个世界的。这与西方阿弥陀佛土，都是往生而没有来
生娑婆的，意义非常的不同！

　　经中只说到（往生）阿弥陀佛国的，数量比较多一些。1. 支
谶译《般舟三昧经》说："念西方阿弥陀佛今现在；随所闻当念，
去此千亿万佛刹，其国名须摩提。一心念之，一日一夜，若七日
七夜，过七日已，后见之（阿弥陀佛）。"2. 支谦译《老女人经》
说："寿尽当生阿弥陀佛国。"3. 支谦译《菩萨生地经》说："寿
终，悉当生于西方无量佛清净国。"4. 竺法护译《太子刷护经》
说："后作佛时，当如阿弥陀佛。……闻是经信喜者，皆当生阿
弥陀国。"5. 竺法护译《贤劫经》说："普见诸佛尊，得佛阿弥
陀"；"不久成正觉，得见阿弥陀"。6. 帛尸梨蜜多罗（Śrīmitra）
译《灌顶经》说：愿生阿弥陀佛国的，因药师琉璃光佛本愿功德，
命终时有八大菩萨来，引导往生。7. 聂道真译《三曼陀跋陀罗
菩萨经》说："须呵摩提阿弥陀佛刹土"；"皆令生须呵摩提阿弥
陀佛刹"。8. 佛陀跋陀罗译《文殊师利发愿经》说："愿我命终
时，除灭诸障碍，面见阿弥陀，往生安乐国。"9. 智严（似两晋时
译？）译《法华三昧经》说："其国菩萨，皆如阿弥陀国中。"10. 菩

提流支译《无字宝箧经》说："命终之时,则得现见阿弥陀佛,声闻菩萨大众围绕。"11. 阇那崛多译《月上女经》说："受持彼佛正法已,然后往生安乐土;既得往见阿弥陀,礼拜尊重而供养。"12. 阇那崛多译《出生菩提心经》说："于其睡梦中,得此修多罗,……斯由阿弥陀,愿力如是果。"13. 那连提耶舍译《菩萨见实会》说："人中命终已,此释种(净饭王)决定,得生安乐国,面奉无量寿。住安乐国已,无畏成菩提。"14. 菩提流志译《发胜志乐会》说："汝等从彼五百岁后,是诸业障尔乃消灭,于后得生阿弥陀佛极乐世界";"菩萨发十种心,由是心故,当得往生阿弥陀佛极乐世界"。15. 菩提流志译《功德宝华敷菩萨会》说："所得国土功德庄严,亦如西方极乐世界。"在这些经典中,《般舟三昧经》是依《阿弥陀经》,所作的修持方法。其他的经典,以短篇为多,可见在一般的教化中,往生西方极乐世界,见阿弥陀佛的信行,是相当普遍的。

属于第四类的,或对东西二净土,存有比较高下的意味;或针对当时佛教界部分净土行者的偏差。如《称扬诸佛功德经》,广说十方佛的名号功德,也说到阿弥陀佛。但在说到阿閦佛时,表示了特殊的推崇。如说:"十方诸佛为诸众生广说法时,皆先赞叹阿閦如来名号功德。"阿閦如来名号,是使波旬(Pāpīyas)愁忧热恼的,所以波旬以为:"宁使捉持余千佛名,亦劝他人令使学之,不使捉持阿閦佛名。其有捉持阿閦如来名者,我(波旬)终不能毁坏其人无上道心。"捉持阿閦如来名号,及其他的诸佛名号,魔也不能破坏,因为"阿閦如来自当观视,拥护其人"。这表示在一切佛中,阿閦佛有特殊的地位。又如《菩萨处

胎经》卷三(大正一二·一○二八上)说:

> "菩萨摩诃萨,从忉利天,生十方刹,不因湿生、卵生、化生、胎生,教化众生;此菩萨等,成就无记根。……何者是? 阿閦佛境界是。"

> "或有菩萨摩诃萨,从初发意,乃至成佛,执心一向,无若干想,无嗔无怒,愿乐欲生无量寿佛国。……前后发意众生,欲生阿弥陀佛国者,皆染著懈慢国土,不能前进生阿弥陀佛国。亿千万众,时有一人,能生阿弥陀佛国。"

阿閦佛境界,相当的高。发心求生阿弥陀佛国的,很少能达成往生极乐国的目标,绝大多数是生在懈慢国土——边地疑城。这一叙述,对于念阿弥陀佛的,念佛的多而往生的少,多少有贬抑的意味。《诸法无行经》,说到某些自以为菩萨的,实际上与佛法的距离很远。其中如"是人入城邑,自说度人者,悲念于众生,常为求饶益,口虽如是说,而心好恼他。我未曾见闻,慈悲而行恼,互共相嗔恼,愿生阿弥陀"! 这是批评愿生阿弥陀,而与人"共相嗔恼"的人。这与《菩萨处胎经》一样,并非批评念阿弥陀佛,往生净土法门,而是批评那些念阿弥陀的人。念阿弥陀佛,求生极乐,为一通俗的教化。一般人总是多信而缺少智慧,不能知念阿弥陀佛的真意,夸大渲染,引起佛教界的不满。《灌顶经》卷一一(大正二一·五二九下)说:

> "普广菩萨摩诃萨又白佛言:世尊! 十方佛刹净妙国土,有差别不? 佛言:普广! 无差别也。"

> "普广又白佛言:世尊何故经中赞叹阿弥陀刹? ……

佛告普广:汝不解我意! 娑婆世界人多贪浊,信向者少,习邪者多,不信正法,不能专一,心乱无志,实无差别。令诸众生专心有在,是故赞叹彼国土耳。诸往生者,悉随彼愿,无不获果。"

经上说十方净土,劝人往生,于是普广菩萨有疑问了:十方净土有没有差别? 佛说:没有差别。没有差别,为什么称赞阿弥陀佛土,似乎比别处好呢? 佛以为,这是不懂如来说法的意趣。佛所以形容西方极乐世界是怎样的庄严,那是由于人的贪浊,不能专一修持,所以说阿弥陀佛土特别庄严,使人能专心一意去愿求。其实,十方净土都是一样的,可以随人的意愿而往生。经文阐明十方净土无差别,说阿弥陀佛土的殊胜,只是引导人专心一意的方便。这反显了,那些不解佛意的,强调阿弥陀佛土,而轻视其他净土者的偏执。我想,《文殊师利佛土严净经》说:阿弥陀佛土的功德庄严,菩萨与声闻的众多,比起文殊师利成佛时的离尘垢心世界,简直不成比例。也是针对忽略净土法门的真意义,而夸大妄执的对治法门。

东西二佛二净土,在大乘初期佛教中是平等的。但显然的,说到阿弥陀佛国的经典,时代越迟,数量也越多。凡与斋戒、忏悔、发愿有关的,也就是一般的通俗宣化法门,多数是赞说阿弥陀佛土的。因此,与后代秘密法门("杂密")相衔接,与阿弥陀佛有关的经咒,相当的多。传来中国的,早在吴支谦的《无量门微密持经》,已经开始传译了。一方面,说真常大我的(与《涅槃经》有关的),如来藏、佛性——与世俗"我"类似的经典,也都说到阿弥陀佛土。念阿弥陀佛,往生极乐国的信行,在后期大乘中

的确是非常流行。大乘论师们作出了明确的解说,如龙树的
《十住毗婆沙论》,指为"怯弱下劣"的"易行道"。无著的《摄大
乘论》,解说为"别时意趣"。马鸣的《大乘起信论》,解说为"惧
谓信心难可成就,意欲退者,当知如来有胜方便,摄护信心"。
对称念阿弥陀佛法门,在佛法应有的意义,给以适当的解说。印
度佛法,在这点上,与中国、日本是不大一致的。东西二佛二土,
在"秘密大乘"的组织中,东方阿閦佛为金刚部,西方阿弥陀佛
为莲花部,还不失初期所有的平等意义。

　　(录自《初期大乘佛教之起源与开展》,827—836

　　页,本版706—715页。)

七　未来弥勒净土

　　十方现在的他方净土,是大乘的重要部分。释尊当时的印
度,摩竭陀与跋耆,摩竭陀与憍萨罗,都曾发生战争。释迦族就
在释尊晚年,被憍萨罗所灭。律中每说到当时的饥荒与疫病。
这个世界,多苦多难,是并不理想的。面对这个多苦多难的世
界,而引发向往美好世界的理想,是应该的,也是一切人类所共
有的。佛法的根本意趣,是"心恼故众生恼,心净故众生净":
重视自己理智与道德的完成。到了大乘法,进一步地说:"随
其心净,则佛土净。"在佛法普及声中,佛弟子不只要求众生自
身的清净,更注意到环境的清净。净土思想的原始意义,是充
满人间现实性的。未来弥勒佛——慈氏时代的国土,如《阿毗

达磨大毗婆沙论》卷一七八（大正二七・八九三下——八九四上）说：

> "于未来世人寿八万岁时，此赡部洲，其地宽广，人民炽盛，安隐丰乐。村邑城廓，鸡鸣相接。女人年五百岁，尔乃行嫁。彼时诸人，身虽胜妙，然有三患：一者，大小便利；二者，寒热饥渴；三者，贪淫老病。有转轮王，名曰饷佉，威伏四方，如法化世。……极大海际，地平如掌，无有比（坎？）坑砂砾毒刺。人皆和睦，慈心相向。兵戈不用，以正自守。……时有佛出世，名曰慈氏，……如我今者十号具足。……为有情宣说正法，开示初善中善后善，文义巧妙，纯一圆满，清白梵行。为诸人天正开梵行，令广修学。"

《论》文是引《中阿含经・说本经》的。轮王是以正法——五戒、十善的德化来化导人民，使世间过着长寿、繁荣、欢乐、和平的生活。佛教一向推重轮王政治，在这样的时代，又有佛出世，用出世的正法来化导人间。理想的政治与完善的宗教并行，这是现实人间最理想不过的了！释尊与弥勒佛同样是佛而世间的苦乐不同，这是什么原因呢？《佛本行集经》卷一（大正三・六五六中——下）说：

> "时弥勒菩萨，身作转轮圣王。……见彼（善思）如来，具足三十二大人相，八十种好，及声闻众，佛刹庄严，寿命岁数（八万岁），即发道心，自口称言：希有世尊！愿我当来得作于佛，十号具足，还如今日善思如来！……愿我当来为多众生作诸利益，施与安乐，怜愍一切天人世间。"

"我(释尊自称)于彼(示诲幢)佛国土之中,作转轮圣王,名曰牢弓,初发道心。……发广大誓愿:于当来得作佛时,有诸众生。……无一法行,唯行贪欲嗔恚愚痴,具足十恶。唯造杂业,无一善事。愿我于彼世界之中,当得阿耨多罗三藐三菩提!怜愍彼等诸众生故,说法教化,作多利益,救护众生,慈悲拔济,令离诸苦,安置乐中。……诸佛如来有是苦行希有之事,为诸众生!"

释尊的生在秽恶时代,是出于悲悯众生的愿力,愿意在秽土成佛,救护众生脱离一切苦:这是重在"悲能拔苦"的精神。弥勒是立愿生在"佛刹庄严、寿命无数"的世界,重在慈(弥勒,译为"慈")的"施与安乐"。至于成佛(智证)度众生,是没有不同的,这是法藏部的见解。说一切有部以为:"慈氏菩萨多自饶益,少饶益他;释迦菩萨多饶益他,少自饶益。"释尊与弥勒因行的对比,释尊是更富于大悲为众生的精神。所以弥勒的最初发心,比释迦早了四十余劫,而成佛却落在释尊以后。这显得大悲苦行的菩萨道,胜过了为"庄严佛刹、寿命无数"而发心修行。这一分别,就是后代集出的《弥勒菩萨所问(会)经》所说,"弥勒菩萨于过去世修菩萨行,常乐摄取佛国,庄严佛国。我(释尊)于往昔修菩萨行,常乐摄取众生,庄严众生":开示了信愿的净土菩萨行、悲济的秽土菩萨行——二大流。弥勒的净土成佛,本为政治与宗教、世间正法与出世间正法的同时进行,为佛弟子所有的未来愿望。中国佛教徒于每年元旦(传说为弥勒诞),举行祝弥勒诞生的法会,虽已忘了原义,但还保有古老的传统。由于推究为什么一在秽土成佛,一在净土成佛,而充分表达了(原始的)释尊大悲救世的精神,反而净土成佛是为了"庄严佛刹,寿命无数",与一般宗教意识合流。所以,现实世间轮王政治的理想被忽视,才发展为大乘的净土法门。

（录自《初期大乘佛教之起源与开展》,491—494
　页,本版420—423页。）

七　广大的易行道

一　易行道的真义

　　虽然一切众生，毕竟成佛，但就现实的众生性来说，根机是种种不一的。在发心向道的众生中，有是适宜于菩萨行的，有与菩萨法是格格不相入的，也有想学菩萨而不敢修的。适宜于菩萨行的根性，佛当然"为说无上道"了。与菩萨心行格格不相入的，是鄙劣怯弱的根性，如《法华经》的穷子喻：穷子回到故乡，望到财富无量的长者，惊慌失措，吓得逃走都来不及。对于这类根机，不得不为说方便法门——声闻、缘觉乘法，渐渐地引摄化导他。想修菩萨行而不敢修的，知道羡慕佛果的究极圆满，但对于菩萨的广大心行，却不敢担当，精进修行。这也是怯弱众生，缺乏自信，生怕退堕小乘，或沉沦苦海。对于这类众生，二乘方便是不适用的，佛只有用特别的方便来化导了。这类怯弱下劣的根性，想成佛而不愿修学菩萨的大行难行，所以希望求一简单易行而又迅速的方便道。但这是不顺菩萨的菩提愿行的；因为求成佛道，是决无不修菩萨大行的道理。这如龙树菩萨《十住毗婆沙论·易行品》说:"问曰:是阿惟越致(不退转)菩萨,……行诸难行,久乃可得,或堕声闻、辟支佛地,若尔者,是大衰患!……若诸佛所说有易行道,疾得至阿惟越致地方便者,愿为说之!(龙树)答曰:如汝所说,是儜弱怯劣,无有大心,非是丈夫志干之言也!何以故?若人发愿欲求阿耨多罗三藐三菩提,未得阿惟越致,于其中间,应不惜身命,昼夜精进,如救头燃。"

希求简易迅速的方便道,虽缺乏大丈夫(大丈夫即菩萨,提婆菩萨有《大丈夫论》)的志行,但佛有无量善巧,别说殊胜方便,摄护怯劣的初发心学人,使他不致退失信心,趣入大乘,这就是易行道法门了。这如龙树在《十住毗婆沙论》里,虽呵责了一番,仍摄受他说:"汝若必欲闻此方便,今当说之。佛法有无量门,如世间道有难有易:陆道步行则苦,水道乘船则乐。菩萨道亦如是:或有勤行精进(难行苦行),或有以信方便易行,疾至阿惟越致。"易行道,就是以信愿而入佛法的一流。

易行道的真正意义是:一、易行道不但是念一佛,而是念十方佛,及"阿弥陀等佛,及诸大菩萨,称名一心念,亦得不退转"。二、易行道除称佛菩萨名而外,"应忆念、礼拜,以偈称赞"。三、易行道不单是称名、礼拜而已,如论说:"求阿惟越致地者,非但忆念、称名、礼敬而已。复应于诸佛所,忏悔、劝请、随喜、回向。"所以,易行道就是修七支,及普贤的十大愿王。四、易行道为心性怯弱的初学说,重在摄护信心,龙树论如此说,马鸣论也说:"众生初学是法,欲求正信,其心怯弱……当知如来有胜方便,摄护信心。"五、易行道的摄护信心,或是以信愿,修念佛等行而往生净土。到了净土,渐次修学,决定不退转于无上菩提,这如一般所说。或者是以易行道为方便，坚定信心，转入难行道，如说："菩萨以忏悔、劝请、随喜、回向故，福力转增，心调柔软。于诸佛无量功德清净第一，凡夫所不信而能信受；及诸大菩萨清净大行希有难事，亦能信受。……愍伤诸众生，无此功德，……深生悲心。……以悲心故，为求随意使得安乐，则名慈心。若菩萨如是，深随慈悲心，断所有贪惜，为施勤精进。"这就是从菩萨的易行方便道，引入菩萨的难行正常道了！

　　以信愿而趣入佛道，是乐行的、他力的法门。如大乘经论所说，法门也是很多的，但其中殊胜的，为中国佛教界所特重的，不能不说是称念阿弥陀佛，往生极乐净土了。极乐世界，在西方十万亿国土以外；阿弥陀佛，现在那边说法教化。佛佛道同，功德愿力是不能说有优劣的，那到底弥陀净土有什么殊胜呢？在佛佛道同的平等一法界中，确也不碍差别而显出诸佛的特胜。在大乘经中，虽广说十方净土，称扬种种易行道，而确是多称扬赞叹弥陀净土的。阿弥陀佛所表显的特色，是因中立二十四大愿（或作四十八愿），以无边的悲智功德，现起极乐世界，肯定地宣说：不论什么人，只要信赖弥陀愿力，愿生极乐世界，称念阿弥陀佛，不问一日、二日、以及十念，做到了专诚虔敬，一心不乱，就能为弥陀的佛力所加持，死后往生极乐世界。在极乐世界中，物资非常丰富，所以没有所求不得苦。与诸上善人在一处，精勤佛道，所以没有怨憎聚会、恩爱别离的苦恼。莲花化生，在这生中，一定会悟得无生法忍，所以没有老病死苦。往生极乐净土的上品上生，当下就花开见佛，悟无生忍。其余中品、下品根机，虽还没有了生死，而可说生死已了，也就是必了无疑。虽还没有得不退转，但可说已得不退。总之，在极乐净土修学的，不论时间多长，一定要了生死，不退于无上菩提的。所以，如觉得自己心性怯弱，菩萨道难行，恐怕会堕落二乘，或者随业力而漂流，不能趣向佛道，那么称念阿弥陀佛，是最稳当的了！也就是最能摄护初心众生，不致退失信心的妙方便了。

称念阿弥陀佛，应该礼拜、赞叹、忏悔、劝请、随喜、回向。依《净土论》的五门渐次成就来说，应从礼拜、赞叹，而进入止、观、回向，也就是渐成智慧、慈悲、方便。这所以能速得不退转于无上菩提，与龙树的论义一样，"求阿惟越致地者，非但忆念、称名、礼敬而已"。

在易行道的净土中，释迦佛宣说弥陀佛的极乐净土以后，又说东方药师佛的净琉璃净土，这是适应另一类根性的。弥陀佛的极乐净土法门，是厌弃现实人间的。韦提希夫人，深感世事的痛苦，不愿再生此世界，所以佛为说极乐净土。弘扬弥陀净土法门的，也说："不厌娑婆，不生极乐。"由于厌此人间，所以专重死后往生的。但有些适于易行道的根性，对于现实人间——如身体健康，家庭和乐，社会繁荣，国家富强，天下澄平，并没有厌弃的心情。为了摄护这一类"不舍现法乐"的初心学人，使他也能向于菩提，所以释迦佛又开示药师佛的净土了。药师净土在东方，象征生长；弥陀净土在西方，象征归藏。中国佛教界，为了超荐死亡，就称念弥陀佛；为了消灾延寿，就称念药师佛，充分显出了后世乐与现法乐的差别。经上说：药师琉璃光王佛，在因地中，以大悲愿，发十二大愿，目的在：开发知识，促进事业；救治身体残废，贫病无依；大家获得丰富的衣食康乐；不信邪外；不犯法受刑；男女平等；一切众生成佛。以这样的愿行，在东方世界，现起与极乐世界一样清净、一样庄严的净琉璃净土。以此净土法门，摄护信心，使众生能得人天增上益，往生净土益，终于成就无上菩提。从前玉琳国师，见到了《药师经》，称叹为无上的方便。因为有厌离心的人太少了，与弥陀净土不相应。有了药师净土法门，那些不舍现法乐的没有厌离心的多数人，也有往生净土而成佛的可能。所以玉琳国师称叹药师净土为："人间亦有扬州鹤，但泛如来功德船。"

　　（录自《成佛之道》，295—301页，本版201—206页。）

　　　　※　　　　※　　　　※　　　　※

　　大乘以成佛为标的，所以念佛为大乘要门。如易行道的称名念佛，若得一心不乱，也就是念佛三昧。不过念佛法门的重点，是念佛的身相与功德，旧称观相与观想念佛。如依此而念佛由心起，念佛如实相，那就是实相念佛，趣入出世的胜义禅观了。浅一些，念佛有忏业障、集善根的功能；深一些，就缘相成定，更进而趣入证悟。念佛法门，是由浅入深，贯彻一切。所以在大乘五净行中，早就有以念佛来替代界分别了。念佛，还念菩萨，如文殊、观音、普贤等菩萨，并可依相摄心而修习。进一步，金刚、夜叉，是佛菩萨的化现，所以也可依以修习。但这就成为修天了，因为佛再不是解脱相、慈和相，而化为忿怒相、贪欲相。到此，佛与天几乎合一。不过大乘并非天乘，修止并非修观。所以尽管也称为念佛，但到底重定而流入天乘，还是化天乘行而入佛乘，那就要看有否依大乘的特质——三心相应而修了。

　　系念佛为所缘而修习时,应知这是由意念的。一般散心的称名念佛,也还要重在意念,何况缘佛相而修止? 在起初,审取佛的相好而修习,切勿因为佛相的不易现起,现起而不易坚定,就置佛像在前,望着佛像而修习。修止成定,是定中意识,不是属于五识的。所以如眼识取色相而修,就是心"由外门转",这是怎么也不会入定的。要知系念所缘相,是向内摄心的,是由意识所安立的影像,所以止观的所缘相,也叫做"影像"。凡是修止的,都是意识所安立的影像相而使他安住,不但念佛是这样的。有些修止的,略得安定,前五识相续等流,没有随念及计度分别,就以为无分别定,极为可笑! 还有,初学时从石刻的,或木雕的、纸绘的佛像,取相明了,然后再缘此摄心而修习。但在修时,应觉得所念的是真佛,并非木石等佛像。这才能修习成就时,佛现前住,放光说法等。如作为佛像而修,就失去这些功德了。总之,观佛相为境而持心令住,应该知道的方便是很多的,所以说"善识于方便"。例如初取佛相而修习时,不必过求细微,能略现佛相大体就得。等到佛相现前,渐渐坚定,如某部分特别明显,就不妨缘此而修。如破竹,能破了初节,余节就可迎刃而解。观佛相等也一样,如粗相安住明显了,再观细相;心力愈强,就是《华严经》等所说的佛相,也都有修习成就的可能。所以起初必须专一,切勿念此念彼,或急求明显,急求细微,反而成为定障。又如佛相是意识现起的影像,随心力而成,所以必须是因果相应的。如缘阿弥陀佛相而释迦佛现前,缘佛相而菩萨相现,缘立佛而坐佛相现;修的与现起的不一致,都是不相应。切不可跟着现起的境相而住,应该仍依起初修习的所缘相而摄心。

（录自《成佛之道》,312—314页,本版213—214页。）

二　念佛易行道

念佛与净土,本为佛法的通遍法门,不论什么宗,什么乘,都有此方便。不过最普遍的,要算念阿弥陀佛与往生极乐净土;弘扬最力的,要算净土宗罢了。

这一法门,叙述得最完备的,没有比得上《普贤行愿品》。《普贤行愿品》的"十大愿王,导归极乐"(十愿,实是十项愿行),对于易行道的念佛,叙述得最为完备。念佛,是系念于佛的法身、功德、相好、名号而摄心不乱。念佛,不但是口头称念,而包含了:一、礼拜佛;二、赞叹佛的一切功德(德依名立,所以口称阿弥陀佛,即等于赞叹一切佛功德);三、于佛前广修供养;四、于佛前真诚地忏悔;五、对于佛(因中菩萨等)的功德,生随喜心;六、请佛转法轮;七、请佛久住世间,济度众生;八、随佛修学;九、学佛那样的随顺众生;十、一切功德,与一切众生共同回向佛道。这一切,都是念佛;都是内心的观想(胜解),不待外缘,所以最为易行。观想于一切佛(即无量佛)前如此愿行,即是常念遍念无量佛。以十方无量佛(即西方无量佛)为系念境,所以修行成就,能普入法界,生极乐国。

然而,叙述得浅浅深深最有层次的,又没有比得上《大乘起信论》了。约修行次第,略有四级。一、"初学"大乘而"其心怯弱"的：怕不能见佛，怕不免堕落。这是还没有资格修学信心的钝根。对于这，有特殊方便，要他"专意念佛"——阿弥陀佛；劝他回向极乐世界。以佛力的摄受护持，使他不失信心，渐次成就（如能实相念佛，又当别论）。二、一般初心菩萨，还在修习信心阶段（十信位）：礼佛、忏悔、随喜、回向等念佛易行道，即是消恶障的方便。以易行道消除恶障，即能助成布施、持戒、忍辱、精进等难行方便，达到成就信心。三、信心成就的菩萨（初住以上），修忏悔的能止方便；修供养、礼拜、赞叹、随喜、劝请的发起善根增长方便。必须如此，才能助成大愿平等，悲慧相应；才能信心增长，志求无上菩提。四、到了现证法界的大地菩萨，还是修念佛行。但这是为了利益众生，所以常在十方佛前供养，请转法轮等。文殊、普贤等去极乐国，应属于此类，决非怕不见佛，怕退失信心，像初学的那样。

这可见，念佛易行道，为菩萨道中彻始彻终的法门。法门循序渐深，只看根性如何。我所以依《智论》说易行道与难行道，因初学者根性不同，可以有所偏重；而在完整的菩提道中，从来不曾矛盾，不可妄生取舍！不读《普贤行愿品》，不知念佛易行道的内含广大。不读《大乘起信论》，不知念佛法门的浅深层次（与龙树的《智论》、《十住毗婆沙论》相合）。所以我要向现代的念佛易行道者推荐这经论的广大义，免得断章取义，自毁高深广大的法门！

（录自《佛法是救世之光》，235—237 页，本版 156—157 页。）

三　易行道支略说

"念佛"为主的易行道,是以信为方便的,作用是多方面的,名称也就不一。如《思益梵天所问经》,名善知"方便"。《离垢慧菩萨所问礼佛法经》,以"礼佛"为名,也就是礼佛与佛前的修行。《金光明最胜王经》集为《灭业障品》,这正如智者大师的集为"五悔法"了。《佛说法集名数经》,称为最上"供养"。《华严经·普贤行愿品》,名为十大愿;《文殊师利发愿经》,也是名为"发愿"的。《大宝积经》的《善臂菩萨会》,菩萨于三时中,扫塔(礼佛),劝请,忏悔,念善根[随喜],愿得无上菩提[回向],都是"戒波罗蜜"所摄。易行道的内容,或多或少,到《普贤行愿品》的十大愿,虽多少超越了这一原则,但不失为集易行道的大成。以下,一一地略加解说:

一、"礼敬诸佛",二、"称赞如来":佛在世时,弟子们见了佛,一定是虔诚敬礼。印度古代,见了国王,每赞颂以表示敬意(如我国古时的相见赋诗,不过赋诗是相对的)。在《杂阿含经》("祇夜")中,鹏耆舍就已作偈赞佛了。大乘佛教盛行赞叹如来,如《佛一百八名赞》、《一百五十赞佛颂》等。西元七世纪,印度佛教的赞佛情形,如《南海寄归内法传》所说。对于佛,因崇敬信念而有所表示,那是当然的。在大乘法中,礼佛是礼十方佛,通于身语意三业,如《普贤行愿品》说:"我以清净身语意,一切遍礼尽无余。"这就是《十住毗婆沙论》的"称名、忆念、礼拜"。称名是语业的礼敬,如说"南无佛"、"南无释迦牟尼佛"、"南无

阿弥陀佛"。忆念是意业的礼敬。礼拜是身业的礼敬,如合掌、
稽首佛足、五体投地。传说释尊在因地,见燃灯佛时,五体投地,
可说是最敬的身礼。三业的礼敬,以内心的忆念为主,依内心敬
念而表现于身业、语业。如内心没有诚信忆念,那称名如鹦鹉学
语,礼拜要被禅者讥笑为如碓上下了。所以三业礼敬,主要是虔
诚的"念佛"。称佛名号,其实就是赞叹,如《佛一百八名赞》。
世亲所造的《无量寿经优波提舍》(一般称为《往生净土论》),
立"五念门"说:"云何赞叹? 口业赞叹,称彼如来名。"这样,礼
佛就是念佛;本来"称名、忆念、礼拜"就可以了,为了适应佛教
界的赞佛偈,《普贤行愿品》别立"称赞如来"一门。礼佛、念佛,
"大乘佛法"中法门众多,当别为叙说。

三、"广修供养":这是对于佛的供养。佛在世时,衣、食、
住、药等,一切是信众恭敬供养的。佛涅槃以后,佛舍利(遗体)
建塔,渐渐庄严起来。对于佛塔,也就以"花、香、璎珞、伎乐、
幢、幡、灯油";"花鬘、灯明、幢、幡、伞、盖供养"。一般重视的,
是财物的供养,出家众又怎样供养呢? 佛在世时,如阿难为佛侍
者,为佛服务,就是供养。最上的供养,是弟子依佛所说的,精进
修行,得到究竟解脱的阿罗汉,能满足佛为弟子说法的最大愿
望,就是对佛最上的供养。重法的大乘经,也说到法供养,如
《维摩诘所说经》说:"若善男子、善女人,受持、读、诵、供养是经
者,即为供养去来今佛";"若闻如是等经,信解、受持、读、诵,以
方便力,为诸众生分别、解说、显示、分明,守护法故,是名法之供
养";"又于诸法如说修行,随顺十二因缘,离诸邪见,得无生
忍,……是名最上法之供养"。从信解受持,到得无生忍,如法

供养,是通于浅深的。重信的易行道,《文殊悔过经》才提到财物的供养诸佛:"十方世界无所系属"的无主物,"持以贡上诸世光耀佛天中天"。《普贤行愿品》说:"以诸最胜妙华鬘、伎乐、涂香及伞、盖,如是最胜庄严具,我以供养诸如来。最胜衣服、最胜香,末香、烧香与灯、烛。……我以广大胜解心,……普遍供养诸如来。"这些都是财供养。一切是"最胜"的,"一一皆如妙高(须弥山)聚"的。这样的广大供养,是由于广大的胜解心。胜解是假想观,依定所起的假想观(或以假想观而得定),观成广大供品来供佛,这不是一般人所能的。《普贤行愿品》所说,本是"大愿",发愿能这样供佛,如修行深了,能以胜解所成作广大供养,那已不是易行道了。《大智度论》说:"供养者,若见若闻诸佛功德,心敬尊重,迎逆侍送,旋绕礼拜,曲躬合手(掌)而住。避坐安处,劝进饮食,华、香、珍宝等,种种称赞持戒、禅定、智慧诸功德。有所说法,信受教诲。如是善身口意业,是为供养。"依此可见,供养实只是礼敬的一部分,所以初期的《三品经》是没有说供养的。

四、"忏悔业障":忏悔能达成佛弟子三业的清净,在出家僧团中,是时常举行的。人非大圣,不可能没有过失,有过失就要知过能改,如有罪过而隐藏在内心,会影响内心,障碍圣道的进修,不得解脱。"大乘佛法"的忏悔,是在十方一切佛前,忏悔无始以来的一切罪业。《普贤行愿品》所说,还只是忏悔业障,但有的却扩大为忏悔三障——烦恼障,业障,报障等。在"大乘佛法"中,忏悔有了不寻常的意义,而忏悔的方法更多,这留在下面作专章来叙说。

　　五、"随喜功德"：随喜，是对于他人的所作所为，内心随顺欢喜，认可为行得好，合于自己的意思，所以"随喜"是通于善恶的。简略地说，佛法是浅深不等的离恶行善，这是要自己身体力行的，但不只是自己行就够了。任何一种离恶行善的善行，可分四类：（一）"自行"，自己去做；（二）"劝他行"，还要劝别人去做；（三）"随喜行"，知道别人做了，起认可欢喜心；（四）"赞叹行"，赞叹这一善行，赞扬行此善行的人，以激励大众。大家都向于离恶行善，才是佛教的理想。善行如此，恶行也有"自行"、"劝他行"、"随喜行"、"赞叹行"；如恶行而具足四行，那可是恶性深重了。这里，约随喜功德说。一切善行，不外乎一般人的人、天福德；声闻与缘觉乘——有学、无学功德；菩萨发大心，广修福慧，自利利他的功德；如来圆满大菩提，现成佛、说法、入涅槃等最胜功德。对于这一切功德，都"心生欢喜"，如《普贤行愿品》说："十方一切诸众生，二乘有学及无学，一切如来与菩萨，所有功德皆随喜。"《般若经·随喜品》也是这样，不过与般若相应，无相无著（是难行道）而已。《法华经·随喜功德品》，听闻随喜而转化他人。"随喜功德"，是一切大乘法门所重视的。《大智度论》说："随喜福德者，不劳身口业作诸功德，但以心方便，见他修福，随而欢喜。"这不是说，不需要身语的实际善行，是说见他修福而心生随喜，是有很大功德的。依《智度论》说：随喜功德之所以有大福德，（一）确信福德因果，"得正见故，随而欢喜"。（二）"我应与一切众生乐，而众生能自行福德。"作福的一定能得安乐，那就与自己行善一样。（三）"众生行善，与我相似，是我同伴，是故随喜。"众生是自我中心的，虽明知行善是应该的,但从自我而起颠倒,每对他人的善行善事、福德慧德,会引起嫉妒、障碍或破坏,这是修菩萨行的大障。如能修随喜行,时时随喜一切功德,那一定能慈心普利,趣入菩提的大道。随喜是"礼佛三品"之一,是在佛前修的,佛菩萨的功德,当然是随喜的主要内容,但如来化导众生,不弃人、天、声闻、缘觉功德,所以一切功德,都是发菩提心者所随喜的。

六、"请转法轮",七、"请佛住世":在"三品法门"中,这二者是合为"劝请品"的。这二者,出于各部派的共同传说。(一)释尊成佛以后,感到了佛法甚深,众生不容易教化,曾有"我宁不说法,疾入于涅槃"的意境。梵天知道了,特来请佛说法,这才受请而大转法轮。佛法是不共世间的!世间的神教、哲学等学行,不是一无足取,而是对于彻悟人生的真义,实现人生的究竟归宿,是无能为力的,惟有佛法才能达成这一目的。梵天是印度的最高神,自称是宇宙、人类、万物的创造者。梵天来恳请说法,表示了神教的无能为力,有待佛法的救济。佛转法轮,是世间出现了新的希望,如昏暗中的明灯一样,那是多难得呀!(二)佛曾三次对阿难说:"佛四神足已多修习行,专念不忘,在意所欲,如来可止一劫有余,为世除冥,多所饶益,天人获安。"阿难听了,当时没有说什么,释尊这才答应了魔的请求,三月后入涅槃。这表示了:虽然说佛涅槃后,"自依止,法依止",如法修行,与佛在世一样。实际上,佛涅槃后,虽然佛法在开展,教区在扩大,而佛法的真意义——究竟解脱的,却大大的低落了。这所以有"正法"与"像法"(后来又有"末法")的分别,不免想到了佛法从世间灭失的悲哀。这二项传说,在部派佛教中,没有引起什么问题。"初期大乘"兴起,"劝请"成为"礼佛三品"之一。昼夜六时,对十方佛初成佛道的,"请转法轮";佛要入涅槃的,"请佛住世"。这是愿望佛法的出现世间,佛法永远存在于世间,为苦难众生作依怙:这是真诚的护法心。西元前后,印度的政局非常混乱,佛法在传布中,不免要受到破坏、障碍。圣弟子面对当前的佛教,从内心激发护法的热心,而将"请转法轮"、"请佛住世"作为礼佛要行,时时忆念,以激发佛弟子为法的热忱!

一〇、"普皆回向":回向是回转趣向。回向功德,是将所有功德,转向于某一目的。《普贤行愿品》的回向是:"所有礼赞、供养福,请佛住世、转法轮,随喜、忏悔诸善根,回向众生及佛道。"依偈说,回向是将上来所说的"礼敬功德"、"赞叹功德"、"供养功德"、"忏悔功德"、"随喜功德"、"劝请功德",一切回向于众生,与众生同成佛道。依偈文,可见重佛、重信的易行道(《三品经》也如此),本没有"恒顺众生"与"常随佛学"的。回向众生及佛道,如《舍利弗悔过经》说:"学道以来所得(一切)福德,皆集聚合会,以持好心施与回向天下十方人民、父母、蜎飞蠕动之类,皆令得其福;有余少所,令某得之,令某等作佛道。"异译《菩萨藏经》说得更明白:"一切和合回施与一切众生,……一切和合回向阿耨多罗三藐三菩提。以此善根,愿令一切众生亦得阿耨多罗三藐三菩提。"菩萨修易行道所得的功德,回向众生,就是将自己的功德转而布施给众生,使众生离苦得乐,发心修行成佛。菩萨的功德,真能施与众生,使众生受福乐吗?这里面含有重大问题,也就是"自力"与"他力"。一般神教都是重

"他力"的,佛法说善恶因果,修因证果,一向是"自力"的;"大乘佛法"的"回向功德",不违反佛法的特质吗?《大智度论》卷六一(大正二五·四八七下——四八八上)说:

> "共一切众生者,是福德不可得与一切众生,而果报可与。菩萨既得福德果报,衣服、饮食等世间乐具,以利益众生。菩萨以福德清净,(所有)身口,人所信受;为众生说法,令得十善,……末后成佛。……是果报可与一切众生,以果中说因,故言福德与众生共。若福德可以与人者,诸佛从初发心所集福德,尽可与人!"

经上说福德回向施与众生,这是果中说因,是不了义说。菩萨的福德,是不能转施与别人的。但菩萨发愿化度众生,所以依此福德善根,未来福慧具足,就能以财物、佛法施与众生,使众生得财物,能依法修行,成就佛道。如自己的福德而可以回施众生,那是违反"自力"原则的。佛菩萨的功德无量,如可以回施众生,那世间应该没有苦恼众生,都是佛菩萨那样,也不用佛菩萨来化度了!《十住毗婆沙论》这样说:"我所有福德,一切皆和合,为诸众生故,正回向佛道。"菩萨发菩提心,求成佛道,主要是为了救度一切众生。所以"回向众生及佛道",是说"为诸众生故",以一切功德,回向阿耨多罗三藐三菩提,并非以福德善根施与众生。《普贤菩萨行愿赞》但说"悉皆回向于菩提",没有说回向众生,也许是为了避免读者的误解吧!

"大乘佛法"的易行道,主要是忏悔、随喜、劝请——三品。这是在十方佛前进行的,所以从"礼佛"而分出:礼敬、赞叹、供养——三事。修行终了,这一切功德,为一切众生而回向于佛道。所以易行道的主体,到此为止。《华严经·十回向品》二处说到:一、忏悔,礼敬,劝请,随喜——"悉以回向";二、忏悔,随喜,礼敬,劝请——回向。《离世间品》说:"四行是菩萨道:忏除罪障,随喜福德,恭敬尊重,劝请如来。"易行道的本义,就是这些。大乘行者,对佛礼敬、供养,坚定了清净的大乘信心;忏悔,使内心没有疑悔,不碍修行;随喜佛菩萨等的功德,养成乐人为善的无私心,劝请能激发护持佛法的热忱;并以一切功德,为众生而回向佛道(不为一切众生,就会趣入涅槃)。易行道是以佛为中心的进修,能成就这样的菩萨心行,也就能不退阿耨多罗三藐三菩提了!

八、"常随佛学",九、"恒顺众生":为了符合《华严经》的体裁,满足"十"数,《普贤行愿品》长行,才加入此二愿。约意义说,这二者是菩萨道所应有的。在修学过程中,生生世世见佛闻法,是向上不退的最佳保证! 到底应该怎样修学? 也只有学习诸佛那样的(因中)修学,才能圆成佛道。"恒顺众生",是于众生"随顺而转":尊重众生,救助众生,利益众生。《思益梵天所问经》说:"菩萨有四法善知方便",在随喜、忏悔、劝请外,"顺众生意",也确是方便之一。

上来的解说,是依易行道的十支,作一般的解说,并非专依《普贤行愿品》说的。

(录自《华雨集》二,150—163 页,本版95—104 页。)

八 念佛法门

一 念佛见佛的般舟三昧

《般舟三昧经》,为念佛法门的重要经典。现存的汉译本,共四部:一、《般舟三昧经》,一卷,汉支娄迦谶译。二、《般舟三昧经》,三卷,支娄迦谶译。三、《拔陂菩萨经》,一卷,失译。四、《大方等大集贤护经》,五卷,隋阇那崛多译。前二部,都传说为支娄迦谶译,经近代学者的研究,意见略有不同。依《出三藏记集》"新集经论录",有支谶所译的《般舟三昧经》一卷。在"新集异出经录"中,《般舟三昧经》有二本:支谶译出的,二卷;竺法护译出的,二卷。支谶所译的,一卷或作二卷,可能是传写的笔误。作为支谶与竺法护所译的二本,当时是有本可据的。隋法经《众经目录》,在"众经一译"中,"般舟三昧经,二卷,晋世竺法护译"。"众经异译"中,"般舟三昧经,一卷,是后十品,后汉世支谶别译"。所说的《般舟三昧经》二本,显然与《出三藏记集》相合。支谶的一卷本,注明为"是后十品",虽略有错误,但确是现存的一卷本。古代的传说,是以一卷本为支谶译,二卷(今作三卷)本为竺法护译的。《开元释教录》断定现存的三卷(或二卷)本,是支谶译,而支谶的一卷本,是缺本。这样,竺法护所译的二卷本,也就成为缺本了。依译语来考察,现存的三卷本,与支谶的译语相近,作为支谶所译,是近代学者所能赞同的(与《开元释教录》说相合)。现存的一卷本,部分与三卷本的文句相合,但"涅槃"、"总持"等译语及序文,都不可能是汉译的,近于晋代的译品。《摩诃般若波罗蜜钞经》(推定为竺法护译),部分引用支谶的《道行般若经》文;有古译可参考的,部分采用而译成新本,与这一卷本的译法,倒是很相近的。

《般舟三昧经》三卷本,分十六品;《大方等大集贤护经》,分十七品。这二部的分品,虽多少、开合不同,而次第与段落都是一致的。《拔陂菩萨经》,没有分品,与三卷本的上卷——前四品相当。序起部分,与《贤护经》更相近些。一卷本,传说为三卷本的"后十品",不完全正确,今对列如下:

三卷本	一卷本
1.《问事品》………………	1.《问事品》(简略)
2.《行品》………………	2.《行品》
3.《四事品》………………	3.《四事品》(缺末后偈)
4.《譬喻品》………………	4.《譬喻品》
5.《无著品》	
6.《四辈品》………………	5.《四辈品》
7.《授决品》	
8.《拥护品》………………	6.《拥护品》(缺偈)
9.《羼罗耶佛品》	

10.《请佛品》

11.《无想品》

12.《十八不共十种力品》

13.《劝助品》…………………7.《劝助品》(缺偈)

14.《师子意佛品》………

15.《至诚佛品》…………………8.《至诚品》(缺偈)

16.《佛印品》…………

　　《般舟三昧经》一卷本,比三卷本缺了六品,由于文字部分与三卷本相合,所以或推论为从三卷本抄出的。一卷本与三卷本(及《贤护经》)对比起来,一卷本序分,如没有八大菩萨,应该是简略了的。否则,《拥护品》中的八大菩萨,"见佛所说,皆大欢喜",就不免有突然而来的感觉。不过,说一卷本八品,从三卷本抄略出来,怕是不对的!因为,一卷本的法数,如《四事品》是四种四法;《四辈品》是比丘、比丘尼、优婆塞、优婆夷——四种弟子的各别修持;《拥护品》说"四事"能疾得三昧;《劝助品》是"四事助其欢喜"(仅译出二事)。所说的法数,都是以"四"为准的;这部分的四数,是三卷本所一致的。但三卷本的其他部分,《请佛品》有二种"五事",能疾得三昧;《无想品》有"十事","得八事";《十八不共十种力品》,说"获十八事","佛十种力"。这部分的法数,是五、八、十、十八,与"四"法都不相合。还有,一卷本的念佛三昧,以思想来说,是唯心如幻,近于唯识学的。但三卷本所增多的,如《无著品》、《羼罗耶佛品》、《请佛品》(《贤护经·甚深品》)部分,都近于般若空义。特别是,三卷本所说的"用念佛故,得空三昧";"证是三昧,知为空定";"用念空故,便逮得无所从生法乐,即逮得阿惟越致";"如想空,当念佛立"。一卷本这一部分,都没有说到"空"。所以,这是在唯心如幻的观想基础上,称念佛三昧为空三昧,与般若思想相融和。从法数说,从思想说,三卷本是依一卷本而再纂集完成的。

"般舟三昧"(pratyutpanna-buddha-saṃmukhâvasthita-samā-dhi),意义是"现在佛悉立在前(的)三昧"。"现在佛",是十方现在的一切佛。三昧修习成就了,能在定中见十方现在的一切佛,所以名"般舟三昧"。见十方现在一切佛,为什么经中说念西方阿弥陀佛呢?修成了,能见现在一切佛,但不能依十方一切佛起修,必须依一佛而修;修成了,才能渐渐增多,见现在的一切佛。所以,"般舟三昧"是能见现在一切佛的,修习时也是不限于念阿弥陀佛的。如《大方等大集贤护经》说:

> 1."若有比丘、比丘尼、优婆塞、优婆夷,清净持戒,具足诸行,独处空闲,如是思惟。于一切处,随何方所,即若西方阿弥陀如来应供等正觉,是人尔时如所闻已,……系念思惟,观察不已,了了分明,终获见彼阿弥陀如来。"

> 2."有诸菩萨,若在家,若出家,闻有诸佛,随何方所,即向彼方至心顶礼,心中渴仰,欲见彼佛,……得见彼佛光明清彻,如净琉璃。"

经文明显地说:"于一切处,随何方所,即若西方阿弥陀如来";"随何方所,即向彼方",可见西方阿弥陀佛,只是各方中的一方一佛而已。《般舟三昧经》也说:"菩萨闻佛名字,欲得见者,常念其方,即得见之。"学习"般舟三昧",是可以随所听闻而念各方佛的。依《四事品》说："般舟三昧"的修习,在三月中,不坐、不卧、经行不休息,除了饭食及大小便,这是三月专修的"常行"三昧。《行品》说："念西方阿弥陀佛,……其国名须摩提,一心念之。一日一夜,若七日七夜,过七日已后见之。"一日一夜,或七日七夜的念阿弥陀佛,与小本《阿弥陀经》相合,与《四事品》的三月专修不同。《阿弥陀经》只说"于其卧止梦中见阿弥陀佛",与"般舟三昧"的定中见佛不同。三卷本补充为"过七日已后,见阿弥陀佛;于觉不见,于梦中见之",才含摄了梦中见佛。所以"般舟三昧"的三月专修,定中见佛,本来是与《阿弥陀经》所说不同的。所以举西方阿弥陀佛,当然是由于当时念阿弥陀佛的人多,举一般人熟悉的为例而已。"阿弥陀"的意义是"无量",阿弥陀佛是无量佛。"无量佛"等于一切佛,这一名称,对修习而能见一切佛来说,可说是最适合不过的。所以开示"般舟三昧"的修习,就依念阿弥陀佛来说明。"般舟三昧"是重于定的专修;念阿弥陀佛,是重于斋戒信愿。不同的法门,在流传中结合起来。如以为"般舟三昧"就是专念阿弥陀佛的三昧,那就不免误解了!

"般舟三昧",是念佛见佛的三昧,从十方现在佛的信仰中流传起来。在集成的《般舟三昧经》中,有值得重视的——唯心说与念佛三昧:修"般舟三昧"的,一心专念,成就时佛立在前。见到了佛,就进一步地作唯心观,如《般舟三昧经》(大正一三·八九九中——下)说:

"作是念:佛从何所来? 我为到何所? 自念:佛无所从来,我亦无所至。自念:欲处、色处、无色处,是三处(三界)

意所作耳。(随)我所念即见,心作佛,心自见(心),心是佛,心(是如来)佛,心是我身。(我)心见佛,心不自知心,心不自见心。心有想为痴,心无想是涅槃。是法无可乐者,(皆念所为;)设使念,为空耳,无所有也。……偈言:心者不自知,有心不见心;心起想则痴,无心是涅槃。是法无坚固,常立在于念,以解见空者,一切无想愿。"

这段经文,试参照三卷本,略为解说。在见佛以后,应这样地念[观]:佛从哪里来,自己又到了哪里? 知道佛没有从他方净土来,自己也没有到净土去,只是从定心中见佛。因此,就理解到三界都是心所造作的,或者说是心所现的。随自己所念的,那一方那一佛,就在定心中见到了,所以只是以心见心,并没有见到心外的佛。这样,心就是佛,就是如来,(心也就是自身,自身也是心所作的。)自心见到了佛,但并不能知见是自心。从这"唯心所见"的道理,能解了有想的就是愚痴、生死,没有想才是涅槃。一切都是虚妄不真实的,无可乐著的,只是"念"所作的。那个"念",也是空的,无所有的。前说境不可得,这才说心不可得。如能够解见(三界、自身、佛、心)空的,就能于一切无想(无相)、无愿,依三解脱门而入于涅槃了。这一唯心观的次第,是以"唯心所作"为理由,知道所现的一切,都是没有真实的。进一步,观能念的心也是空的。这一观心的过程,与后来的瑜伽论师相近。经中为了说明"唯心所作",举了种种譬喻:梦喻——如梦中所见而没有障碍相,梦见女人而成就淫事,梦还故乡与父母等谈论;观尸骨喻——见白色、赤色、黑色等;镜、水、油、水精喻——见到自己的身形。无著成立唯识无境的理由,也就是这

样,如《摄大乘论本》卷中(大正三一·一三八上——中)说:

"应知梦等为喻显示:谓如梦中都无其义,独唯有识。
虽种种色、声、香、味、触,舍、林、地、山,似义显现,而于此中
都无有义。"

"于定心中,随所观见诸青瘀等所知影像,一切无别青
瘀等事,但见自心。"

唯识宗所依的本经——《解深密经》,成立"唯心所现",也
是以净镜等能见影像,来比喻"三摩地所行影像"的。依念佛三
昧,念佛见佛,观定境唯心无实,而悟入不生不灭(得无生忍),
成为念佛三昧、引归胜义的方便。《大方广佛华严经·入法界
品》,善财童子所参访的解脱长者,成就了"如来无碍庄严法
门"。在三昧中,见十方诸佛:"一切诸佛,随意即见。彼诸如
来,不来至此,我不往彼。知一切佛无所从来,我无所至。知一
切佛及与我心,皆悉如梦。"《华严经》所说,与《般舟三昧经》相
近。《观无量寿佛经》,是以十六观,念阿弥陀佛土依正庄严的。
第八观"观佛"说:"诸佛如来是法界身,遍入一切众生心想中。
是故汝等心想佛时,是心即是三十二相、八十随形好。是心作
佛,是心是佛,诸佛正遍知海从心想生。""是心作佛,是心是
佛",虽与《般舟三昧经》相同,但已经是"如来藏"说了。"般舟
三昧"在思想上,启发了唯心所现的唯识学;在观行上,从初期
的是心作佛,发展到佛入我心、我心是佛的"如来藏"说。

另一值得重视的,如《般舟三昧经》(大正一三·八九九
上——中)说:

　　"念阿弥陀佛，专念故得见之。即问：持何法得生此
国？阿弥陀佛报言：欲来生者，当念我名莫有休息，则得
来生。"

　　"欲见佛，即见；见即问，问即报，闻经大欢喜。"

　　成就"般舟三昧"的，能见阿弥陀佛。不只是见到了，而且
还能与佛问答，听佛说法。这是修习三昧成就，出现于佛弟子心
中的事实。这一类修验的事实，在佛教中是很普遍的。西元
三——五世纪间，从北印度传来，佛弟子有什么疑问，就入定，上
升兜率天去问弥勒。西元四世纪，"无著菩萨夜升天宫，于慈氏
菩萨所，受瑜伽师地论"，也就是这一类事实。在"秘密大乘"
中，修法成就了，本尊（多数是现夜叉相的金刚）现前；有什么疑
问，可以请求开示，也是普遍存在的宗教事实。在定中见到了，
可以有问有答，在"原始佛教"中早已存在。如《中阿含经·长
寿王品》，就有好几部经，与定中见闻有关的。《长寿王本起经》
中，佛为阿那律说：在没有成佛以前的修行时，修习见光明，见形
色，"广知光明，亦广见色"的过程。《天经》中说：修得光明，见
形色；与天（神）共相聚会；与天"共相慰劳，有所论说，有所答
对"；知道天的名字；知天所受的苦乐；天的寿命长短；天的业
报；知道自己过去生中，也曾生在天中。这样的修习，逐渐增胜
的过程。《梵天请佛经》中，佛于定中升梵天，与梵天问答。《有
胜天经》中，阿那律说：光天、净光天、遍净光天的光，有优劣差
别。"彼（天）与我集，共相慰劳，有所论说，有所答对。"在定中，
到另一界，见到诸天及魔等，与他们集合在一起，与他们论说问
答（与大乘的到他方净土，见他方佛与菩萨的情形相近），是存

在于"原始佛教"的事实。在"原始佛教"中，佛与大弟子们往来天界的记载不少。但那时，佛与大弟子们，对于定中所见到的，是要开示他们、呵斥他们、警策他们，所以佛被称为"天人师"。佛涅槃以后，演化为在定中，见当来下生成佛、现在兜率天的弥勒菩萨。十方佛现在说兴起，"大乘"佛弟子，就在定中见他方佛。在"秘密大乘"中，佛弟子就在定中见金刚夜叉。在定中有所见，有所问答，始终是一致的。但起初，是以正法教诲者的立场，教化天神；后来是请求佛、菩萨、夜叉们的教导。这是佛法的进步升华呢？佛教精神的迷失呢？

《般舟三昧经》集出的时间，试依八大菩萨而加以论断，如《般舟三昧经》卷上（大正一三・九〇二下——九〇三上）说：

> "飔陀和与五百菩萨俱。……罗怜那竭菩萨，从堕舍利大国出；桥日兜菩萨，从占波大国出；那罗达菩萨，从波罗斯大国出；须深菩萨，从迦罗卫大国出；摩诃须萨和菩萨，……从舍卫大国出；因坻达菩萨，从鸠闪弥大国出；和轮调菩萨，从沙祇大国出：一一菩萨各与二万八千人俱。"

《拥护品》中，"是八菩萨"集在一起，称为"八大菩萨"。其中，飔陀和译为贤守，或贤护，是王舍城（Rajagṛha）的长者，《般舟三昧经》就是因贤护的启问而说的。罗怜那竭（Ratnakāra）译为宝积，是毗舍离的长者子。桥日兜（Guhyagupta），译为星藏，是占波（Campā）的长者子。那罗达（Naradatta）译为仁授，是波罗斯（Bārāṇasī），或说弥梯罗（Mithilā）的婆罗门。须深（Susīma）是迦维罗卫（Kapilavastu）人。摩诃须萨和（Mahāsusārthavāha）

译为大导师，或大商主，是舍卫的优婆塞。因坻达（Indradatta）译为主天，实为主（天）授，是鸠闪弥（Kauśāmbī）人。和轮调（Varuṇadatta）译为水天，实为水神授，是沙祇（Sāketa）的优婆塞。八位菩萨的集为一组，《般舟三昧经》以外，《贤劫经》、《八吉祥神咒经》，都说到"八大正士"。帛尸梨蜜多罗译的《灌顶经》，也多处说到这八位。这八位菩萨，是释尊的游化地区，恒河流域的在家菩萨。《般舟三昧经》是为在家菩萨（贤护）说的；并嘱累阿难等比丘，及八菩萨受持宏通。在家菩萨在佛教中的地位，显然的重要起来。这是大乘佛教流行，早期在家菩萨的代表人物；在传说中，多少有点事实成分的。后来，大乘经有十六菩萨，如"中品般若"，及《持心梵天所问经》、《无量寿经》、《观察诸法行经》、《净信童女会》、《观弥勒菩萨上升兜率陀天经》等。大体依《般舟三昧经》的八菩萨（或缺少一二位），加入其他菩萨而成。数目的倍倍增多，是印度佛教的一般情况。从《般舟三昧经》的八菩萨，进到"中品般若"、《持心经》等十六菩萨。依据这一点，《般舟三昧经》的成立，约为"下品般若"集成，"中品般若"还在成立过程中，应为西元五○———一○○年顷。"中品般若"不但序列十六菩萨，"序品"中说："念无量国土诸佛三昧常现在前"，表示了对"现在佛悉立在前三昧"的尊重。

"般舟三昧"，是在家、出家，四众弟子所共修的法门。早期的在家菩萨，出于恒河流域，或表示"念佛见佛"法门是从佛教中国传来的。四众弟子中，出家比丘修行的条件，第一是"当清净持戒，不得缺如毛发，常当怖畏（地狱苦痛）"。三卷本作"一切悉护禁法,出入行法悉当护,不得犯戒大如毛发,常当怖畏"。可见这是比丘的"戒具足"——"安住具戒,善护别解脱律仪,轨则圆满,所行圆满,于微小罪生大怖畏",是比丘在僧团中所受持的律仪生活。在家弟子而想修"般舟三昧"的,"常念欲弃家作沙门,常持八关斋,当于佛寺中";"敬事比丘、比丘尼,如是行者得三昧"。"般舟三昧"虽通于在家修行,而是尊重传统出家僧团的,与寺院通俗教化的斋戒相应的。无论在家、出家,这是三月专修的法门(可能与出家人三月安居静修有关)。到了印度北方,念阿弥陀佛的地区,结合而流行起来,于是有了"一日一夜"、"七日七夜"(《阿弥陀经》所传)的修法。"般舟三昧"的本质,是依假想观而成三昧,属于"定"法,但依此深化而又浅化起来。深化是:在定中起唯心无实观,引入三解脱门;或融摄"般若"而说无著法门。浅化是:与"般若法门"一样,使成为普遍学习的法门。对一般人来说,如三归、五戒、布施而外,"作佛形像","持好素写是三昧"。造佛像与写经,成为当时佛教的特色。"闻是三昧,书学诵持,守之一日一夜,其福不可计",与"下品般若"一样的,推重读、诵、书写的功德。《拥护品》说:八大菩萨是"人中之师,常持中正法,合会随顺教",更说"持是三昧"所得的现世功德,与"下品般若"所说的相近。后来,"若有急(疾),皆当呼我八人名字,即得解脱。寿命欲终时,我八人便当飞往迎逆之",八大菩萨成为闻声救苦的菩萨。《般舟三昧经》,就这样的成为普遍流行的法门。三卷本说到:"却后乱世,佛经且欲断时,诸比丘不复承用佛教。然后乱世时,国国相伐,于是时是三昧当复现阎浮利。"《贤护经》又说:"复此八士诸菩萨,当来北天授斯法。"《般舟三昧经》在北方全部集成,约在西元一世纪末。

（录自《初期大乘佛教之起源与开展》,839—851
页,715—728 页。)

二　念佛法门的发展

念佛,是"六念"之一。《杂阿含经》的"如来记说",从念佛而组合为"三念"、"四念"、"六念";《增一阿含经》更增列为"十念"。然适应"信行人",及"佛涅槃后,佛弟子心中的永恒怀念"而特别发展的,是念佛法门。汉译《长阿含经》,是法藏部的诵本,卷五《阇尼沙经》(大正一·三五上)说:

"我昔为人王,为世尊弟子,以笃信心为优婆塞。一心
念佛,然后命终,为毗沙门天王作子,得须陀洹,不堕恶趣,
极七往返,乃尽苦际。"

频婆沙罗王,是为王子阿阇世所弑的。临终时,一心念佛而死,所以不堕三恶道,生在天上,七返生死就可以得涅槃,与"四不坏信"的"佛不坏信"(或译作"佛证净")相合。异译《人仙经》、南传《长部》(一八)《阇尼沙经》,都没有"一心念佛"一句。但支谦译的《未生冤经》,也说瓶沙王"念佛不忘",死后生天。不堕三恶道、生天、决定向三菩提,是"念佛"法门的主要意义。《那先比丘经》卷下(大正三二·七○一下)说:

　　"王又问那先:卿曹沙门言:人在世间,作恶至百岁,临
欲死时念佛,死后者皆生天上,我不信是语!……那先言:
船中百枚大石,因船故不得没。人虽有本恶,一时念佛,用
是不入泥犁中,便生天上。"

　　从《那先比丘经》所说,可见北方的部派佛教,对恶人临终
念佛,死后生天的信仰,是相当流行的。念佛能离怖畏,《杂阿
含经》已一再说到。离怖畏,不但离死后的恶道怖畏,还有现生
的种种困厄。念佛也有拔济苦厄的作用,如《大智度论》说:商
人们在大海中航行,遇到了摩伽罗(Makara)鱼王,有没入鱼腹
的危难。大众一齐称念佛名,鱼王就合了口,船上人都免脱了灾
难。依《智论》说:鱼王前世是佛的弟子,所以听见佛名,就悔悟
了。《修行道地经》赞颂佛的功德说:"本(木?)船在巨海,向鱼
摩竭口,其船(将)入鱼腹,发慈以济之。"商人们得免摩竭大难,
这是佛的慈悲济拔了。人的种种困厄、不如意,由于过去及现生
所作的恶业,所以要免除苦厄,忏除恶业,渐重于念佛——礼佛
及称佛的名字。

　　念佛,是原始佛教所固有的,但特别发达起来的,是大乘佛
教。念佛法门的发达,与十方佛现在的信仰,及造作佛像有关。
佛在世时,"念佛、念法、念比丘僧",是依人间的佛、比丘僧,及
佛与比丘所开示的法,作为系念内容的。"念"是忆念不忘,由
于一心系念,就能得正定,如《杂阿含经》卷三三(大正二·二三
七下)说:

　　"圣弟子念如来事……。如是念时,不起贪欲缠,不起

嗔恚、愚痴心。其心正直,得如来义,得如来正法,于如来正法,于如来所得随喜心。随喜心已欢悦,欢悦已身猗息,身猗息已觉受乐,觉受乐已其心定。心定已,彼圣弟子于凶险众生中,无诸星碍;入法流水,乃至涅槃。"

依念得定,依定发慧,依慧得解脱。"六念"法门都是这样的,这样的正念,本没有他力的意义。佛涅槃了,对佛的怀念加深。初期结集的念佛,限于念佛的(三号又)十号:"如来、应、等正觉、明行足、善逝、世间解、无上士、调御丈夫、天人师、佛——世尊",也就是念佛的功德。上座部系的说一切有部,归依佛是归依佛所得的无学功德法——法身,不归依佛的有漏色身;念佛也只是念佛的功德。锡兰传来的《解脱道论》,也是念佛的十号;念佛的本生功德,自拔身功德,得胜法功德,作饶益世间功德。《成实论》以五品具足、十力、四无所畏、十号、三不护、三念处、大悲等功德来礼敬佛。上座系的念佛,是不念色身相好的。大众部系以为佛的色身是无漏的,色身也是所归敬的。如《增一阿含经》说,念佛的"如来体者,金刚所成,十力具长(足?),四无所畏,在众勇健,如来颜貌端正无双,视之无厌";及佛戒、定、慧、解脱、解脱知见功德。《分别功德论》也说,念"佛身金刚,无有诸漏。若行时,足离地四寸,千辐相文,迹现于地。……三十二相,八十种好,其有睹者,随行得度"。佛的色身,也是念佛的内容,代表了大众部系的见解。传统的念佛,虽也有念佛色身的,但释尊已经涅槃,没有佛的相好可见。印度佛教初期,是没有(不准有)佛像的,仅有菩提树、法轮、足迹,象征佛的成佛、说法、游行。念是忆念,是忆念曾经经历的境界,重现于心中。释尊过去很久了,又没有佛像可见,所以念佛身相是不容易的,而多数念佛的戒、定等功德了。说一切有部的《十诵律》,在叙述造塔因缘后,又说:"白佛言:世尊! 如佛身像不应作,愿佛听我作菩萨侍像者,善! 佛言:听作。"古代是不许造佛像的;在造佛像以前,先造在家的菩萨像。与《十诵律》文段相当的,《根本说一切有部尼陀那》摄颂说:"听为菩萨像。"长行作:"白佛言:我今欲作赡部影像,唯愿听许! 佛言:应作。"《尼陀那》的"赡部影像",就是《十诵律》的"菩萨像",可推定为画像。《般舟三昧经》说:"作佛形像,若作画。"《成具光明定意经》说:"立庙,图像佛形。"《摩诃迦叶会》说:"若于氎上,墙壁之下,造如来像";"观如来画像";"于墙壁下,画如来像"。画像,可能与书写经典同时流行;铸塑佛像也流行起来。佛像的流行,与十方佛现在的信仰相融合,于是观佛色相的,如"般舟三昧"那样的,"现在佛悉在前立"的念佛三昧,也就兴盛起来了。

念佛,进入大乘佛法时代,形成了不同修持法、不同目标的念佛。当然,可以彼此相通,也可以条贯为一条成佛的法门。现在分为"称名"、"观相"、"唯心"、"实相"——四门来叙述。

一、"称名":传说释种女被刖手足,投在深坑时,"诸释女含苦称佛"。提婆达多生身堕地狱时,"便发悔心于如来所,正欲称南无佛,然不究竟,适得称南无,便入地狱"。商人遇摩竭鱼难,"众人一心同声称南无佛"。人在危急苦难中,每忆念佛而口称"南无佛"(Namo Buddhāya),实与"人穷呼天"的心情相近,存有祈求的意义;希望凭称念佛名的音声,感召佛而得到救度。在传统佛教中,佛入涅槃后,是寂灭而不再有救济作为的,所以

"南无佛"的称名,在佛灭以后,可以流行佛教界,却不可能受到佛教中心的重视。等到十方佛现在的信仰流行,怀念佛而称名的意义,就大为不同了!念阿弥陀佛,愿生极乐世界,是早期念佛的一大流。经上说:"一心念欲往生阿弥陀佛国",是一心忆念;是愿往生阿弥陀佛土,不但是念佛。然阿难"被袈裟,西向拜,当日所没处,为弥陀佛作礼,以头脑着地言:南无阿弥陀三耶三佛檀",当下看到了阿弥陀佛与清净国土。称名与心中的忆念,显然有统一的可能。后来,三十六愿本说:"念吾名号";四十八愿本说:"闻我名号,系念我国";小本《阿弥陀经》说:"闻说阿弥陀佛,执持名号,……一心不乱",到了专念佛的名号了。《观无量寿佛经》所说的"下品下生"是:"若不能念彼佛者,应称归命无量寿佛。如是至心念声不绝,具足十念,称南无阿弥陀佛。"不能专心系念佛的,可以专称阿弥陀佛名字(也要有十念的专心),这是为平时不知佛法,临终所开的方便。念阿弥陀佛,本是内心的忆念,以"一心不乱"而得三昧的;但一般人,可能与称名相结合。在中国,念阿弥陀佛,渐重于称名(人人都会),几乎以"称名"为"念佛"了。其实,"念佛"并不等于"称名";"称名念佛"也不是阿弥陀净土法门所独有的。"称名念佛",通于十方现在(及过去)佛。如《八吉祥神咒经》(支谦初译),诵持东方八佛名,呼八大菩萨名字,能得今世及后世功德,终成佛道。《大乘宝月童子问法经》(《十住毗婆沙论》引用),说十方十佛名号,与《八吉祥神咒经》的德用相近。《称扬诸佛功德经》说:"其有得闻(六方各)……如来名者,欢喜信乐,持讽诵念,却十二劫生死之罪。"经中所说的功德极多,而"灭却多少劫生死之罪",是一再说到的。《宝月童子经》的十方十佛,也受到忏悔者的礼拜供养。《优波离会》,在三十五佛前忏悔,"若能称彼佛名,昼夜常行是三种法(忏悔、随喜、劝请),能灭诸罪,远离忧悔,得诸三昧"。忏悔灭罪,"称佛名号"是重要的行法。如后人集出的《佛名经》、《五千五百神咒佛名除障灭罪经》,都属于这种性质。"称名念佛"的功德极大,现生的消除灾障、忏悔业障而外,《称扬诸佛功德经》每说到"得不退转"、"成佛",这是以信心称念佛名,引入大乘的正道。《摩诃般若波罗蜜经》历举种种念佛功德,又说:"若有人一称南无佛,乃至毕苦,其福不尽。"《法华经》进一层说:"若人散乱心,入于塔庙中,一称南无佛,皆已成佛道。"在初期大乘法中,称名念佛是可浅可深的。浅的是散心念,深的是定心。以称名念佛而引发深定的,是梁代传来的"一行三昧"(ekavyūha-samādhi)。如《文殊师利所说摩诃般若波罗蜜经》卷下(大正八・七三一上——中)说:

> "法界一相,系缘法界,是名一行三昧。"

> "欲入一行三昧,应处空闲,舍诸乱意,不取相貌,系心一佛,专称名字。随佛方所,端身正向。能于一佛念念相续,即是念中能见过去未来现在诸佛。"

依"称名念佛"而成定的"一行三昧",依《文殊师利问经》,是:"如是依(十号)名字,增长正念;见佛相好,正定具足。具足定已,见彼诸佛,如照水镜,自见其形。"修习的方便,是"于九十日修无我想,端坐专念,不杂思惟"。"一行三昧"成就了,能见佛,听佛说法,与"般舟三昧"相近。但"一行三昧"是"常坐"

的，"念佛名号"而"不取相貌"的。这一"一行三昧"，自从黄梅
道信提倡，经弘忍而到弘忍门下，重坐的、念佛净心的禅门，曾风
行于中国。不过"一行三昧"，"中品般若"也是有的，《大智度
论》解说为："是三昧常一行，毕竟空相应。""一行三昧"的原义，
到底只是"法界一相，系缘法界"；以称念一佛名、见佛为方便，
可说是"般舟三昧"的般若化。

二、"观相"：这可以分为二类：1. 念佛三十二相、八十种
好（及行住坐卧等）——色身相；2. 念佛五品具足、十力、四无
所畏等功德——法身相。大乘所重而极普遍的，是念佛色身
相。如说："若行者求佛道，入禅，先当系心专念十方三世诸佛
生身。"古人立"观像念"、"观想念"，其实"观像"也是观相，是
初学者的前方便。《坐禅三昧经》卷上（大正一五·二七六
上）说：

> "若初习行人，将至佛像所，或教令自往，谛观佛像相
> 好，相相明了。一心取持，还至静处，心眼观佛像。……心
> 不散乱，是时便得心眼见佛像相光明，如眼所见，无有
> 异也。"

《观佛三昧海经》也说："如来灭后，多有众生，以不见佛，作
诸恶法。如是等人，当令观像；若观像者，与观我身等无有异。"
没有见过佛的，是无法念佛相好的，所以佛像的发达与念佛色身
相好有关。说到佛像，依《观佛三昧海经》，佛像是在塔里的。
如说"欲观像者，先入佛塔"；"若不能见胸相分明者，入塔观
之"；"不见者，如前入塔，谛观像耳"：这都是佛像在塔中的明

证。《千佛因缘经》说："入塔礼拜,见佛色像。"《称扬诸佛功德经》说："入于庙寺,瞻觐形像。"《华手经》说："集坚实世尊,形像在诸塔。"《成具光明定意经》说："立庙,图像佛形。"印度佛像的造作,起初是供在塔庙中的,后来才与舍利塔分离,而供在寺中——根本香殿。佛像供在塔里,所以念佛色身相好的,要先进塔去,审细观察佛像,然后忆持在心里,到静处去修习。依《解脱道论》,修"一切入"的初学者,是依曼陀罗起想念。在地上作曼陀罗,或"于衣,若于板,若于壁处皆作曼陀罗"。曼陀罗(maṇḍala)是"轮圆"的意义,规画出圆形的地域,或画一圆相(后来或作四方形、三角形),在圆形内作成形相,为修习者生起想念的所依处。《摩诃迦叶会》说："有诸比丘,……若于㲲上,墙壁之下,造如来像,因之自活。"在墙壁下造佛像,应该是作为念佛色相的曼陀罗。如在墙壁下作佛像,对观相修习来说,是比塔中观像更方便的。念佛色相,不但是大乘行者,也成为部分声闻行者的修法。声闻的修法,主要是"二甘露门",经"三度门"而组成"五停心"——不净、慈心、因缘、持息念、界分别。但西元五世纪初,鸠摩罗什译出的《坐禅三昧经》、《禅秘要法经》、《思惟要略法》;昙摩蜜多(Dharmamitra)传出的《五门禅经要用法》,都以"念佛"替代了"界分别"。依僧睿《关中出禅经序》,除末后的"菩萨禅法",其他都出于持经的譬喻师的禅集,可见念佛色身相,已成为一分部派佛教及大乘行者共修的法门。《观佛三昧海经》所说,观三十二相,观佛(色)心,观佛四威仪,观像佛,观七佛:大都是大小共学的。《思惟要略法》中,先说"观佛三昧法",是初学观像佛的修法;进一步是"色身观法":

"既已观像,心想成就,敛意入定,即便得见",是离像的内观;再进而"法身观法",念佛十力、四无所畏、大慈大悲等功德。次第渐进,也是可通于大小乘的。以下的"十方诸佛观法",《观无量寿佛法》是依大乘经而立的观法。《大智度论》解说"念佛",是念十号、三十二相、八十随形好,戒众……解脱知见众具足,一切智、一切见、大慈大悲、四无所畏、四无碍智、十八不共法等,概括了念名号、念色身、念功德法身——三类。《十住毗婆沙论》(二十品——二十五品)所说的念佛三昧,是依《般舟三昧经》的,《论》卷一二(大正二六·八六上——中)说:

> "新发意菩萨,应以三十二相、八十种好念佛(生身),如先说。转深入,得中势力,应以(功德)法身念佛。心转深入,得上势力,应以实相念佛而不贪著。"

> "新发意菩萨,应以十号妙相念佛。……是人以缘名号,增长禅法,则能缘相。……当知得成般舟三昧,三昧成故,得见诸佛如镜中像。"

《十住毗婆沙论》的念佛三昧,既说明了念色身、念法身、念实相——三阶,又说新发意的应念名号,进一步才能"缘相",成就"般舟三昧"。龙树当时的念佛三昧,就是"般舟三昧",也念佛名号。所以《文殊师利般若经》缘一佛名的"一行三昧"(一行三昧的本义,是实相观),不过是方便的少少不同,从"般舟三昧"分出的法门。

三、"唯心":"唯心念佛",是依《般舟三昧经》的。经上这样说(大正一三·八九九上——下):

"菩萨于此间国土念阿弥陀佛,专念故得见之。……
欲见佛,即见;见即问,问即报,闻经大欢喜。作是念:佛从
何所来? 我为到何所? 自念:佛无所从来,我亦无所至。自
念:欲处、色处、无色处,是三处意所作耳。我所念即见,心
作佛。……心有想为痴心,无想是涅槃,是法无可乐者。设
使念,为空耳,无所有也。"

初学"般舟三昧"的行法,是念"三十二相,八十种好,巨亿
光明彻照,端正无比"的"观相念佛"。依三卷本,"当想识无有
能见诸佛顶上者",是从念"无见顶相"下手的。但到了三昧成
就,佛现在前,不但光明彻照,而且能答问,能说经。然当时,佛
并没有来,自己也没有去;自己没有天眼通、天耳通,却见到了
佛,听佛的说法,那佛到底是怎样的? 于是觉察到这是"意所作
耳",只是自心三昧所现的境界,类推到三界生死都是自心所
作的。自心所现的,虚妄不实,所以心有想为愚痴(从愚痴而
有生死),心无想是涅槃。不应该起心相,就是能念的心,也是
空无所有的,这才入空无相无愿——三解脱门。严格地说,这
是念佛三昧中,从"观相"而引入"实相"的过程。然这一"唯
心所作"的悟解,引出瑜伽师的"唯心(识)论",所以立"唯心
念佛"一类。

四、"实相":"实相"或"诸法实相",玄奘译为"实性"或"诸
法实性",是"如"、"法界"、"实际"的异名。"中品般若"的《三
次第品》,说到"菩萨摩诃萨从初已来,以一切种智相应心,信解
诸法无所有性,修六念"。其中以"诸法无所有性""念佛",是分
为五阴;三十二相、金色身、丈光、八十随形好;戒众、定众、慧众、

解脱众、解脱知见众；十力、四无所畏、四无碍智、十八不共法、大慈大悲；十二因缘——五节。三十二相、金色身、丈光、八十随形好，是佛的生身。戒等五众，十力……大慈大悲，是佛的（功德）法身。如人间的释尊，一般解说五阴为体，所以念五阴身。《中阿含经》说"见缘起便见法"，见法空无我就是见佛，所以念十二因缘。般若法门是信解五阴身、生身、功德身、缘起等一切，自性无所有；无所有中，没有少法是可得可念的，所以说："无忆（念）故，是为念佛。""无忆念"的念佛，是直就佛的五阴、色身、功德、缘起，而直观实相的，所以名为"实相念佛"。常啼菩萨见到一切佛，而又忽然不见了，所以问昙无竭菩萨："大师为我说诸佛所从来，所至处，令我得知；知已，亦常不离见诸佛！"昙无竭说："诸佛无所从来，去亦无所至。何以故？诸法如不动相，诸法如即是佛。……无生法……无灭法……实际法……空……无染……寂灭……虚空性无来无去，虚空性即是佛。善男子！离是诸法更无佛；诸佛如，诸法如，一如无分别。"接着，举热时焰、幻师所作幻事、梦中所见、大海中宝、箜篌声——五喻，而说"应当如是知诸佛来相去相"。从因缘如幻如化，而深悟无所有空性为佛，名为"实相念佛"。《佛藏经》所说的念佛，与般若法门相同。念佛的，可以从"称名"、"观相"、"唯心"而入"实相"，也可以直下修实相念佛。原则地说：般若的念佛，是空性观；"般舟三昧"的念佛，是假相观。在法门的流行中，总不免互相影响的。如《般舟三昧经》三卷本，受到了般若法门的影响；而《文殊般若经》的"一行三昧"，受到了"般舟三昧"的影响。《千佛因缘经》说："于诸佛所得念佛三昧，以庄严心；念佛三昧庄严心

故,渐渐于空法中心得开解";"思空义功德力故,即于空中得见
百千佛,于诸佛所得念佛三昧"。念佛三昧与空解,是这样的相
助相成了!《华手经》中,立"一相三昧"、"众相三昧"。缘一佛
修观而成就的,是一相三昧;缘多佛、一切佛而成就的,是众相三
昧。等到观心成就,能见佛在前立,能与佛问答,并了解所见的
是自心所现,内容都与《般舟三昧经》相同。经上又说:"以是一
缘,了达诸法,见一切法皆悉等相,是名一相三昧";"入是三昧,
了达诸法一相无相,是名众相三昧"。将观相的念佛法门、无相
的般若法门,综合起来。这样的念佛三昧,充实了念佛的内容,
念佛已不只是重信的法门。念佛与空慧,是这样的相助相成了!
龙树的《菩提资粮论》,引用《维摩诘经》的"般若菩萨母,方便以
为父",又引颂说:"诸佛现前住,牢固三摩提,此为菩萨父,大悲
忍为母。"般若,般舟三昧——诸佛现前住三摩提,大悲,成为菩
萨不可或缺的行门,受到了佛教界普遍的尊重!

　　念佛,发展为称名、观相、唯心、实相——四类念佛法门。传
入中国、日本的,倾向于散心的称名念佛,然在印度,主要是观相
念佛,念佛的色身相好。念佛的色身相好,是与佛像的流行相关
联的,对大乘佛教的发展、演变,起着出乎意外的影响。佛弟子
对佛涅槃所引起的永恒怀念,是佛法倾向于大乘佛法的原动力。
起初,佛舍利塔的起造供养,及释尊本生、本行的传说,在西元前
后,引发大乘佛教的兴起。佛法原是不准设立佛像的,但那时的
北印度,恰好出现了佛像;佛像逐渐取代舍利塔的地位,佛教才
被称为"象教"。佛像与观相的念佛三昧相呼应,大乘终于趋向
"唯心"与"秘密"的大乘。念佛三昧,主要是念佛的形像。在三

昧中现起的佛,不但是相好庄严、光明彻照,而且是能行动、能答问。这样的佛,出现于自己心中,瑜伽者终于悟到了"是心作佛"、"是心是佛"的道理。修习念佛的,从佛在前立,进展到佛入自己身心中。这一修验,与"如来藏"说相契合。《观无量寿佛经》说:"诸佛如来是法界身,遍入一切众生心想中,是故汝等心想佛时,是心即是三十二相、八十随形好,是心作佛,是心是佛。"《楞伽经》引"修多罗说:如来藏自性清净,转三十二相,入于一切众生身中"。初起的如来藏说,不说众生本具,而说"入一切众生心想中","入于一切众生身中",而如来又是"三十二相"、"八十随形好"的。这是修念佛三昧的,念佛色身现前,入于自己身心中的修验,而引发出来的理论。"自心是佛",就这样流行起来,成为后期大乘的核心论题,也是"秘密大乘"的理论基础。在修持方面,念佛三昧是以佛的端严色相为观想的,三昧成就,现起的佛是出家相的。念佛,也就可以念菩萨——观音、文殊等,多数是现在家天人相的(佛也转化为在家相的毗卢遮那)。念天,也是原始佛教以来的法门,因念佛三昧的启发而兴盛起来。现为鬼趣(如夜叉)、畜生趣(如龙王、孔雀王、毗那夜迦等)相的低级天,作为佛(菩萨)所示现,而成为佛弟子宗仰的本尊。在修习时,这些鬼天、畜生天成为观想的内容;等到三昧成就,本尊现前,也与佛一样的能行动,能问答,能入于自己身心中:自己与本尊,相摄相入,无二无别。这样,称为"修天色身"(当然不止于上面所说的修法),其实也就是修佛的色身。称为"天慢"——我是天,也等于我就是佛。自己与本尊不二,所以现为低级天的本尊,是要饮酒食肉的,佛弟子也就应该食肉饮酒。低级天是"形交成淫"的,佛弟子也要男女交合的双身法,才能究竟成就——"成佛"。大乘初兴时,与佛像相关而展开的念佛三昧,成为演进到"秘密大乘"最有力的一着!

（录自《初期大乘佛教之起源与开展》,854—868页,本版728—743页。）

三　念佛法门的演化

佛法本是正法中心的,法是圣道,依圣道而觉证。法是佛出世如此,佛不出世也如此:本来如是。释尊的大觉成佛,只是体悟了而不是发明了正法,所以佛也是依法而住的。释尊圆满地觉证了,以世间的语文表达出来,使多数的在家、出家众,也能实现正法的觉证,得到解脱自在;随佛修行者,是依法而行的。这样,佛法是"依法不依人",佛与随佛修学者,是先觉觉后觉,老师与弟子的关系。直到现在,我们还自称为佛弟子(或三宝弟子);大家的心目中,也还觉得释迦佛是我们的"本师"。佛教的学众,有"七众弟子",释尊被称为"大师"、"导师"、"天人师"。佛弟子的依法而行,如《长阿含经》(二)《游行经》(大正一·一五上——中)说:

"如来不言我持于众,我摄于众,岂当于众有教令乎?阿难!……当自归依,归依于法,勿他归依。"

对出家的比丘僧众,佛是"依法摄僧",并不以统摄者自居。

所以佛要入涅槃，比丘们不应该有失去领导者而莫知所从的感觉，只要依自己的精进，依法而行就得了。在传记中，释尊起初是与比丘僧一起布萨的。佛姨母以新衣施佛，佛对她说："持此衣施比丘众，施比丘众已，便供养我，亦供养大众。"佛是在僧中的。频婆沙罗王以竹园布施，《五分律》说："但以施僧，我在僧中。"《赤铜鍱律》说："以竹园施佛为上首比丘僧。"《四分律》说："汝今持此竹园，施佛及四方僧。"从施僧，施佛为上首的比丘僧，到施佛及比丘僧，表示了佛与僧伽关系的演化情形。佛在比丘僧中（当然是比丘众的上首），是佛教的早期形态，所以后来有主张"佛在僧中"的学派。到了释尊晚年，一、"依法摄僧"，制定戒律，成为有组织的僧伽（教团）。依律而行，半月布萨说"威德波罗提木叉"，释尊不再参预了。二、在佛弟子，特别是有所证悟的圣弟子，崇仰佛功德的伟大；"法乳恩深"，深感佛的慈悲，越来越觉得佛是远超于一般出家圣弟子的。佛本来也称为"阿罗汉"，圣弟子（阿罗汉）也被称为"如来"，而现在，佛不再只是（圣弟子）"正觉"，而更进称为"无上等正觉"了。佛、法、僧鼎立——别体，应起于释尊晚年；四不坏净、六念等法门，也依此成立。后起的部派佛教，大都是主张"佛在僧外"、"三宝别体"的。佛物（或"塔物"）与僧物的严格分别，就是受了"三宝别体"思想的影响。"佛在僧中"或"佛在僧外"，成为部派的净论所在。其实是不用净论的，这是佛法流布中的先后阶段。

　　释尊的涅槃，引起佛弟子内心无比的怀念。对佛的忆念，深深地存在于内心，表现于事相方面的，是佛陀遗体、遗迹、遗物的崇敬。佛的遗体——舍利，经火化而遗留下来的，起初是八王平分舍利，建塔供养。塔是高显的意思，与中国的"坟"义相同。佛涅槃以后，人间的佛是见不到了，见佛的舍利与见佛一样。由于佛法的发展，教区不断扩大，西元三世纪中，阿育王将佛舍利分布到各方，建塔供养。舍利塔是代表佛的，与僧众及传诵、修持中的法，合为三宝，表彰人间佛教的具体形相。从此，因佛教发展而舍利塔的建筑更多，塔也越建而越是高大。佛牙也是佛的遗体，所以也受到尊敬。佛舍利的崇敬供养，因信、施而有福德，并非"神"那样的崇拜。《小品般若经》也还这样说："诸佛舍利亦如是，从般若波罗蜜生，萨婆若所依止，故得供养。"念佛，信敬佛，应信念佛的功德。佛所有的无边功德，都是依此舍利（遗体）而成就的，所以恭敬供养舍利，无非借此事相来表示佛，作为佛弟子信念的对象，启发增进佛弟子内心的忆念而已。佛的遗迹，如诞生处、成佛处（菩提树也受到尊敬）、转法轮处、入涅槃处，四大圣迹（其后增多为八大圣地）都建塔纪念，受到佛弟子的巡礼供养。还有佛的遗物，最受人重视的，是佛（所用过的）钵，也建筑高台，恭敬供养。对舍利塔等的供养："一切花、香、伎乐、种种衣服、饮食，尽得供养。"还有幡、幢、盖等，也有供养金钱的。佛弟子对佛（遗体、遗迹、遗物）的信敬供养，可说采取当时民间祭祀天神的方式，在一般人的心目中，多少有点神的意识了。不过在部派佛教中，似乎还没有向舍利等祈求保庇的意义，这因为佛入涅槃，不再对人世间有关系了。

　　念佛不能只是事相的纪念，应念佛的功德。在佛教的发展中，佛的功德，远远地超过了佛的声闻弟子。如大天的五事论净,前四事说明了声闻弟子功德不圆满,也就反证了佛德的究竟圆满。佛德的所以究竟圆满,由于释尊未成佛以前——菩萨长时间的广修(自利)利他功德。未成佛以前的菩萨,多数是传说中的古人,也可能是民间传说中的天(神)、鬼、畜生。菩萨故事,纷纷在"譬喻"(意思是"光辉的事迹")、"本生"教典中流传出来。这些菩萨故事,或从内容而类别为六波罗蜜,或类别为四波罗蜜、十波罗蜜,成为菩萨与声闻弟子的不同方便。如《妙法莲华经》卷一(大正九·八下)说:

> "又诸大圣主,知一切世间,天人群生类,深心之所欲,
> 更以异方便,助显第一义。"

"异方便",是特殊的方便,或殊胜的方便。这是适应"天人"(有神教信仰)的欲求,而是"佛法"本来没有的方便。什么是"异方便"?依经文所说,是:修(菩萨行的)六波罗蜜;佛灭后造佛舍利塔,造严饰的佛像,彩画佛像;以花、香、幡、盖、音乐供养佛塔与佛像;歌赞佛的功德;向佛塔、佛像,礼拜、合掌、举手、低头;称南无佛。这些就是成佛的"异方便",是释尊涅槃以后,佛弟子怀念佛,在神教化的气运中发展起来的。怀念佛,佛是越来越伟大,是声闻弟子所万万不及的了。佛的身相,在旧传的"三十二相"外,又有"八十种好"说。佛的功德,在"十力"、"四无所畏"外,又有"十八佛不共法"说。对于佛的观念,佛教界分化了。上座部系,虽也有近于神话的传说,而始终以人间的释尊为对象而念佛的功德。佛出人间,与人一样的身体,是业力所感的,是有漏的,终归于无常灭坏。念佛应念佛的功德,佛之所以

为佛的功德法身。如《遗教经》说："我诸弟子展转行之，则是如来法身常在而不灭也。"大众部系，对于佛传中的事实，如释尊有病、寿八十岁等，认为佛果不可能有这种事，所以说："诸佛世尊皆是出世，一切如来无有漏法。"佛传中有病等事，只是佛的方便。倾向大众系的法藏部也说："今于双树间，灭我无漏身。"譬喻者矩摩罗多，也以为佛的色身及功德，总为佛体。重视佛的色身而倾向于理想佛陀观，后来发展到佛"无所不在"，"无所不知"，"无所不能"。佛身不是一般所能见的，人间所见的释尊，只是佛的方便示现。"大乘佛法"的菩萨与法身如来，是继承这一思想，光大发扬而来。"无所不在"，"无所不知"，"无所不能"，神秘不可思议的佛，失去人间的亲切感，却更适应于神的信仰者。"理想的佛陀，虽说是（最高）神的佛化，而到底经过了佛法的净化。一、佛是修行所成者；二、佛不会惩罚人，唯有慈悲；三、修行成佛，佛佛平等，不是神教那样，虽永生于神的世界，而始终是被统治的，比神低一级。"佛是这样的超越，依此而修持的"念佛"，意境当然要不同了。

部派佛教时代，多数是主张三宝别体的。在三宝的信敬忆念中，对佛的信念，显然地胜过了法与僧。如上所说，对佛的事相与理想，佛弟子有着无限的怀念。尤其是"佛为法本"，法是佛所说的；佛制戒律，依戒律而后有和乐清净的僧伽。人间三宝的出现，佛是在先的。所以信念三宝，而渐重于信佛念佛。《杂阿含经》已有此情形，如五根中的信根，经上说："信根者，当知是四不坏净"；而另一经又说："何等为信根？谓圣弟子于如来所起信心，根本坚固"，这是专于如来菩提而起信了。又如《杂阿含经》"祇夜"中,四位净居天来,各说一偈赞叹,虽赞叹比丘僧,而末偈说:"归依于佛者,终不堕地狱。"《大会经》初,也有四天所说的同一偈颂,这显然对佛有更好的信心。《那先比丘经》卷下(大正三二·七〇一下——七〇二上)说:

> "(弥兰)王又问那先:卿曹沙门言,人在世间作恶至百岁,临欲死时念佛,死后者皆生天上。我不信是语。复言,杀一生,死即入泥犁地狱中。我不信是也。那先问王:如人持小石置水上,石浮耶、没耶?王言:其石没。那先言:如令持百枚大石置船上,其船宁没不?王言:不没。那先言:船中百枚大石,因船故不得没;人虽有本(?)恶,一时念佛,用是不入泥犁中,便生天上。其小石没者,如人作恶,不知佛经法,死后便入泥犁。王言:善哉!善哉!"

弥兰陀王与那先比丘的问答,问题是:一生中造作了无数杀生等恶业,临终时归依佛、忆念佛,死后就上生天上,不会堕落地狱;而只杀一众生的,命终就堕地狱,似乎难以信受。那先以大石在船上,不会沉下,小石着水就沉作比喻,表示恶业要堕落,归依佛、念佛功德的伟大。这是说,从来不知佛法的,造作无数恶业,临终时怖畏堕落,听人说起佛法,引发对佛纯洁而专一的信念,才能不堕落而生天。这决非平时口头信佛,尽作恶事,而想在临命终时念几声佛就可以不堕落的。南传《弥兰王问经》说"善业如船",可见是归依念佛的善力胜过了众多的恶业。弥兰陀王是西元前二世纪人,那时念佛功德的殊胜,已成为佛教界的论题了。《大智度论》说:五百位入海的商人,遭遇到摩伽罗鱼

王的厄难。有一位佛弟子,教大众称念"南无佛",才脱离了鱼
王的厄难。这是因"佛"声而引起鱼王的悔心,免除厄难,并非
依赖佛力的救济。念佛脱鱼王的厄难,念佛而不堕地狱,并非由
于不思议佛力的护持。这是不忘佛法的本义,论师们的见解;在
通俗的一般人心中,怕已想像为佛力的护持了。

(录自《华雨集》二,58—67 页,本版 37—44 页。)

四 通三乘的念佛观

"六随念"之一的念佛,是"佛法"中重信的方便道。在"佛
弟子对佛的永恒怀念"中,适应信众崇敬的心理,特别发达起
来。如念佛灭罪,念佛往生净土,念佛不退菩提心;经典纷纷传
出,念佛功德不断地强化。然念佛法门,不限于信,也不限于持
名,本可以引向甚深智证的,这就是修念佛三昧。所以《观佛三
昧海经》说:"欲系念者,欲思惟者,欲行禅者,欲得三昧正受
者",都要观佛;念佛是系念佛而得三昧定的修行。为了说明念
佛三昧,先要说到:学佛法而解脱生死,或修菩萨道而成佛,都不
离般若——慧的证悟法性;没有胜义观慧的修证,是决不能成就
的。修学位名般若,证果时名菩提,这是佛法的心要,但慧是不
离禅定的。释尊所开示的正定,主要是四禅。禅定与生理有关,
是世间所共的,这是修行者所应该知道的!

初学者修定(依此而进观胜义)的方便,释尊初说不净
念——不净观。出家众首制淫欲,从对治制伏贪欲烦恼来说,不

净观是最有力的方便。但世间是缘所起法,有相对性,如不能适当地应用,会引起副作用的,不净观也不例外。经、律一致地说到:释尊赞叹不净观,比丘们依着修行,引起了严重的厌恶自身;结果,有六十位比丘都自愿被杀而死。这样,释尊才为比丘们别说安那般那念——数息观。从一切依缘起来说,修息而不能恰如其分,当然不会厌身自杀,但也会有副作用的。不净观与数息观,古称入道的"二甘露门";或加(四或六)界差别念——界分别观,名为"三度门"。其实,由于众生的根机不一,烦恼各有偏重,《杂阿含经》已说到四类:"有比丘,修不净观断贪欲,修慈心断嗔恚,修(身)无常想断我慢,修安那般那念断觉想寻思。"《修行道地经》综合为五种对治,如说:"行者情欲炽盛,为说人身不净。……嗔怒而炽多者,为说慈心。……设多愚痴,当观十二因缘。……设多想念寻思,则为解说出入数息。……设多憍慢,为说此义……"为憍慢者所说的,就是界差别。《达摩多罗禅经》说"安(那)般(那),不净,界,又附说(慈等)四无量心三昧等"。《修行道地经》所说的五种对治,也就是《瑜伽论》的五种净行所缘。鸠摩罗什于西元五世纪初来华,传出的《坐禅三昧经》卷上(大正一五·二七一下)说:

> "若多淫欲人,不净法门治。若多嗔恚人,慈心法门治。若多愚痴人,思惟观因缘法门治。若多思觉寻思人,念息法门治。若多等分人,念佛法门治。"

宋昙摩蜜多,元嘉年间来华,传出的《五门禅经要用法》也列举《坐禅三昧经》的五门,但说"若心没者,教以念佛"。五门禅与《修行道地经》的差别,是以念佛代界分别,这已进入"大乘佛法",而还没有忘失"佛法"固有的方便。

不净观引起了副作用,释尊别说数息观,但不净观有对治贪欲的作用,仍为佛弟子所修习,只是别出方便,就是从不净观而转入净观,如八解脱、八胜处、十遍处:

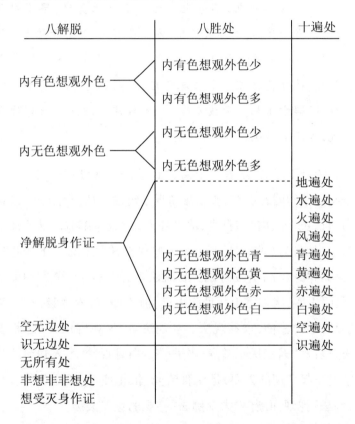

八解脱	八胜处	十遍处
内有色想观外色	内有色想观外色少 内有色想观外色多	
内无色想观外色	内无色想观外色少 内无色想观外色多	
净解脱身作证		地遍处 水遍处 火遍处 风遍处
	内无色想观外色青	青遍处
	内无色想观外色黄	黄遍处
	内无色想观外色赤	赤遍处
	内无色想观外色白	白遍处
空无边处		空遍处
识无边处		识遍处
无所有处		
非想非非想处		
想受灭身作证		

不净观与净观,都是以色法为所缘境的。八解脱的前二解脱是不净观,第三净解脱是净观。八胜处的前四胜处,与八解脱的前二解脱相当,是不净观;后四胜处——观青、黄、赤、白,是净

观。后二是无色处,是《阿含经》所说的。不净观,主要是青瘀、脓烂等九想(或作十想),末后是骨镱。从骸骨不净而转起净观,是从"白骨流光"而转净的,如《达摩多罗禅经》卷下(大正一五·三一六中——下)说:

> "于身起净想,不净观对治。不求止贪欲,思惟习厌患,更有净对治,不作厌患想;方便净解脱,智者开慧眼。谓于不净缘,白骨流光出。从是次第起:青色妙宝树,黄、赤若鲜白,枝叶花亦然。上服珠璎珞,种种微妙色。是则名修行,净解方便相。于彼不净身,种种庄严现……此则净解脱,方便不净观。"

有的修不净观,不着意于离贪欲,只是厌患自身,这就是观不净而自杀的问题所在,所以修净观来对治。从白骨流光,观器世间(青、黄、赤、白)与自身,清净庄严,就是净解脱。从不净而转起净观,名为(改)"易观",如《禅秘要法经》说:"不净想成时,慎莫弃身自杀,当教易观。易观法者,想诸(骨)节间白光流出,其明炽盛,犹如雪山。见此事已,前不净聚,夜叉吸去。""见此事时,心大惊怖,求易观法。易观法者,先观佛像。"《思惟要略法》也说:"若极厌恶其身,当进(修)白骨观,亦可入初禅。"从不净观而起净观的方便,是白骨流光,依正庄严;或观佛像。这是"佛法"禅观而渐向"大乘佛法"禅观的重要关键。

禅定的五方便,本是"佛法"而流行于西北印度的禅法,"念佛"取代"界差别"而为五门的一门,可见"念佛"在这一地区的盛行,也可见"佛法"与"大乘佛法"的关涉。传于中国的禅法,

起初是大瑜伽师僧伽罗叉的禅集——《修行道地(瑜伽行地的古译)经》。西元四〇三——四五五年间,译师们传译了好多部,如:

《坐禅三昧经》	二卷	姚秦鸠摩罗什译
《禅法要解》	二卷	姚秦鸠摩罗什译
《思惟略要法》	一卷	姚秦鸠摩罗什译
《禅秘要法经》	三卷	姚秦鸠摩罗什译?
《达摩多罗禅经》	二卷	东晋佛陀跋陀罗译
《佛说观佛三昧海经》	一〇卷	东晋佛陀跋陀罗译
《五门禅经要用法》	一卷	刘宋昙摩蜜多译
《治禅病秘要经》	二卷	刘宋沮渠京声译

这几部,是部派"佛法"禅观,而含有"大乘佛法"禅观的成分;或是大乘禅观而通于"佛法":代表了西元二、三世纪来的西北印度的禅法。鸠摩罗什所译的,一、《坐禅三昧经》,如僧睿《关中出禅经序》说:"初四十三偈,是鸠摩罗罗陀童受法师所造;后二十偈,是马鸣菩萨之所造也;其中五门,是婆须蜜世友、僧伽罗叉众护、沤波崛近护、僧伽斯那众军、勒胁比丘、马鸣、(鸠摩罗)罗陀禅要之中,抄集之所出也。……菩萨习禅法中,后更依持世经,益十二因缘一卷。要解二卷,别时撰出。"僧睿序的内容,正是《坐禅三昧经》,这是集各家的禅要,而附入"菩萨习禅法"。二、《禅法要解》,是说一切有部的禅法;末后的"五神通",依大乘法说。三、《思惟要略法》,先举五门,特明菩萨求佛道的大乘观法。四、《禅秘要法经》,内容为:"如来初为迦絺罗难陀说不

净门,为禅难提比丘说数息法,为阿祇达说四大观。"这还是不净、数息、界——三度门,但内容繁重(风格与《观佛三昧海经》相近)。数息观前有"念佛三昧",四大观有点杂乱。所说的数息——"一数二随,三数四随"等,与罗什所传的数息不合:这可能是昙摩蜜多失传的《禅秘要》。佛陀跋陀罗是著名的禅师,所译的有:一、《达摩多罗禅经》。题名不妥当,应作《修行方便禅经》,为说一切有部的禅法。本是(安般、不净、界)偈颂集,在后附的长行中,观缘起见佛,已通于大乘了。二、《观佛三昧海经》。观佛的相好,取《华严经》意。"观像品第九"、"观七佛品第十",通于声闻的念佛观。昙摩蜜多所译《五门禅经要用法》,传为"大禅师佛陀蜜多撰",佛陀蜜多传说是世亲的师长。然这部禅经,性质是纂集所成的;佛陀蜜多撰的,可能指"观佛"三十事、"慈心观"二十事说的。沮渠京声译的《治禅病秘要经》,是对治禅病的方便。

在这几部禅法中,念佛是以念佛色身为主的,如《观佛三昧海经》说:"得此观者,名佛现前三昧,亦名念佛三昧,亦名观佛色身三昧。"观佛色身相好,可说是"大乘佛法"的特色。但在部派佛教中,大众部说"佛身无漏",有念佛色身的可能。《增一阿含经》卷二(大正二·五五四上——中)说:

1."比丘正身正意,结跏趺坐,系念在前,无有他想,专精念佛:观如来形,未曾离目;已不离目,便念如来功德。"

2."如来体者,金刚所成;十力具足,四无所畏,在众勇健。"

3."如来颜貌,端正无双,视之无厌。戒德成就,犹如

金刚而不可毁，清净无瑕，亦如琉璃；如来三昧……；如来慧
身……；如来身者解脱成就……；如来身者度知见城，……
有解脱者、无解脱者，皆具知之。"

《增一阿含经》，属于大众部的末派所传。经中所说的念
佛：1. 是总说佛身与功德；2. 是金刚身与十力、四无所畏；3. 是佛
相端严与戒、定、慧、解脱、解脱知见——功德法身。这样的念
佛，比起"大乘佛法"的念佛色身，还相当的古朴。也就因此，禅
法中的念佛，也还有通于声闻的意义。如《达摩多罗禅经》，观
缘而入正受等至，见佛光明普照的境界，有声闻境界、辟支佛境
界、菩萨境界、诸佛境界的浅深不同。《五门禅经要用法》，一心
念佛，从额上出现佛像，去而复还的远与近；见诸佛从心而出，出
而还入的不同，分别是声闻人、是辟支佛人或大乘人。当然，禅
法中的念佛色身三昧，是"大乘佛法"的。

各部禅经所说的念佛三昧，多少有些不同，这是广略不一，
修行（瑜伽）者的修验与传承不一，然从修行的次第来说，仍有
一致性。鸠摩罗什的《思惟要略法》，分为"观佛三昧法"（这实
是总名）、"生身观法"、"法身观法"、"十方诸佛观法"。《坐禅
三昧经》中，"治等分"的念佛法门，虽广略不同，而内容与次第
是一致的。《五门禅经要用法》，将《思惟要略法》的这一部分，
全部纂集进去。依此来观察，《禅秘要法经》的"念佛三昧"，《观
佛三昧海经》所说，也不外乎这一次第。念佛三昧的修习次第，
依《思惟要略法》，先观佛像。佛涅槃以后，不见佛的色身，经上
虽说佛有三十二相，但不容易忆念到明明了了的见佛形相。自
绘画的，木、石等造的佛像流行，有佛的具体形相可以忆念思惟，

念佛观就盛行起来。所以修念佛法门,要先观(佛)像:"先从肉髻,眉间白毫,下至于足;从足复至肉髻"——三十二相(及八十种好)。如印象明了,然后一心观佛,"闭目思惟,系心在像"。观像而心得安住,能开目闭目,"坐卧行步,常得见佛"。进一步观"生身":"当因于像,以念生身"。念佛在菩提树下成佛,鹿野苑转法轮等,"随用一处,系念在缘"。这与观像不同,生身观是观释尊在世的具体活动,所以《坐禅三昧经》作:"初生……;出家;勤苦行;菩提树下……成等正觉……;观视道树;初转法轮。"再进而念"法身":"已于空中见佛生身,当因生身观内法身:十力,四无所畏,大慈大悲,无量善业。如人先念金瓶,后观瓶内摩尼宝珠"。功德法身是不离色身的,与说一切有部等,生身以外说佛无漏功德法身,是不同的(没有说法性为法身)。佛像观、生身观、法身观,都是依释尊而起的忆念思惟。再进观"十方诸佛":这要从东方的一佛、二佛,渐渐增多到无量佛;然后观东南方、南方,一直到现见十方诸佛。从观像到观十方佛,是念佛三昧的次第进修。依《坐禅三昧经》,生身观时,就进念十方佛生身;念佛功德法身后,再念诸佛功德法身。《禅秘要法经》分为观像佛与真佛。观像佛,从一佛像,增多到铁围山内充满佛像;从坐像到行像、卧像,到释尊入大涅槃。这可见《禅秘要法经》的观像,是通于像佛及生身的。真佛是不离色身而内有金刚(功德法身)。《观佛三昧海经》篇幅很长。"观相品第三"起,"观四无量心品第五"止,是观佛相的观像。"观四威仪品第六"中,舍卫城度老母;上忉利天为母说法;下忉利天见金(佛)像;至旷野泽降伏散脂鬼大将;到那乾诃罗化毒龙,留影;

到拘尸那降力士;如来卧(入涅槃),与"生身观"的性质相同。
"观马五藏相品第七",那是因为佛像没有马阴藏相,所以特立
这一品。"本行品第八",明一切佛的身相功德,都是依观佛相
好而来的。《观佛三昧经》(多采取传说)主题,到此可说已告结
束。此下的"观像品第九","念七佛品第十","念十方佛品第十
一",及"观佛密行品第十四",可说是扼要的重说,便于一般人
的实际修持。

　像观,先要用眼去审细地观佛形相,如《思惟要略法》(大正
一五·一九九上)说:

　　　"人之自信,无过于眼。当观好像,便如真佛(无异)。
　　先从肉髻、眉间白毫,下至于足;从足复至肉髻。如是相相
　　谛取,还于静处。"

　《坐禅三昧经》也这样说:"至佛像所,⋯⋯谛观佛像相好,
相相明了。一心取持,还至静处。"谛观佛像相好明了,是用眼
来审细观察,留下极深刻的印象。其他禅经虽没有说到,但这是
必要的。如《观佛三昧海经》说:"观白毫光,暗黑不现,应当入
塔,观像眉间,一日至三日";"若坐不见(佛)眼,当入塔观";
"若不见(佛耳)者,如前入塔,谛观像耳,一日至十四日";"若不
能见胸相分明者,入塔观之"。这样的一再说到入塔观像,那时
的佛像,多数是供奉在佛塔中的。先以眼取佛像相好,然后到静
处去闭目忆念观像;如不见,也就是不能明见像相,那么再到塔
里去观佛像相。《大宝积经》的《摩诃迦叶会》说:"若于毡上、墙
壁之下,造如来像";大精进菩萨"持画毡像入于深山。⋯⋯在

画像前,结跏趺坐,正身、正念观于如来"。这都是用眼来谛观佛像的明证;特别在"墙壁之下"造像,是为了适合静坐平视观佛的。谛观像相明了以后,要观佛像了,如《坐禅三昧经》说:"还至静处,心眼观佛像,令意不转,系念在像,不令他念。""心眼观",是心如眼那样的观像,是闭目的观念。依《佛说观佛三昧海经》卷九(大正一五・六九〇下)说:

> "结跏趺坐,系念一处。随前众生系心鼻端,(或)系心额上,(或)系心足指。如是种种随意系念,专置一处,勿令驰散,使心动摇。心若动摇,举舌拄腭,闭口闭目,叉手端坐,一日至七日,令身安隐。身安隐已,然后想像。"

依此,在观像前,先要静坐,使身心安隐。如平常静坐而身心安定的,当然不必用这一准备了。说到正观佛像,有逆观与顺观:"逆观者,从足逆观乃至顶髻;顺观者,从顶至足。"《观佛三昧海经》也这样说:"如是(逆观顺观)往返,凡十四遍,谛观一样,极令了了。观一(像)成已,出定、入定,恒见立佛在(修)行者前。"然后观二像、三像等。一直要观到"心眼见佛像(三十二)相光明,如眼所见,无有异也:如是心住";"是为得观像定"。观(念)佛三昧,要先修像观;像观成就,再进修"生身"、"法身"、"十方佛"。古代的进修次第如此。

念佛三昧的修习,与不净观、地遍处等相同,都是先以眼取相分明,然后闭目垂帘忆念观想。起初是先观一相,然后扩大,如从一骨到骨骸处处,从一佛到佛像遍满等。这是胜解作意,也就是平常说的假想观。胜解作意的念佛,达到:"能见一佛作十

方佛,能见十方佛作一佛";"见一切诸佛来入一佛身中";"正遍
知诸佛心智无有限碍,我今礼一佛即礼一切佛,若思惟一佛即见
一切佛"。从脐出一一佛,还入人脐。这是从观念中,达到一切
佛即一佛,一佛即一切佛,从自身出佛,佛入自身的境界。这不
只是理论化的玄谈,在印度是修胜解观而呈现于自心的。

念佛三昧的修习,是与"易行道"——忏悔等相结合的,如
《佛说观佛三昧海经》卷九(大正一五·六九一上)说:

> "至心求大乘者,当行忏悔。行忏悔已,次行请佛(说
> 法、住世)。行请佛已,次行随喜。行随喜已,次行回向。
> 行回向已,次行发愿。行发愿已,正身端坐,系念在前,观佛
> 境界令渐广大。"

在观佛像达到"一室内满中佛像"时,就要行忏悔、请佛、随
喜、回向、发愿,也就是天台家所说的"五悔法"。其实,以忏悔
为中心的"念佛三品"的行法,与念佛观深切相关,在开始,"欲
观像者,先入佛塔。以好香泥及诸瓦(?)土,涂地令净。随其力
能,烧香、散花,供养佛像。说已过恶,礼佛忏悔。如是伏心经一
七日,复至众中,涂扫僧地,除诸粪秽,向僧忏悔,礼众僧足,复经
七日",然后静坐。如观佛不明了,或光色不显,不说是自己的
烦恼、散乱,修持不善巧,而认为自己的过去罪业,就诚恳地礼
佛、忏悔。《思惟要略法》也说:"若宿罪因缘不见诸佛者,当一
日一夜,六时忏悔、随喜、劝请,渐自得见。"《禅秘要法经》说:
"昼夜六时,忏悔诸罪。"念佛三昧与"易行道"的"念佛三品"相
结合,与重信的"六念"法门,也见到了关系,如《佛说观佛三昧

海经》卷六(大正一五·六七四中、六七五上)说:

> "诸佛心者,是大慈也。"
>
> "一一化佛赞说不杀;赞叹念佛,赞叹念法,赞叹念僧,赞叹念戒,赞叹念施,赞叹念天;赞六和敬,赞慈三昧。如此六念,能生善法;此六念者,是诸佛因。佛心者是六念心,因六和敬而得此法:欲成佛道,当学佛心。"

从观佛身相而观佛心,佛心是以大慈为本的,而慈心又是从"六念"为因而生起的。这样,成佛应学佛心,学佛心应学"六念",六念是以念佛为先的。所以,"菩萨法者,唯有四法。何等为四?一者、昼夜六时,说罪忏悔;二者、常修念佛,不诳众生;三者、修六和敬,心不恚慢;四者、修行六念,如救头然"。这些,就是重信菩萨所修行的。

上文说过,念佛能灭罪,"称名"以外,主要是观佛相好的念佛三昧。如《禅秘要法经》说,"未来众生罪业多者,为除罪故,教使念佛";"此名观像三昧,亦名念佛定,复名除诸罪";"贪淫多者,先教观佛,令离诸罪,然后方当更教……数息"。鸠摩罗什所传的五门,念佛是治(贪、嗔、痴、寻思)等分的,但末了也说:"是名念佛三昧,除灭等分及余重罪。"在观佛的种种相中,观"白毫"相的功德最大,如《观佛三昧海经》说,"能须臾间念佛白毫,令心了了,……除却九十六亿那由他恒河沙微尘数劫生死之罪";"设复有人但闻白毫,心不惊疑,欢喜信受,此人亦除却八十亿劫生死之罪"。众生的罪业真重,观佛见佛的功德真大!

观佛色身的念佛三昧,成为"大乘佛法"的一大方便。这本从大众部系而来,传入西北印度(及各地),显然的受到部派佛教者所采用,成为五门禅法之一。五门禅是初学禅法者的对治方便,所以《坐禅三昧经》说:"行者(修五门)虽得一心,定力未成,犹为欲界烦恼所乱,当作方便,进学初禅。""念佛者,令无量劫重罪微薄,得至禅定。"念佛三昧是可通于声闻乘的,如《禅秘要法经》说:"闻佛说此观佛三昧,……成阿罗汉。"《观佛三昧海经》也有成阿罗汉的记录:"悉于毛端了了得见,见已欢喜,有发无上菩提心者,有发声闻、缘觉心者。"

　　(录自《华雨集》二,241—260 页,本版 152—167 页。)

五　大乘的念佛三昧

　　上文所说的念佛三昧,从佛像观、生身观、功德法身观,到十方佛观,是从释尊的(像与)生身观开始的。部分的声闻瑜伽者,作为"五门禅"的一门,那只是修禅的方便。所以上文所说的,是在"大乘佛法"流行中,部派佛教采用大乘念佛的意义。如专依"大乘佛法"来说念佛三昧,那就应重于念(过去)现在十方佛,及大菩萨的三昧。

　　"大乘佛法"中,经典众多,内容真可说广大无边。但扼要地来说,"甚深极甚深,难通达极难通达"的,是智证的"甚深行";菩萨的悲愿无限,无数亿劫在生死中利益众生,是"难行苦行";适应一般信增上的,施设的易行道,是方便行。适应不同的菩萨根性,法门的风格也就不同,但佛是"无所不在"、"无所不知"、"无所不能";究竟寂灭而德相无边,大用无方,却是"大乘佛法"所共通的。重于现在十方佛;多数经典仍说释迦佛,但佛的德相,也多胜过人间的释迦。如《般若经》说:"世尊在师子座上坐,于三千大千国土中其德特尊,光明色像威德巍巍,遍至十方如恒河沙等诸佛国土;譬如须弥山王,光色殊特,众山无能及者。"理想的佛陀观,成为"大乘佛法"的通义,所以甚深,广大的菩萨道,也要说到超越的佛陀观,而不只是信愿增上的大乘行。如大本《阿弥陀经》说:"阿难……西向拜,当日所没处,为阿弥陀佛作礼,以头脑着地言:南无阿弥陀三耶三佛檀!阿难未起,阿弥陀佛便大放光明威神,则遍八方上下诸无央数佛国。……即时,阿难、诸菩萨、阿罗汉等,诸天、帝王人民,悉皆见阿弥陀佛,及诸菩萨、阿罗汉,国土七宝(庄严)。"《道行般若经》说:"持释迦文佛威神,一切(大众)悉见阿閦佛,及见诸比丘不可计,皆阿罗汉,诸菩萨亦无央数。"重信的《阿弥陀经》,大众现见西方的阿弥陀佛、菩萨等及国土的庄严。重智证的《般若经》,大众见到东方的阿閦佛与菩萨等。这二部是西元一世纪传出的圣典,虽用意不同,而都现见了他方世界的现在佛与菩萨。《法华经》中,过去的多宝佛塔,涌现在空中。多宝佛的"全身不散",并出声赞叹:"释迦牟尼佛快说是法华经!我为听是经故而来至此。"《华严经·入法界品》中,安住——毗瑟底罗居士,常供养栴檀佛塔。开塔时,得佛性三昧,见过去以来的一切佛。《法华》与《华严经》,都说到开塔见过去佛,意味着佛寿无量,不是二乘那样毕竟涅槃的。无论是重信的,重智的;见现在佛,或开塔见过去以来的佛:初期大乘经的现见佛陀,是一致的。

"大乘佛法"的念佛见佛,主要是般舟三昧。般舟三昧的意义是,"现在佛悉立在前(的)三昧",是专念现在佛而佛现前的三昧。专明般舟三昧的《般舟三昧经》,汉译的现存四部:一、《般舟三昧经》的三卷本,十六品;二、一卷本,八品。这二部,都题为"后汉支娄迦谶译"(应与竺佛朔有关)。三、古代失译的《拔陂菩萨经》,一卷。四、隋阇那崛多译的《大方等大集经贤护分》,五卷,十七品。汉光和二年(西元一七九)译出的《般舟三昧经》,受到初期大乘的非常重视,如龙树的《大智度论》,再三地提到般舟三昧;《十住毗婆沙论》,自"念佛品第二十"到"助念佛三昧品第二十五",就是依《般舟三昧经》而说的。这部经,也有(先后)不同本的糅合情形,如"一心念若一昼夜,若七日七夜,过七日以后,见阿弥陀佛",与《阿弥陀经》说相近。又说:"不得卧出三月,如指相弹顷;三者、经行不得休息,不得坐三月,除其饭食左右",能疾得般舟三昧,为后世三月修般舟三昧的依据。般舟三昧的修习,如《十住毗婆沙论》卷一二(大正二六·八六上——中)说:

> "新发意菩萨,应以三十二相、八十种好念(生身)佛,如先说。转深入,得中势力,应以(功德)法身念佛。心转深入,得上势力,应以实相念佛而不贪著。"

> "未得天眼故,念他方世界佛,则有诸山障碍,是故新发意菩萨,应以十号妙相念佛。……以缘名号,增长禅法,……当知得成般舟三昧。……菩萨成此三昧已,如净明镜,自见面像;如清澄水中,见其身相。初时,随先所念佛,见其色像;见是像已后,若欲见他方诸佛,随所念方,得见诸

佛无所障碍。"

《论》文所说的念佛生身、法身,与五门禅中的念佛相同。修习大乘的念佛三昧,主要是"念诸佛三十二相、八十种好庄严其身,比丘亲近,诸天供养,为诸大众恭敬围绕;专心忆念,取诸佛相"。但初学者没有天眼,是不能见他方佛的,也就不容易取相修习,所以初学者念"如来、应、正等觉"等十号,也就与"佛法"六念中的念佛相同。这样,念佛三昧的修习,有念佛(十种)德号、念佛生身、念佛法身、念佛实相——四类,也可说是次第的增进。《大智度论》说到(六念中的)念佛有二:一、念如来等十号;念佛三十二相、八十随形好;念佛戒具足,……解脱知见具足;念佛一切知……十八不共法等功德。这与念佛的十号、生身、法身相同。二、般若的实相念佛,"无忆思惟故,是为念佛"。而无忆无念的念佛,是色等五阴;三十二相及随形好;戒众……解脱知见众;十力,四无所畏,四无碍智,十八不共法,大慈大悲;十二因缘法。这一切都无自性,自性无所有,所以"无所念,是为念佛"。佛的生身,以五阴和合为体,所以观五阴无所有。经说"见缘起即见法","见法即见我(佛)",所以观缘起因缘。惟有般若的离相无所有,才真能见佛之所以佛。但实相念佛,是于生身、法身等而无念无思惟的,所以般若的"无所念是为念佛",与念色身、法身等是不相碍的,如"中本般若"(《大品》)的菩萨般若,已说到"念无量国土诸佛三昧常现在前"了。

修般舟三昧的历程,如《大方等大集经贤护分》卷二(大正一三·八七六上——中)说:

"善男子、善女人等，若欲成就菩萨摩诃萨思惟一切诸佛现前般舟三昧，亦复如是。其身常住此世界中，暂得闻彼阿弥陀如来、应供、等正觉名号，而能系心相续思惟，次第不乱，分明睹彼阿弥陀佛，是为菩萨思惟具足成就诸佛现前三昧。因此三昧得见佛故，遂请问彼阿弥陀佛言：世尊！诸菩萨等成就何法，而得生此佛刹中耶？尔时，阿弥陀佛语是菩萨言：若人发心求生此者，常当系心正念相续阿弥陀佛，便得生也。"

"时彼菩萨复白阿弥陀佛言：世尊！是中云何念佛世尊，精勤修习，发广大心得生此刹耶？贤护！时彼阿弥陀佛复告彼言：诸善男子！汝若今欲正念佛者，当如是念！今者阿弥陀，如来、应（供）、等正觉、明行足、善逝、世间解、无上士、调御丈夫、天人师、佛、世尊（以上德号）。具有如是三十二相、八十随形好（以上色身）。身色光明，如融金聚，具足成就众宝辇舆（以上法身）。放大光明，坐师子座，沙门众中说如斯法。其所说者，谓一切法本来不坏，亦无坏者，……乃至不念彼如来，亦不得彼如来。彼作如是念如来已。如是次第得空三昧（以上实相）。善男子！是名正念诸佛现前三昧也。"

无论在家的、出家的，听说西方阿弥陀佛，就一心念，念到现见阿弥陀佛。见到了阿弥陀佛，就问：怎样才能往生阿弥陀佛国土？应怎样的念佛？经文含有四种念佛，与《十住毗婆沙论》说相合。念十号，是称名忆德的念佛。三十二相等是念色身佛。"色身光明如融金聚，具足成就众宝辇舆"，是念佛法身。鸠摩罗什的《思惟要略法》说："当因生身观内法身，十力、四无所畏、

大慈大悲、无量善业,如人先念金瓶,后观瓶内摩尼宝珠。所以
(法身)尊妙神智无比,无远无近,无难无易,无限世界悉如目
前,无有一人在于外者,一切诸法无所不了。"《拔陂菩萨经》也
这样说:"紫磨金色身,如净明月水精珠身,譬如众宝所璎珞。"
念功德法身,大乘是不离色身的,只是无量功德所庄严,色相光
明、清净、广大、无碍,显出佛身的无所不在,佛智的无所不了,不
是声闻行者那样,离色身而念佛功德法的。所说"一切法本来
不坏"等,是念佛实相。在念佛三昧中,能见佛,与佛问答,这种
瑜伽行者的修验,是"佛法"到"秘密大乘佛法"所一致的。修行
者从三昧起出定,对于定中境界,进一步观察,如《大智度论》卷
二九,依经文(大正二五·二七六中——下)说:

> "从三昧起,作是念言:佛从何所来?我身亦不去。即
> 时便知诸佛无所从来,我亦无所去。复作是念:三界所有,
> 皆心所作。何以故?随心所念,悉皆得见。以心见佛,以心
> 作佛,心即是佛,心即我身。心不自知,亦不自见。若取心
> 相,悉皆无智;心亦虚诳,皆从无明出。因是心相,即入诸法
> 实相,所谓常空。"

这段经文,为瑜伽行者的"三界唯心"、"万法唯识"说所本。
定中见到了佛,听到佛的说法,但修行者并没有到佛国去,佛也
没有到这里来。见佛与听佛说法,都只是自己定心所现的。对
于定中见佛,与佛问答,《般舟三昧经》列举了梦喻、不净想喻;
正与从水、油、明镜、水精(四喻)所见自身的影子那样。后来,
《解深密经》说"我说识所缘,唯识所现故",也是依三摩地定影

像说的;并以明镜为喻。无著造《摄大乘论》,成立唯识,也以梦等、不净想为喻来说明;并引颂说:"诸瑜伽师于一物,种种胜解各不同,种种所见皆得成,故知所取唯有识。"这可见,念佛德号、色身、法身,于定心中所见的,听到的,都是胜解观想所成就的。《华严经·入法界品》,善财所参访的解脱长者也说:"一切诸佛,随意即见。彼诸如来不来至此,我不往彼,知一切佛无所从来,我无所至。知一切佛及与我心,皆悉如梦。"从念佛见佛所引发的唯心观,成为"大乘佛法"的重要内容。在了解"以心见佛,心即是佛"后,《般舟三昧经》卷上(大正一三·九〇六上)进一步说:

> "心有想为痴,心无想是泥洹涅槃。是法无可乐者,皆念所为,设使念为空耳,设有念者亦了无所有。"

这是从"唯心所现",趣入空三昧;从有想念而向离想念的涅槃(以涅槃为趣向,显见为大乘初期的圣典)。定心所现见的,只是观想所成,没有真实性,所以有念是空无所有的。《大智度论》立三种空:一、分破空(天台家称为析法空),二、观空,三、十八空——缘起的无自性空。前二者是方便说,不了义的。《般舟三昧经》自心所见为空,是观空;"一切法不坏"的空,是境空心也空的,与无性空相同。当时还没有中观与瑜伽学派,而学派是依行者所重而分化出来的。

般舟三昧是现在(十方)诸佛现前的三昧,不是限定于某一佛的,如《贤护分》说:"独处空闲,如是思惟,于一切处,随何方所,即若西方阿弥陀如来、应供、等正觉,是人尔时如所闻已……"《般舟三昧经》也说:"菩萨(随)其所向方,闻现在佛,常念所向方(佛),欲见佛。"般舟三昧所念的,是随所听闻的他方现在佛而发心念佛见佛的。经上特举西方阿弥陀佛名,应该是般舟三昧是在北天竺传出的,而这里恰好流行念阿弥陀佛、往生西方的法门,所以就以阿弥陀佛为例。初修一定要专念一佛,等三昧成就,佛身现前,再渐见东方……十方一切佛,展转增多。遍虚空中见无数佛,如"明眼人,夜半视星宿,见星其(甚?)众多"一样。般舟三昧是念十方现在一切佛的法门;念佛法门的广大流行,念他方佛经典的不断传出,表示了"大乘佛法"界的一项重要意义。根本原因是佛弟子对佛的永恒怀念。释尊在世,佛弟子见佛,闻法、如说修行。佛涅槃后,虽还是闻法、修行,在一般佛弟子的心目中,到底没有佛那样的应机开示,鞭辟入里。从释尊入灭到弥勒成佛,要经一段漫长(而没有佛法)的时期。修学佛法的,如还没有见谛,得须陀洹果,虽凭善业而往来人间天上,但长期不逢佛法,是有误失堕落可能的,这该是佛弟子永恒怀念的重要因素。现在十方有佛,胜解念佛而三昧成就的,能见佛,听闻佛法,还能与佛问答,那真是太理想了! 念佛的能往生佛国,可以不离见佛闻法;能满足佛弟子的愿望,是一切念佛法门盛行的原因。如《大方等大集经贤护分》卷一(大正一三·八七四中)说:

"世尊! 譬如今时圣者阿难,于世尊前亲闻法已,皆悉受持,如说奉行。彼诸菩萨身居此土,不至彼(佛世)界,而能遍睹诸佛世尊,听闻法已,悉能受持,如说修行,亦复如是。从是已后,一切生处,常不远离诸佛世尊,听闻正法。"

"彼诸菩萨"，是修般舟三昧的菩萨。能见佛、闻法，更能"一切生处常不远离诸佛"。《般舟三昧经》也说："行是（三昧）比丘已见我，常为随佛不远离。"《论》中也说："菩萨念佛故，得入佛道中。……念佛三昧，能除种种烦恼及先世罪"；"菩萨常爱乐念佛故，舍身受身，恒得值佛。""于无上道得不退转报。"念佛能消罪业，生生世世见佛闻法，得不退转，是一切念佛法门所共同的。往生西方净土，也不外乎这一意义。有些净土行者，厌娑婆而求生净土，不免消极了一点！日本部分净土行者，以为"生净土即成佛"，那真是无稽之谈了！

般舟三昧所见的佛（及菩萨等），是由观想所成的，如《大智度论》说："般舟三昧，忆想分别，常修常习故见（佛）。"经文以梦中所见、不净想等为譬喻，这是唯心所现，虚妄不实的。那么，所见的佛，与佛问答，听佛说法，都虚妄而不足信吗？那又不然，定心所现的，与错觉、幻想不同，名"定自在所生色"，在世俗谛中是实有的。修般舟三昧成就："幽冥之处，悉为开辟，无所蔽碍。是菩萨不持天眼彻视，不持天耳彻听，不持神足到其佛刹，不于此间终（往）生彼间，便于此坐（三昧）见之。"般舟三昧能见能闻他方世界事，却不是天眼等神通力，与《法华经》六根清净说相近。"常修习是三昧故，得见十方真实诸佛。"三昧力有浅深，所见闻的也就有优劣，但约佛与法来说，那是真实的。般舟三昧是自力念佛，现生就能见佛、闻法，其中也有他力的因素，如《大方等大集经贤护分》卷二（大正一三·八七七上）说：

"得见彼（世界）佛，有三因缘。何者为三？一者、缘此（般舟）三昧；二者、彼佛加持；三者、自善根熟。具足如是三因缘故,即得明见彼诸如来。"

于三昧中见佛闻法,不只是般舟三昧力,也有佛的加持力。"自善根熟",异译作"本功德力",指过去生中积集的功德,今生"持戒完具"。含有他力因素,"他力"不断地强化起来,那是以后的事了!

梁天监年间,曼陀罗仙译的《文殊师利所说摩诃般若波罗蜜经》,传出念佛的一行三昧,如卷下(大正八·七三一上——中)说:

> "佛言:法界一相,系缘法界,是名一行三昧。"
>
> "善男子、善女人欲入一行三昧,应处空闲,舍诸乱意,不取相貌,系心一佛,专称名字。随佛方所,端身正向,能于一佛念念相续;即是念中,能见过去未来现在诸佛。……入一行三昧者,尽知恒沙诸佛法界无差别相。"

僧伽婆罗是曼陀罗仙同时人,依据曼陀罗传来的原本,再译的《文殊所说般若波罗蜜经》,却没有这一段。但唐玄奘所译的《大般若经》(第七)《曼殊室利分》,也有这段经文。玄奘所译,译"一行三昧"为"一相庄严三摩地";译"不取相貌"为"善想容仪"。一行三昧与一(相)庄严三昧,都是《般若经》中百八三昧之一。一行三昧是:"不见诸三昧此岸彼岸";龙树解说为:不见禅定的入相、出相,得相、(失)灭相;一相庄严三昧是:"观诸法皆一(相)。"《文殊说般若经》,释一行三昧为系缘法界一相,是法界无差别的甚深三昧;而从专心系念一佛入手,见三世诸佛法界无差别相。与般舟三昧同样的是念佛三昧,而这是与通达甚深法相结合的。所以,般舟三昧的念佛,是由浅而深的,一行三昧是直下见三世(般舟作"十方")佛,通达诸佛无差别。曼陀罗仙译为"不取相貌",所以禅宗(四祖)道信以下的禅门,都说忆念佛名入手,而不取佛身相好的。然依玄奘所译,念佛是"善想容仪",那是观佛相好而通达法界了。鸠摩罗什所译《千佛因缘经》说:"念佛三昧庄严心故,渐渐于空法中心得开解";"思空义功德力故,即于空中得见百千佛,于诸佛所得念佛三昧"。念佛三昧与空慧,是这样的相助相成了。罗什所译《华手经》,立一相三昧与众相三昧。缘念一佛而成就的,是一相三昧;缘念多佛而成就的,是众相三昧。经上又说:一相三昧见一切法等相,众相三昧了达一切法一相无相。等相,是法法平等;无相,也是法法平等;似乎方便不同,而其实都是归于实相的。在"大乘佛法"中,念佛执持名号,固然是适应信行人的易行道,但念佛而修三昧,能从"观相"、"唯心"而深入实相;易行道本是甚深难行道的方便,是诱导行者深入的。法界无差别中,毕竟寂灭而化用无尽,正是"大乘佛法"共同的佛陀观。以上所说的,都是通于现在一切佛的。或以阿弥陀佛为例,那不过是经典流通处,恰好流行阿弥陀佛的信仰,也就举例说明,使人容易信受罢了。

(录自《华雨集》二,264—280 页,本版167—179 页。)

六 念佛菩萨的观法

经,是劝人(或浅或深)依法修行的。大乘经中,说十方十

佛,六方六佛,广说佛名的着实不少,也有专明某佛某菩萨的
(全经或其中一品)。这显示了某佛某菩萨的特殊功德,也就有
专修某佛某菩萨的法门。在"秘密大乘佛法"中,如毗卢遮那、
阿閦、阿弥陀等佛;文殊师利、普贤、观世音、地藏等菩萨的修持
法,大量集出流传。这一风气,"大乘佛法"已经开始了。在西
元五世纪上半,就已译出了:

　　《观无量寿佛经》　　　　　　一卷　宋畺良耶舍译

　　《观药王药上二菩萨经》　　　一卷　宋畺良耶舍译

　　《观普贤菩萨行法经》　　　　一卷　宋昙摩蜜多译

　　《观虚空藏菩萨经》　　　　　一卷　宋昙摩蜜多译

　　《观弥勒菩萨上生兜率陀天经》一卷　宋沮渠京声译

　　《观世音观经》　　　　　　　一卷　宋沮渠京声译

　　《佛说文殊师利般涅槃经》　　一卷　西晋聂道真译

　　畺良耶舍、昙摩蜜多、沮渠京声,都是有名的罽宾与西域的
禅师(瑜伽者),与鸠摩罗什及佛陀跋陀罗,时代与地区相近,这
可以想见当时的罽宾及西域,念佛及菩萨的禅观是相当兴盛的。
沮渠京声所译的《观世音观经》已经佚失。聂道真所译《佛说文
殊师利般涅槃经》,也是"观经"的一类,是西元四世纪初译
出的。

　　这几部"观经",概略地说明它的内容:一、《观无量寿佛
经》:是依《无量寿佛经》所出的观法,十六观。从观想西方落日
起,次第观净土庄严,无量寿佛、观世音、大势至菩萨的相好庄
严。观想净土的依正庄严,死后能往生西方极乐国土,共十三

观。后三观,明九品往生,是《无量寿佛经》"三辈往生"的分别,配合"十六"这一成数而已。《观无量寿佛经》的缘起是:阿阇世王逼害生母韦提希,韦提希对佛说:"我宿何罪生此恶子?……唯愿世尊为我广说无忧恼处,我当往生,不乐阎浮提浊恶世也。"这是充满了不满现实的厌离情绪,不是为了容易修菩萨行而求生净土。从此,厌娑婆苦,求生极乐,成为中国一般净土行者的心声。还有,《观无量寿佛经》传出的时代,流行念佛灭除罪业的思想,所以经中一再说到,"此(座)想成者,灭除五百亿劫生死之罪";"作是(菩萨像)观者,除无量亿劫生死之罪";"下品下生"的,是"五逆十恶"人,由于"称佛名故,于念念中除八十亿劫生死之罪"。"消业往生",因时代不同,与古本大《阿弥陀经》多少有差别了。二、《观普贤菩萨行法经》:《法华经》中,有《普贤菩萨劝发品》,说到五浊恶世,有受持、读诵、思惟、修习《法华经》的,普贤菩萨会乘六牙白象而来,"而自现身,供养守护,安慰其心。……现其人前而为说法,示教利喜"。依此而成的"观普贤菩萨行法",先观普贤菩萨,再进而见十方佛、十方净土,见释迦牟尼佛十方分身佛,见多宝佛塔。十方佛说六根忏悔,于佛菩萨前,受菩萨戒法。这是以普贤菩萨为出发的"法华观法"。在鸠摩罗什的《思惟要略法》中,已有"观无量寿佛法"、"法华三昧观法"。无量寿佛的观法,钝根先作白骨观,再观从白骨放白光明,于光明中见无量寿佛;利根直从光明观起修。罗什的修学,也在罽宾与西域,比疆良耶舍等要早半世纪,而以不同的佛菩萨(及净土)为主,修不同的观法,已经开始流行了。但罗什所传的大乘佛菩萨观法,还相当的简略,疆良耶舍等所传,完善得多了。三、《观药王药上二菩萨经》:药王与药上二位菩萨,也见于《法华经·药王菩萨本事品》。依此而成立的观法,分别说观二菩萨的身相,所应修及得的功德;药上菩萨开示了过去五十三佛的忏悔法。四、《观虚空藏菩萨经》:姚秦佛陀耶舍译出的《虚空藏菩萨经》,先后共有四种译本。经中说忏除罪业——国王五根本罪,大臣五根本罪,声闻五根本罪,初学菩萨的八根本罪。并说称名、礼拜、供养虚空藏菩萨所得的现世利益。依此而成立的"观虚空菩萨法",就是罪业的忏悔法。如说:"先于功德经中,说虚空藏菩萨摩诃萨名,能除一切恶不善业。"又依《大宝积经》(二四)《优波离会》(竺法护所译,名《佛说决定毗尼经》)说:"于深功德经说治罪法,名决定毗尼,有三十五佛。"这样,礼敬称三十五佛名,观虚空藏菩萨,见菩萨的身相而灭除罪业。五、《观弥勒菩萨上生兜率陀天经》:弥勒是继释迦佛未来成佛的菩萨。说"弥勒菩萨下生成佛"的,有好几部经,都依《阿含经》说,增入释尊付嘱大迦叶,迦叶待弥勒成佛相见而后入灭的传说。弥勒是释尊唯一的菩萨弟子,入灭后上生兜率陀天,佛教界有"上升兜率见弥勒"的多种传说。这部经说弥勒菩萨的上生兜率陀天,天宫与菩萨身心的功德庄严。经文所开示的,主要为"不厌生死乐生天者,爱敬无上菩提心者,欲为弥勒作弟子者",应该"一一思惟兜率陀天上上妙快乐","应当系念念佛形像,称弥勒名"。这就能除罪业而往生天上,未来遇见弥勒成佛,闻法得益。这部经的意趣,近于大乘初兴时期,与前四部经有所不同。六、《文殊师利般涅槃经》:说文殊的身世,涅槃时的相好,劝众生"当勤系念,念文殊像,念文殊像法",

见文殊身相的功德。经上也说，"作此观者，名为正观，若他观者，名为邪观"，显然是"观经"的一类。以上六部，是释迦牟尼即毗卢遮那佛、阿弥陀佛——二佛；弥勒、文殊、普贤、观世音、大势至、药王、药上、虚空藏——八大菩萨的观法。不同佛菩萨的不同修法，正不断地发展起来。

念佛、念菩萨，能净除罪业，得生净土，得陀罗尼，不退阿耨多罗三藐三菩提心，为"大乘佛法"的重要行门。这一修行，与"易行道"的佛前忏悔，关系极深。易行的"三品法门"，是一般的昼夜六时的经常修持，而在念佛与菩萨的观想中，是不断地为修行而忏悔。修持中的不断忏悔，是与罪业观有关的，如《观普贤菩萨行法经》说："诸佛世尊……常在世间，色中上色，我有何罪而不得见？"《宝积经》的《发胜志乐会》说："今为业障之所缠覆，于诸善法不能修行。"《善住意天子会》说：禅定中，"自见往昔所行恶业，……深生忧悔，常不离心，于其深法不能证入。"《谤佛经》说："求陀罗尼而不能得，何以故？以彼往世恶业障故。"这样，众生之所以不能见佛，不能得陀罗尼，不能修行，不能证入，一切都是过去生中的罪业在障碍了。也就因为这样，在念佛、念菩萨的观行过程中，不断地忏悔，才能不断地向上进修，如《观佛三昧海经》、《观普贤菩萨行法经》，叙说得最为明白。《观药王药上二菩萨经》，也就扼要地说："净除业障、报障、烦恼障，速得除灭，于现在身修诸三昧，念念之中见佛色身，终不忘失阿耨多罗三藐三菩提心，……随意往生他方净土。"《观虚空藏菩萨经》，就是以念佛忏悔为主的观行。早期传出的大乘经，如《小品般若》，二十四愿本的《阿弥陀经》，《阿閦佛国经》等，还没有重视过去生罪业的忏悔。《金刚般若经》已说持经而"先世罪业则为消灭";《观无量寿佛经》就一再说到:消除多少劫生死之罪,必定当生极乐世界。念佛、念法(持经)、念僧(菩萨),与"三品法门"的忏悔相关联而发展起来。念佛主要是观想念佛,忏悔也就是古德所说的"取相忏"。《法华经·法师功德品》说六根清净功德,是由于"受持是法华经,若读,若诵,若解说,若书写",没有说忏悔。依《法华经》而有的《观普贤菩萨行法经》,说六根忏悔法,得六根清净。所说的忏悔,是念法的忏悔,如说:"昼夜六时,礼十方佛,行忏悔法:诵大乘经,读大乘经,思大乘义,念大乘事,恭敬供养持大乘者,视一切人犹如佛想";"若有忏悔恶不善业,但当读诵大乘经典"。所以忏悔六根,是"一切业障海,皆从妄想生,若欲忏悔者,端坐念实相",也就是古德所说的"实相忏"。

念佛(菩萨)见佛,称为念佛三昧。依《鸠摩罗什法师大义》卷中(大正四五·一三四中)说:

> "见佛三昧有三种:一者,菩萨或得天眼、天耳,或飞到十方佛所,见佛、难问,断诸疑网。二者,虽无神通,常修念阿弥陀等现在诸佛,心住一处,即得见佛,请问所疑。三者,学习念佛,或以已离欲,或未离欲,或见佛像,或见生身,或见过去未来现在诸佛。是三种定,皆名念佛三昧。"

三类见佛人中,一、是依禅得五通的。二、是常修念佛,没有神通而能见佛,这应该是离欲得定的。三、初学念佛,或已离欲,或没有离欲,也能见佛。三类都名为"念佛三昧",而浅深大有差别。依此说,《观普贤菩萨行法经》所说:"云何不失无上菩提之心? 云何复当不断烦恼,不离五欲(即'离欲'),得净诸根,灭除诸罪,父母所生清净常眼,不断五欲而能得见诸障外事? ……此观功德,除诸障碍,见上妙色,不入三昧,但诵持故,专心修习,心心相次,不离大乘,一日至三七日,得见普贤……"不入三昧,专心修习,心心相次,这是定前的"一心不乱"的境界,这就能见佛、菩萨,当然这是低层次的。一心诵持到心不散乱,如隋智颛的"诵至药王品,心缘苦行,至是真精进句……见共(慧)思师,处灵鹫山七宝净土,听佛说法"。《法华经》所说的六根清净,是受持、读、诵等"法师"的功德。父母所生的眼耳,能见闻障(如铁围山等障)外的佛与净土,与智颛所得的境地相当。《般舟三昧经》说:"闻西方阿弥陀佛刹,当念彼方佛,不得缺戒。一心念,若一昼夜,若七日七夜,过七日以后,见阿弥陀佛。于觉(醒时)不见,于梦中见之。"这也是"不持天眼彻视,不持天耳彻听"的。《观普贤菩萨行法经》所说"普贤菩萨复更现前,行住坐卧不离其侧,乃至梦中常为说法",那是深一层次了。

(录自《华雨集》二,282—291 页,本版 179—186 页。)

九　净土法门的抉择

一　往生净土的抉择

这里要论究几个问题。

一、往生极乐国土的,有没有声闻与缘觉——二乘?世亲的《无量寿优波提舍愿生偈》说:"女人及根缺,二乘种不生。"这是依三十六愿本说的,如说:"我得菩提成正觉已,所有众生令生我刹,虽住声闻、缘觉之位,往百千俱胝那由他宝刹之内,遍作佛事,悉皆令得阿耨多罗三藐三菩提。"这是说:极乐国土中,现住声闻、缘觉位的,到处去作佛事,是一定要成佛的。然四十八愿本中,虽说到没有女人与六根残缺不全的,却明白说:极乐世界的声闻与缘觉,数量是多得难以了知的。在古译二本中,处处说到"诸菩萨阿罗汉"。经说出入不同,是净土思想的先后不同。早期的大乘经,说大乘法而含容二乘,如《般若经》,"为诸菩萨摩诃萨宣示般若波罗蜜多",又说:"或声闻地,或独觉地,或菩萨地,皆于般若波罗蜜多,应常听闻,……如说修行。"《佛说舍利弗悔过经》是大乘的易行道,而经上说:"欲求阿罗汉道者,欲求辟支佛道者,欲求佛道者",都应日夜六时,向十方佛忏悔、随喜、劝请,而回向众生成佛道。发愿往生极乐净土,是大乘法,却又说极乐国有无量无数阿罗汉。从佛法发展史来说,这是"大乘佛法"初兴,传统的声闻教团强固,所以采取含容二乘的立场:阿罗汉是究竟的,但也应学习大乘,净土中也有阿罗汉。等到大乘佛法兴盛,信众增多,那就要说二乘不究竟,二乘不生净土,再就二乘也要回心成佛了。对于净土中的阿罗汉,要解说为佛、菩萨的示现了。这样,迟出些的四十八愿本,说三辈往生,都是发菩提心的;《阿弥陀经》说,"欲生阿弥陀佛国者,是诸人等皆得不退转于阿耨多罗三藐三菩提",是合于大乘净土法门发展倾向的。

二、有罪业的,能不能往生净土?约现生说,从少到老,人哪里会没有过失呢!善业与不善业,一直是不善业强就堕落,善业强就上升,在此消彼长,此长彼消的状况中。古译二本,似乎没有提到这一问题,只是通泛地说五戒、十善,说要有怎样净善功德,依功德而分三辈往生的高下。"佛法"一向说有业障,是障碍佛法进修的,所以四十八愿的晋译本说:"至心信乐,欲生我国,乃至十念,若不生者,不取正觉;唯除五逆、诽谤正法。"唐译本作:"唯除造无间恶业,诽谤正法及诸圣人。"五逆即五无间罪,是"佛法"所称为业障的。"大乘佛法"兴起,说诽谤大乘正法的罪业极重极重。隋、唐所译经本,每增列诽谤圣者。依四十八愿本说:造五无间罪及诽毁大乘的,即使发心念佛,也为恶业所碍而不能往生。但《观无量寿经》,说三品、九生,下品三生都是造有恶业的。下品上生是:"作众恶业"而不谤大乘的;下品中生是："毁犯五戒、八戒及具足戒。如此愚人,偷僧祇物,盗现前僧物,不净说法,无有惭愧,以诸恶业而自庄严";下品下生是："作不善业,五逆、十恶,具诸不善"。这样的恶业重大,也有往生净土的可能。从所犯的罪业来说,是声闻佛教所说的罪业,就是一向不知或不信佛法,或知有佛法而不知有大乘佛法者所作的恶业。所以"命欲终时,遇善知识",在最迫切的重要关头,知道大乘净土法门,就能至心归向,不堕落而往生极乐。"佛法"不是也说,滥杀行人的恶贼鸯掘魔罗,一闻佛法,就证入圣果吗?如平时知道阿弥陀佛,知道往生极乐,以为只要信仰,不分持戒犯戒、作善作恶,依阿弥陀佛的悲愿,都可以往生极乐,那是颠倒解义,自误误人了!

三、念佛能否即生往生? 如《称扬诸佛功德经》说:"其有执持斯佛名者,复劝他人令使诵持,增益功德,必当得往生此佛国,求最正觉,立不退转,疾成不久。"执持佛名号的易行法门,主要能:忏除罪业;得陀罗尼,往生清净佛土;不退转于无上菩提。念佛名号而求生净土,在"大乘佛法"中,可说是十方一切佛所共的。重信心的大乘易行道,经典不少,流通极广,到底为了什么?"大乘佛法"主流,是甚深广大的菩萨道。菩萨发大菩提心,凡是有利于众生的,没有不能施舍的,没有不能忍受的;菩萨行难行大行,而能历劫在生死中,利益众生。菩萨实在太伟大了! 但由于法门是"甚深难行",众生的根性又是怯劣的多,所以向往有心,而苦于修行不易,深感自己的业障深重。即使发心修行,也容易退失。这所以有念佛方便的易行道,如《十住毗婆沙论》所说《宝月童子所问经》的十方佛名,还有"阿弥陀等佛,及诸大菩萨,称名一心念,亦得不退转"。这样的"称(十方佛及菩萨)名一心念",就能得不退转吗?"求阿惟越致不退转地者,非但忆念、称名、礼敬而已。复应于诸佛所,忏悔、劝请、随喜、回向。""能行如是忏悔、劝请、随喜、回向,福德力转增,心亦益柔软,即信佛功德,及菩萨大行。"由此能引发悲心、慈心,进而能修行施、戒等波罗蜜——菩萨的大行难行。龙树的《十住毗婆沙论》立难行与易行二道,然所说的易行道,是通于诸佛菩萨的,有二行差别,而终归于菩萨道的正方便、六度等难行大行。无著的《摄大乘论》立四种意趣,解说经说的意趣所在。第"二、别时意趣。谓如说言:若诵多宝如来名者,便于无上正等菩提已得决定。又如说言:由唯发愿,便得往生极乐世界"。世亲解说别时意趣为:"谓此意趣,令懒惰者,由彼彼因,于彼彼法精勤修习,彼彼善根皆得增长。此中意趣,显诵多宝如来名因是升进因,非唯诵名,便于无上正等菩提已得决定。如有说言:由一金钱,得千金钱。岂于一日?意在别时。由一金钱是得千因,故作此说,此亦如是。由唯发愿,便得往生极乐世界,当知亦尔。"这是说:由称名、发愿,能得不退转,能往生极乐国,是说由此为因,展转增长,才能达到,而不是说称名、发愿,就已得决定,已能往生。这一解说,与龙树《十住毗婆沙论》所说易行道,展转引入六度大行的菩萨道,意趣相合。不过,《十住毗婆沙论》说:"佛法有无量门,如世间道,有难有易,陆道步行则苦,水道乘船则乐。菩萨道亦如是,或有勤行精进(的难行),或有以信方便易行,疾至阿惟越致。"分明地说有二道差别。《大智度论》也说:"菩萨有二种:一者、有慈悲心,多为众生;二者、多集诸佛功德。乐多集诸佛功德者,至一乘清净无量寿世界;好多为众生者,至无佛法众处,赞叹三宝之音。"这也分明说菩萨有二类:一是慈悲心多为众生的,多去没有佛法处化导(成佛也就愿意在秽土);一是乐集佛功德的,就如往生极乐,见阿弥陀佛的一类。所以,易行道应有通别二类,在通泛的称十方佛(阿弥陀等)名外,更有特殊的易行道,就是念佛发愿,往生极乐的法门。《大乘起信论》(大正三二·五八二上、五八三上)也这样说:

> "若人虽修行信心,以从先世来多有重罪恶业障故,……有如是等众多障碍,是故应当勇猛精勤,昼夜六时,礼拜诸佛,诚信忏悔、劝请、随喜、回向菩提。"

> "众生初学是法,欲求正信,其心怯弱,以住于此娑婆世界,自畏不能常值诸佛,亲承供养,惧谓信心难可成就,意欲退者,当知如来有胜方便摄护信心,谓以专意念佛因缘,随愿得生他方佛土,常见于佛,永离恶道。如修多罗说:若人专念西方极乐世界阿弥陀佛,所修善根,回向愿求生彼世界,即得往生,常见佛故,终无有退。"

所引《起信论》文的前一段,为了消除修行过程中的障碍,修礼佛、忏悔、随喜、劝请、回向,合于念佛等能消多少劫罪业的经说。依此而能信心成就,进修六度等,与《十住毗婆沙论》的易行道,完全同一意趣。但在佛前忏悔等,也可为往生极乐国的方便,如《普贤行愿品》的十大愿,导归极乐。这是一般大乘经义,通于念一切佛(也通于念阿弥陀佛)。依大乘通义,《大品般若经》说:"十方如恒河沙等世界中众生,闻我佛名者,必得阿耨多罗三藐三菩提,欲得如是等功德者,当学般若波罗蜜。"《广博严净不退转轮经》说:"若有众生,已闻、今闻、当闻释迦牟尼佛名者,是诸众生,皆于阿耨多罗三藐三菩提不退转。"所说的不退转,是"彼诸众生,种菩提种子,渐次增长,当成阿耨多罗三藐三菩提,而不腐败,不可毁坏"。与《摄论》的别时意趣相合,也就是念佛不退转的一般意义。《起信论》文的后一段,念阿弥陀佛,往生极乐世界,与从易行而引入难行菩萨道不同,是特殊的易行道。阿弥陀佛因地发愿:"令我为世雄,国土最第一,其众殊妙好,道场逾诸刹。"极乐的国土,可以适应"其心怯弱,……惧谓信心难可成就"的众生,因为生到极乐,一定不退阿耨多罗三藐三菩提心。依此,世亲造《无量寿优波提舍愿生偈》,立五念门,往生极乐而浅深不同。第三"作愿门",是"一心专念,作愿生彼,修奢摩他寂静三昧行",那是与定相应的念佛。第二"赞叹门",是"称如来名,依如来光明想修行",与第一"礼拜门",虽没有得定,也一定"心不散乱",如"赞叹门"已修如来光明想——胜解观了。第四"观察门"是智慧相应的,从事相观到"第一义谛妙境界"。由于修行不同,往生极乐也浅深不同,《愿生偈》比喻为:"近门","大会众门","宅门","屋门","园林游戏地门"。试为比喻,如从前帝都的北京,到北京是一样的,而境地大大不同。进了"外城",就是到了北京,但比城外好不了多少。进了"内城",只见街市繁盛,到处是官署,官员的住宅。再进入"紫禁城",才见到皇帝,大臣们在这里朝仪。帝皇的住处,还在内宫。往生极乐也这样,生极乐国是一样的,而境界不同,所以有三辈等差别。二十四愿古本,在中辈与下辈,有念佛而信心不大坚定的,如临终悔过,那么在"阿弥陀佛国界边,自然七宝城中","于七宝水池莲花中化生";要经五百岁(不知极乐的一岁,等于人间的多少时劫),才到极乐国见佛。四十八愿本说:信心不大坚定而悔过的,是胎生的;三十六愿本,否定净土有胎生的存在。这是经典在流传中的演变,是不必要会通的。《菩萨处胎经》称之为"懈慢国":"欲生阿弥陀佛国者,皆染著懈慢国土,不能前进生阿弥陀佛国;亿千万众(中),时有一人能生阿弥陀佛国。"往生极乐竟是那样的难! 这是为一般厌恶秽土、想在净土中享乐的懈慢众生,作当头棒喝。往生极乐国,是殊胜的易行道,不是为了享受安乐,而是修习佛道。在那边修行,不会退落,一定能得不退。如阿弥陀佛,为大众"广说道智大经"。"诸菩萨皆悉却坐听经,听经竟,即悉讽诵通(利),重知经道,益明智慧",不断地上进。《阿弥陀佛经》说:"昼夜六时,出和雅音,其音演畅五根、五力、七菩提分、八圣道分,如是等法。其土众生闻是音已,皆悉念佛、念法、念僧。"往生极乐国土,是为了精进修菩萨道;净土中没有障碍而容易修行,所以是易行道。如以为:往生极乐就永远享福;或以为一生极乐,生死已了;或者想像为往生即是成佛。以往生极乐为目的,而不知从此正好修行。这些误解往生极乐的,还能说是大乘的巧方便吗?

(录自《华雨集》二,228—238 页,本版 145—152 页。)

二　横出三界

称名念佛,是佛法的"易行道",比起菩萨的深观广行,确是容易多了! 称念他方佛名,能消业障,能往生净土,能不退阿耨多罗三藐三菩提,这本是通于一切佛的。西方极乐世界的阿弥陀——无量光、无量寿佛,更能顺应众生心,所以为多种大乘经(及论)所提到;在最后的"秘密大乘"中,阿弥陀佛也还是三佛、五佛之一。在中国与日本,虽所说的不一定相同,而称念阿弥陀佛,发愿往生西方极乐净土,的确是普遍极了! 依龙树《十住毗婆沙论》(卷五),无著《大乘庄严经论》(卷六),马鸣(?)《大乘起信论》所说:净土法门的长处,是能适应一般初学,容易修学,可以坚定信愿。中国称扬净土者,过分强调净土的特胜,有"横出三界"等说,有些是值得再考虑的。

"横出三界",也许是依据《无量寿经》(卷下)的"横截五恶趣,恶趣自然闭"。恶趣,一切经论只有三恶趣,《无量寿经》的不同译本,也没有"五恶趣"字样,所以"五"应该是"三"的讹写。不过,五趣是三界生死,是有漏法,杂染不净法,约"胜义善"说,姑且说是三界五恶趣吧! 三界五趣生死,是怎么出离的? 有以为:佛法的净土法门是横超的,其他的法门是竖出的;竖出的是渐,不如横超的顿出。这样,净土法门是太好了! 据我的了解,解脱生死的佛法,都是顿断横出的,竖出是不能解脱生死的。什么是竖出? 三界,是欲界、色界、无色界。外道依禅定求解脱,如离欲界而得初禅,那是竖出欲界了。离初禅而得二禅,离二禅而得三禅,离三禅而得四禅,还在色界以内,如进离四禅而得空无边处,那是竖出色界了。空无边处是无色界中最低的,如离空无边处而得识无边处,离识无边处而得无所有处,离无所有处而得非想非非想处,那是无色界中最高的了。修到这一地步,就不可能离非想非非想处而超出无色界。为什么?因为这一修行,"厌下苦粗障,欣上静妙离",是以世俗的"欣厌心"——厌离当前的缺陷,而求以上的美妙。可是到了非想非非想处,再没有可欣求处,也就不能出离非想非非想处了。经论中比喻为:尺蠖(或作"屈步虫")缘树而上,总是前脚先搭住上面,然后后脚放松,身体一拱,就前进一步。这样的向上,到了树顶,向上再没有落脚处,无法前进,还是向下回来了。厌此欣彼的禅定行,也是这样,从非想非非想处退回来,又到欲界人间,三恶趣中了。佛法所以能超出三界,不是竖出而是横出的。为什么有三界五趣的生死?是业力所感的。为什么有感报的业力?是烦恼所引发的。所以要解脱生死,重要点在断烦恼。烦恼有枝末的,也有根本的,佛法能顿断烦恼根本,所以能离(烦恼)系而出离生死。人间的修行者,如截断三界生死的根本烦恼,那就是得初(预流)果的圣者了。得初果的:"不堕恶趣法,决定正趣三菩提[正觉],七有天人往生,究竟苦边。"这是说:得了初果的,再也不会堕落三恶趣了;最多,也不过天上人间,七番生死,就决定能得究竟解脱,不再有生死苦了。经上比喻为:得初果的,如大湖的水干涸了,只剩一些些水。这是说:无量无边的业力,没有烦恼的滋润,所以都干枯而不再受报,仅剩七番生死的(总报)业力。如截断树根,树还在发芽、开花、结果,而很快地就不会再生了。说出离生死,佛法都是这样说的。所以能顿断生死的根本烦恼,那由于智慧的体悟,无住无著的根断"我我所见"(加"疑"与"戒禁取",名为"三结")。是胜义慧,不是厌下欣上那样的世俗智,所以解脱生死是顿断,对禅定的竖出,可说是横出的。

净土行者,厌恶五浊恶世而欣求净土,约三界生死说,欣厌心是不能出离生死的。不过生在净土的,由于环境好,"诸上善人俱会一处",莲花化生,不会生老病死不已。在这样的环境下,是一定要解脱生死的,所以"因中说果",不妨说往生净土,已解脱生死了。正如得初预流果的,虽还有七番生死,但决定解脱,不妨说"我生已尽"了。至于修行,在净土是否比秽土要快些? 依经文说,净土修行,不如在秽土修行,如《无量寿经》(卷下)说:(在此娑婆五浊恶世)"为德立善,正[慈]心正意,斋戒清净,一日一夜,胜在无量寿佛国为善百劫。"可以说:在净土中,进修是缓慢的,但不会退堕,非常稳当。秽土修行功德强,进步快,只是障碍多,风险要大些。秽土与净土法门,适应不同根性,是各有长处的,不要自夸"横出三界"了!

(录自《华雨集》四,174—178 页,本版 115—117 页。)

三　带业往生

称念南无阿弥陀佛,能带业往生极乐净土,这是念佛法门的特胜! 我没有查考,不知这是哪一位净宗大德所倡说的。十年前,陈健民居士批评"带业往生"是没有根据的,依据经文,要消业才能往生。于是带业往生与消业往生,在台湾着实热闹了一番。消业往生,是根据《观无量寿佛经》的。经说观想念佛,念佛的刹土,念佛(菩萨)的身相,如说:"此(观)想成者,灭除五百亿劫生死之罪,必得当生极乐世界。"念佛而可以忏罪,就是"取相忏",于定心中能见佛相(及国土相);念佛而能忏除生死罪业,往生(各方)净土,是多种大乘经所说的,不限于(观)念阿弥陀佛,往生极乐净土。其实,念佛、消罪、生净土,是没有一定关系的。如《观无量寿佛经》说:"此经名观极乐国土、无量寿佛、观世音菩萨、大势至菩萨,亦名净除业障、生诸佛前。"这是观念佛、消业障、生净土——三者一致的。经上接着说:"闻佛名、二菩萨名,除无量劫生死之罪,何况忆念(观念)!"这是闻名也能消罪,没有说净土:这是消罪业不一定生净土。《观无量寿佛经》,是由于韦提希的"我今乐生极乐世界阿弥陀佛所",佛才教她修三种"净业正因"及观想。"净业正因"与(愿)"乐生",是往生净土的先决条件,否则如《般舟三昧经》(卷上)说:念佛而见佛现前,还问佛怎样才能往生佛国,可见念佛见佛而不发愿往生,是不一定能往生的。

　　净土行者所说的"带业往生",我以为是当然的、合理的,但并不表示净土法门的特胜。"往生"是什么意义? 死了以后,生到别处去,就是往生——往生人间,往生天上,都是往生。《般若经》有《往生品》,往生是不限于往生净土的。但"往生西方"、"往生净土",我国的净土行者说多了,大家也听惯了,以为往生就是往生西方净土,那是不对的。说到"业",佛弟子都认为,众生无始以来,积集了无边能感生死(总报)的业力,这一生又造了不少。造作了善业、恶业,就有业力(潜能)存在,在没有受果报以前,哪怕是千生万劫,业是永不会消失的。彻底的解决方法,就是智慧[般若]现证,截断生死根源的烦恼;根本烦恼一断,那无边的恶业、善业，干枯而不再受生死报了。如种子放在风吹日晒的环境中，失去了发芽的能力，那种子也就不成其为种子了。这是彻底办法，但是深了一点。大乘佛法的方便道，是以强有力的功德，如念佛、诵经等，压制罪业，使罪业的功能减弱，恶消善长，转重为轻，罪业还是罪业，但功能减弱，因缘不具，不能再感生死苦报，那就是"消业"了。如种子放在石板上，种子无法生芽，生芽也长不下去（重罪轻受）。一般众生的业，如从人而生鬼的，由于某鬼趣业成熟，所以往生鬼趣，受鬼趣果报。但在前生人中，还有无始来的种种业，与这一生所造的种种业，并不因为生鬼趣而消失；无边潜在的业力，都带着往生鬼趣。如因善业或禅定力往生天国，无边的业力，都带着到天国去。所以依佛法说，业是从来随造业者而去——带业往生的。如人有信、有愿、有行，念（称名念，观想念）佛而求生净土的，只要净业成就，就能往生净土；无边生死业，都带到净土去了。业与烦恼，在净土中是一样的：一般（除得无生忍的上上品）往生净土的，没有断烦恼，烦恼却不会生起；带有无边的生死罪业，业却不会感苦报。所以我以为："带业往生"是当然的、合理的，大家都是这样的；带业往生净土，值不得特别鼓吹的！

（录自《华雨集》四，178—181 页，本版 117—119 页。）

四　隔阴之迷

四十年前，我曾读过一本净土宗的书，有这么一句："罗汉犹有隔阴之迷。"意思说：修证到罗汉，还有隔阴之迷，不如往生极乐世界的好。但阿罗汉生死已了，不会再受后阴，怎么会有隔阴之迷呢？我曾向人请教，有的说："四果罗汉"，本指第四阿罗汉果，有的以为一、二、三、四果，都可以称为阿罗汉，才有这样的文句。中国人的作品，有些是不能以严格的法义来评量的。虽这么说，我也不知对不对。近见《当代》杂志(三十期)所引，印光大师《净土决疑论》说："一切法门皆仗自力，纵令宿根深厚，彻悟自心，倘见、思二惑稍有未尽，则生死轮回依旧莫出。况既受胎阴，触境生著，由觉至觉者少，从迷入迷者多。"当然没有念佛法门的稳当了！文句说到"既受胎阴……从迷入迷者多"，也许这就是隔阴之迷的一种解说吧！先说什么是"隔阴"？什么是"迷"？阴是五阴——五蕴。我们的身心自体，佛分别为五阴：色阴、受阴、想阴、行阴、识阴；众生在生死中，只是这五阴的和合相续，没有是常是乐的自我。这一生的身心自体是前阴，下一生的身心自体是后阴，前阴与后阴，生死相续而不相同，所以说隔阴。迷有二类：迷事是对事相的迷乱、错误、无知；迷理是对谛理——无常、无我我所、空性、法住、法界的迷惑。约"迷事"说，一般众生及证得初果、二果、三果的圣者，在从此生到下一生的过程中，都是"不正知"的。如入胎时，或见怖畏，或见欢乐的境界，在胎中与出生时，也这样的不能正知；前生的自己与事，都忘失了。约事迷说，一切众生，就是前三果圣者(阿罗汉不会再受后阴)，都是有此"隔阴之迷"的。不过三果圣者，初生时虽不能正知，但很快能忆知前生的一切。所以释迦佛的在家弟子，得三果而生色界天的，有的从天上来下，向佛致敬与说偈赞叹。如约"迷理"说：凡夫是迷理的，如不能转凡成圣，是从迷入迷的。初果圣者是能见谛理的，一得永得，是不会再退失的。在入胎、出胎时，虽不能正知，不能现见谛理，但所得无漏智果，并没有失落。如钱在衣袋中，虽没有取出来用，你还是有钱的。所以得初果的，最多是七番生死；得二果——"一来"的，一往天上，一来人间；得三果——"不还"的，一生天上，就能究竟解脱。所以圣者虽有"隔阴之迷"，对解脱生死来说，是绝对稳当的，解脱生死是为期不远的。圣者决不会从觉入迷，不知念佛的人为什么要怕圣者的"隔阴之迷"？

再来研求《净土决疑论》的意趣：文中说到"彻悟自心"，大抵是针对中国禅者说的。我不知禅者的彻悟自心，有没有断惑。"见惑"是见（道）所断烦恼，"思惑"是修（道）所断烦恼。见惑是见谛所断的，佛教中或说"一心见谛"，或说"十五心见谛"，十五心是十五刹那心，就世俗说，是一霎眼就过去了。所以见惑，说断就断尽而成圣者，不断就是凡夫，见惑是不会断而未尽的。彻悟自心，如等于见道断惑，那即使受胎迷著，也不可能"从迷入迷"，而一定是"由觉至觉"的。也许中国禅者的彻悟自心，内心虽有些超常经验，但不能断见惑，还是与凡夫一般。如说"思惑"没有断尽，那是二果、三果的事，怎么会"从迷入迷者多"？这一段文字，是不正确的！印光大师是精通天台的净土行者，对这些应该是不会不知道的。可能慈悲心重，为了弘扬净土，故意这样说的吧！

（录自《华雨集》四，181—184页，本版119—121页。）

五 四句料简

佛教界流传有禅净的四句料简,据说是宋初永明延寿大师造的。现在简略地引述如下:"有禅无净土,十人九岔路";"无禅有净土,万修万人去";"有禅有净土,犹如带角虎";"无禅无净土,铜床并铁柱"。四句偈中的"禅",不是一般的,专指达磨传来,发扬广大的禅宗;"净土"也不是十方净土,而是"西方阿弥陀佛的极乐净土"。禅与净土,表示参禅与念佛往生净土的修行。永明延寿是一位禅净双修的,在他的著作中,并没有这四句偈,所以是否延寿所作,是值得再考虑的。依四句偈的内容来判断,这是在禅、净都流行的时代,作者没有轻视禅宗,而却是志在西方净土,以净土行为最殊胜的法门:这是四句偈作者的立场。

"有禅有净土"的,最为理想。如虎称"兽王",老虎头上生角,那真是雄猛无上了。最理想的"有禅有净土",姑且不论。所说"有禅无净土","无禅有净土",到底怎样是"有",怎样是"无"? 如看语录,或住过禅堂,打过禅七,这是不是有禅? 如有时去佛寺,或去居士林、莲社等念佛(名号),或打过佛七,这是不是有净土? 如说是"有",这样的有禅,可能还没有到达禅的边缘,走入岔路的资格都没有呢! 这样的有净土,就能"万修万人去"吗? 念佛而能生净土的,如《观无量寿佛经》所说的三种"净业正因",其中发菩提心,决不是心里想一下,愿成佛道,愿度众生就得了,发起菩提心,也不太容易吧! 放低标准,如《阿弥陀佛经》说:"执持名号……一心不乱;其人临命终时……心不颠倒,即得往生。"要修到"一心不乱"与"心不颠倒",也不能说是"万修万人去"呀! 如说"有禅",把标准提高,以为禅者即使"彻悟自心",还可能多数走入歧途。说到"有净土",把标准尽量抑低,以为只要口头喃喃,称念阿弥陀佛就可以了,那不是公正恰当的料简! 六度万行,是如实的难行道;念佛往生净土,是方便的易行道。难行与易行是有的,那是适应根性的不同而又相成的法门,决不能如四句料简偈的那种偏私论法。末后一句——"无禅无净土,铜床并铁柱",可说是岂有此理! 中国的禅宗,自达磨传来(经过中国的玄学化),被称为"最上乘禅"。中国的念阿弥陀佛,往生净土,也有适应中国的特性。这是中国佛教,但佛教是不限于中国的。如今日锡兰等南传佛教国,佛教非常兴盛,就是我国的隋、唐时代,也不及他们。然而南传佛教国家,没有我国所弘的禅,也不知道西方极乐净土与阿弥陀佛,这当然是"无禅无净土"的,难道这样的信佛修行者,都要"铜床并铁柱",非堕入地狱不可吗? 作者处身于禅、净盛行的中国,只知道禅与净,缺乏对佛教深广的远见,一心要弘扬净土,才作出这不合情理的料简。

　　以上所说的"横出三界","带业往生","隔阴之迷","四句料简",是一般净土行者用来赞扬净土法门的。依法义说,这都含有似是而非的成分,但在弘扬净土来说,确有接引初学的作用。可以说:虽缺乏真实意义,却有"为人生善"的宣导价值。

　　　　(录自《华雨集》四,184—187 页,本版 122—123 页。)

六　临终助念

"临终"，是病重而死亡快将到来，可能几点钟，也可能拖上几天。人既然生了，那就不能不死。从生到死的过程中，又不免(老)病。生老病死中，病而走向死亡，确是最痛苦的。身体上的(病)苦，阿罗汉也是有的。佛在涅槃那一年，在三月安居中，病已相当重了。后来，与阿难走向拘尸那的途中，受纯陀的供养，引发了重病。如经上说："重病发，迸出赤血(赤痢)，生起近于死亡之苦。"(《南传·长部·大般涅槃经》)学佛不是修到没有身体的病苦，只是"身苦心不苦"而已。中国佛教界，似乎多数以"无疾而终"为修行成就(往生净土)的证明。如见人生病，或缠绵床笫，就说他不修行，业障深重。自己念佛修行，只是为了死得好些，这可说对佛法没有正确的了解。阿罗汉而成就甚深禅定的，临死也不是没有身苦，只是能正念正知，忍苦而心意安详。一般的"无疾而终"，其实是心脏麻痹症，或是严重的脑溢血，很快就死亡了。这是世间常事，不学佛的，穷凶极恶的，都可能因此而死。如以此为念佛修行的理想之一，那可能要漂流于佛法以外了！临终者的痛苦，身苦以外，心苦是最大的苦痛。如人在中年，自知病重而不免死亡，会想到上有老年的父母，下有未成年的儿女，中有恩爱的夫妻，那种难以舍离的爱念系缚，是苦到难以形容的。还有，丰富的资产，(经济的、政治的)正在成功的事业，眼前一片光明，忽而黑暗来临，那是怎样的失望与悲哀！衰老残年，属于自己的眷属、财富、事业、权力，早已渐渐消失，世间是不属于自己的了，临终会心苦少一些。但不论少壮与老年，是不能没有"后有爱"的，会想到死亡以后。善良的人好一些；以杀、盗、淫、妄为生的，不惜损人以成就自己的，现在一身将死，后顾茫茫，恐怖的阴影，形形式式的幻境，电影般地从心上掠过。这是爱所系缚，业所影响，比起身体上的病苦，心苦的严重性，是局外人所难以想像的！

　　临终者的身苦心苦，苦恼无边，应该给以安慰，虽方法与程度不同，而可说是一切宗教所共有的。释迦佛的时代，知道某比丘、某长者病重了，会有比丘（也有佛自己去的）去探病：安慰他，勉励他，开示佛法的心要，使他远离颠倒妄想，身心安定。为一般信众，说念佛、念法、念僧、念戒、念施、念天。教病人一心"念佛"的功德，庄严圆满；"念法"是清凉而能解脱的；"念僧"有戒定慧等功德，是世间无上福田。念三宝功德，也就是心向三宝，在三宝光明的护念中。"念戒"是念自己的持戒功德；"念施"是念自己曾在功德田（悲田，敬田）中，如法地清净布施；"念天"是念七宝庄严的，胜妙福乐的天报。一心归向三宝的，持戒净施的，一定能上生天上。人死生天，如出茅屋而登大厦，离低级职务而上升，这哪里会有恐怖忧苦呢！这就是"助念"，帮助临终的病人，使他念三宝等而心得平安。佛法在流传中，有些因时因地的演化，但原则是相同的。唐义净（西元七〇一年）所译的《无常经》，附有《临终方诀》。教病人对佛像而起观想（念佛）；使他发菩提心；为病人说三界难安，归依菩提，"必生十方诸佛刹土"。教病人礼佛菩萨，愿生净土，忏悔，受戒。如病太重了，"若临命终，看病余人但称佛名，声声莫绝"。念佛是随病者的意愿，不一定称念无量寿佛（与我国不同的，是印度没有专称阿弥陀佛名号的净土宗）。如命终时见佛菩萨来迎，病者"便生欢喜，身不苦痛，心不散乱，正见心生，如入禅定"。这是当时印度大乘佛教的"助念"法；助念，是病重到命终，使病死者身心安定的方便。"临终助念"，是佛教安顿病死者的行仪，而信佛学佛的，决不能专凭临终忆念的。人的死后往生，有随重、随习、随忆念的三类，我曾在《成佛之道》（七四——七六，本版五〇——五一）说到：

一、"随重"的：或造作重大的善业，或造作重大的恶业，如五无间业等。业力异常强大，无论意识到或者没有意识到，重业一直占有优越的地位。一到临命终时，或见地狱，或见天堂，就是业相现前，是上升或下坠的征兆。接着，或善或恶的重业，起作用而决定招感未来的果报（这就是常说的"强者先牵"）。二、"随习"的：既没有重恶，也没有大善，平平地过了一生。在这一生中，……对于某类善业或恶业，养成一种习惯性，这也就很有力量了。到了临命终时，那种惯习的业力，自然起用而决定招感来生的果报。从前大名长者问佛：我平时（忆）念佛，不失正念。可是，有时在十字街头，人又多，象马又多，连念佛也忘了。那时候如不幸而身死，不知道会不会堕落？佛告诉他说：不会堕落的。你平时念佛，养成向佛的善习，即使失去正念而死，还是会上升的。因为业力强大，是与心不相应的。如大树倾向东南而长大的，一旦锯断了，自然会向东南倒的。所以止恶行善,能造作重大的善业,当然很好;最要紧的,还是平时修行,养成善业的习性,临终自然会随习业而向上。三、"随忆念"的:生前没有重善大恶,也不曾造作习惯性的善恶业,到临命终时,……如忽而忆念善行,就引发善业而感上升人天的果报;如忽而忆念恶行,就能引发恶业而堕落。对这种人,临命终时,非常重要。所以当人临终时,最好能为他说法,为他念佛,说起他的善行,让他忆念善行,引发善业来感果。净土宗的临终助念,也就是这一道理。……学佛修行,到底平时要紧!

"临终助念",是帮助病人,使他能忆念佛,心向佛(愿生净土),不是病人躺着,一切让别人来帮助的。念阿弥陀佛名号,往生西方净土的信仰,在中国非常普遍,所以助念阿弥陀佛,也特别流行。在这里,我想说到几点。一、我国的信佛者,似乎只知临终忆念,而不重视业力与"一心不乱"。重善(或恶)的业力,习惯性的善业,业力是潜在的——或说是心种子,或说是无表色,或说是心不相应行,总之是与现起心不相应的。念佛如得"一心不乱",平时即使忘了,也还是得到了的,"得"是心不相应的。佛法重视潜在的力量,举喻来说:如政治或经济,存有某种潜在问题,起初不觉什么重要(有深见远见的人,是见到了的)。等到潜在的问题发动起来,可能手忙脚乱,搞得一塌糊涂。佛法重视潜力,所以修学佛法,要平时积集善业;念佛的要信愿深切,念得"一心不乱",这才是正常的、稳当的修行。临终"随重"与"随习"而往生后世的,是多数;临终"随忆念"而往生的是少数。如病重而心力衰弱,不能专注忆念;或一病(及横祸等)而失去知识，不能再听见声音，想助他忆念也无能为力了。二、"临终助念"，是从病重到死亡这一阶段的助念。《临终方诀》说：人死了，请法师"读无常经，孝子止哀，勿复啼哭"。人生的老、病、死，是无可如何而必然要到来的，大家不用悲哀了，应该从无常的了解中，不著世间而归向菩提。这样的读经，主要是对眷属及参与丧礼者的安慰与开示，是通于"佛法"及"大乘佛法"的。又说到持咒，以净水及净泥土，洒在尸身上，可以消除恶业，那是属入"秘密佛教"的作法了。死亡以后，不用再助念了。但中国人"慎终追远"，特别多助念些。有人说：不断念佛，八小时内不可移动。其实死了，或六识不起而还没有死，听不见声音，已失去助念的意义，而转为处理死亡的仪式了。三、有人发起助念团的组织，应病家的邀请而前往助念。如出于悲心，弘扬弥陀净土的热心，那是难得的！不过好事可能引起副作用，如发展为专业组合，极可能演变为三百六十行以外的一行，未必是佛教的好事了！四、台湾经济繁荣，佛教也似乎兴盛了。有佛教界的知名长老、大德长者，死亡以后，四十九日念佛声不断，这是什么意义？是助念吗？长老们一生提倡念佛，精进念佛，而临终及死后，还要人长期助念，怕他不能往生吗？那是对长老、长者的一种诬辱！如以七七念佛为纪念，那只是中国人厚丧厚葬的变形，不是为了死者，而是为了活人的场面。如有心纪念，那在每年忌辰，集众精进念佛，不是更有意义吗？对死者的铺张场面，我觉得是应该再考虑的！听说：高雄有一位唐一玄长者，平时摄化青年，老而不已。临终的遗言是：不用为我念佛，因为我不想去西方，不用为我诵经，因为我读的经已够多了。唉！末法时代，还有老老实实的学佛者！

（录自《华雨集》四，187—194 页，本版 124—128 页。）

七　辨极乐净土之有无

念佛非只口中念佛，须念念不忘佛及佛之净土，并发愿求生该净土。今先讲阿弥陀佛。

阿弥陀佛即无量佛。说无量须先知何为量。量者，大小、久暂、轻重、长短，彼此可以衡量者之谓。世间万物无不可量、可思、可议、可以文句诠释，但究竟圆满佛果之佛，则其境界不可衡量，不可思议，故为无量。喻如众水入海，即失其名诠，总为一水，平等平等，不可分别，不可诠解。如众生福报智慧，等等差别，但至成佛，则法身平等平等，等无差异，即成无量。虽在众生眼中，仍有无数佛，其实在佛境界，一佛即一切佛，一切佛即一佛，如《华严经》说。《般舟三昧经》说：修行念阿弥陀佛，成就般舟三昧时，即得见佛，而所见者为阿弥陀佛，亦见一切佛现前，故阿弥陀佛可说即一切佛之总代表。此为阿弥陀佛之根本意义。阿弥陀佛与《华严经》渊源极深，如本论所称，发愿往生阿弥陀佛"莲华藏世界"。此华藏世界，即《华严经》之华严世界。又《八十八佛忏悔文》，依《华严经》最后一品《普贤行愿品》而来。净土宗同人皆知"普贤十大愿王导归极乐"，故阿弥陀佛法门与《华严经》关系极深。莲池大师之解释《阿弥陀经》，即以华严宗义解释。

无量者以无量光、无量寿为尤著。阿弥陀婆耶为无量光,阿弥陀廋斯为无量寿。光有二种:一者,佛身光,表佛身清净;二者,智光,表智慧无边,皆为众生所求对象,而于佛得究竟。又阿弥唎多 Amrta,甘露义。印人所谓甘露,通俗义乃不死之药,其实(不生)不死即佛之常义。往生咒中之阿弥唎多,即此义。故甘露王佛亦即阿弥陀佛。经题标无量寿,似为顺应世俗;依下论义,固以无量光为主也。

以上为阿弥陀本义。但今所称之阿弥陀佛,既称前身为法藏比丘,今成佛在西方说法;其后佛灭,由观世音菩萨继续佛位;而极乐世界在西方,亦有方位,故其寿命、领域,均非无量。此又何以解说? 此乃因众生心量有限,故作此说。如《维摩诘经》中,舍利弗以佛感秽土为疑,不知视为秽土者,乃舍利弗之眼见如此,非佛土本来如是也。今阿弥陀佛土本是无量,为有量众生方便,故说为在西方,如是如是耳。此乃无量中现有量,使众生得从有量达无量也。

再讲极乐国土。先辨净土之有无,因如无净土,则何往生之有? 今讲净土有无,有二说:一者,普通人武断地认为迷信,因信者既未见过,又未去过,不能证其有。二者,信佛之人认为必有,因信经说如此。今就常理判断,不必亲身经历,亦不必全赖经说,亦可认定必有,兹申论如下:

一、如今科学昌明,已证实我此世界,只是无量星球中一行星,是可知此世界外尚有其他世界。

二、再问各种世界有否优劣之别? 但看世间各地均有优劣,可推知各种世界必有优劣。

三、如世界有优劣,则我今世界是否即为最佳者,当知不然。然则,可知更优世界之存在,当无可疑。即如近日科学界因有飞碟之谜,亦认为其他星球可能有智慧较我为高之生物存在。

从上知净土不但有,而且极多,且有殊胜各别。佛教界又有言唯心净土者,认为净土唯在人心中,心外实无净土。如是说法,大违佛意。须知世界唯心所现,是说固是,但既如是说,须知秽土亦是唯心所现。今承认唯心所现之秽土为现前实有,何以又不承认唯心所现之净土为实有?故既信净土,必信其实有,不可执理废事。

又关于极乐世界,向有小小论净。即此净土究为佛之报土抑化土(即佛应化之世界)?向来言佛(姑约二身说),有法身、应化身。法身之土为实报土,应化身之土为化土。今此净土如为报土,则罪恶众生何能到达?如为化土,则未断烦恼众生,亦可仗自愿力及佛愿力得以往生,但此土似又不甚究竟。今此问题,虽不必深究,但如从各本《阿弥陀经》看,此土似专为化导秽土众生,而现为摄引者。若依《般舟三昧经》言,修成者得阿弥陀佛现身为之说法,而行者是时起念作观:"佛宁有来?我宁有去?不去不来,而佛现前,知由心现。是心念佛,是心作佛。佛即是心,心即是佛。"如此观法,从而悟入诸法实相,如此往生极乐,则极乐世界即非应化土。彼花开见佛,悟无生忍时,其净土不在东方,不在西方,乃遍一切处,而为报土矣。大藏经中有关极乐净土者极多,非止今一般所说三种而已。其各经所述净土,有叙为佛之报土者,有为应化土者,故引起古人种种诤辩。如云"念佛即生极乐",一种人解释为念佛必定往生,如所谓带业往生；另一种人则认为此乃"别时意趣"，即说为往生，非即往生，乃累世展转进修，终必往生之义，非指现生即往，如俗言一本万利，乃逐渐营生，攒积而得，非投一文即可得万利也。此种异解，当然皆从对佛身土之不同了解而生。其实净土只一，而见为报土、化土，全视众生修行程度而定。而修行功深，仍可在化土得法身，则此化土亦不离报土也。

（录自《华雨集》一，357—361页，本版242—245页。）

八　往生极乐之意趣

何故欲往生极乐耶？何故发是愿耶？须知净土法门乃大乘法门，小乘无十方净土，故求往生净土为大乘特色。而大乘要义在上求佛道，下化众生。如念佛不离此大乘心境，则与生极乐意义相符。如只为离苦得乐，则是小乘根性矣。但发大乘心，何故求生极乐？因秽土因缘不具足，学佛不易，虽发菩提心，而障碍特多。生老病死，毫无把握，故须往生极乐。"诸上善人俱会一处"，决不致退失大心。马鸣菩萨在《大乘起信论》说：如来有胜方便，勿令退转（退失菩提心），即此之谓。可见往生之究竟意趣，乃在不失菩提心。至于八地菩萨马鸣与初地菩萨龙树之生净土，与凡夫求生，大不相同。登地菩萨之已悟无生忍者，随愿往生净土，如水之趋壑，乃势之所必至，与发心求生者不同也。故众生无高下，悉可生之，惟不发菩提心者不预焉。

（录自《华雨集》一，361—362页，本版245—246页。）